学校课程变革新取向丛书　杨四耕 主编

平衡性变革

学校课程建设新取向

郭云海 ◎ 主编

华东师范大学出版社
·上海·

图书在版编目(CIP)数据

平衡性变革:学校课程建设新取向/郭云海主编. —上海:
华东师范大学出版社,2023
(学校课程变革新取向丛书)
ISBN 978-7-5760-3746-3

Ⅰ.①平… Ⅱ.①郭… Ⅲ.①小学-课程建设-研究 Ⅳ.①G622.3

中国国家版本馆 CIP 数据核字(2023)第 059483 号

学校课程变革新取向丛书
平衡性变革:学校课程建设新取向

丛书主编　杨四耕
主　　编　郭云海
责任编辑　刘　佳
项目编辑　林青荻
特约审读　李小敏
责任校对　江小华　时东明
装帧设计　卢晓红

出版发行　华东师范大学出版社
社　　址　上海市中山北路 3663 号　邮编 200062
网　　址　www.ecnupress.com.cn
电　　话　021-60821666　行政传真 021-62572105
客服电话　021-62865537　门市(邮购)电话 021-62869887
地　　址　上海市中山北路 3663 号华东师范大学校内先锋路口
网　　店　http://hdsdcbs.tmall.com

印　刷　者　常熟市文化印刷有限公司
开　　本　787 毫米×1092 毫米　1/16
印　　张　15.75
字　　数　163 千字
版　　次　2023 年 5 月第 1 版
印　　次　2023 年 5 月第 1 次
书　　号　ISBN 978-7-5760-3746-3
定　　价　52.00 元

出版人　王　焰

(如发现本版图书有印订质量问题,请寄回本社客服中心调换或电话 021-62865537 联系)

本书编委会

主　编：郭云海

副主编：何江勇　李晓宇　张　颖　杨雪柏

编　委（排名不分先后）：
　　　　谢晓瑜　吴　卉　李琳玉　黄　强　王丛丛　陈雪珠　车潇潇
　　　　孙　敏　付玲娟　魏巧璐　陈妙婷　黄　琼　谢　冰　何健强
　　　　吴　慧　高琳雅　杨晓玲　冯嘉成

丛书总序

如何面对复杂的情境脉络和实践场景，是课程研究绕不开的话题。学校课程变革在理念上应具有深刻的文化性，在目标上应具有鲜明的育人性，在内容上应具有鲜活的生成性，在实施上应具有方式的多维性。课程探究需要整合的方法论视角，要合理地解释和说明学校课程变革，实证的因果分析和诠释的人文理解都是不可或缺的。回到课程实践现场，扎根课程变革场景，是课程研究的智慧。

第一，场景的实在性与研究的主位性。学校课程变革场景具有实在性，其实在性是在诸多课程实践因素及其相互关联中实现的。因此，作为课程研究最直接的现场，场景无需进行抽象的本体论还原，研究者便可以进入主位研究状态，便可以从参与者角度去探讨课程实践及其内蕴的理论。所谓主位研究状态，按照人类学家马文·哈里斯的观点[1]，就是以参与者的观念为基础，以课程实践者的描述和分析为标准，检验研究者的主位分析的恰当程度，主要是看研究者的专业意见在什么程度上能让实践者感觉有价值、能推动课程品质的提升。课程研究的目的不是从主位研究转换为客位研究，或是从客位研究转换为主位研究，而是实现这两种研究的互释。

第二，场景的整体性与研究的行动性。学校课程变革场景是特定行动所构成的具体情境，它从时空统一上整合了主体与客体、理论与经验、显性与隐性等要素，并通过它们的有序结构构筑了课程变革场景的整体意义。只有将课程研究放在具体实践场景之中考察，立足过程思维，秉持整体观照，才能凸显课程研究的实践立场。进入了课程所发生的场景，课程研究才有可能真正发生，才能够带来理论与实践共赢的整体效果。课程研究在本质上是一种反思性实践，是主动且持续地审视理论、信念和假设的过程，是对场景的整体性理解和行动性体认，其目的是理解实践、改进实践和提升实践。

第三，场景的情境性与研究的叙事性。学校课程变革场景具有鲜明的情境性，课程探究不能脱离具体的学校情境。为此，施瓦布曾提出旨在实现理论与实践融合的实践课程观，倡导课程开发与具体实践情境相联系。[2] 从研究方法角度来说，叙事研究

---

[1]（美）马文·哈里斯.文化唯物主义[M].张海洋,王曼萍,译.北京:华夏出版社,1989:37.
[2] 史学正,徐来群.施瓦布的课程理论述评[J].外国教育研究,2005(1):68—70.

是直面鲜活的课程变革的一种研究方式。通过叙事研究,课程研究能够摆脱概念体系的束缚,从而走向更具活力、更具情境适应性的方法论领域。任何一项课程研究,如果不能进入特定的课程场景,都是无法揭示课程行动的真实含义的。

第四,场景的问题性与研究的对话性。课程是一个永远都不会完美的存在,这预示着场景是具有问题结构的存在。面对特定场景,课程研究是问题牵引的,是参与性的,是田野的。课程研究必须直面真实问题,既关涉理论,又关涉实践,二者在互动中实现融合。在特定场景中,理论与实践是双向融通的,具有对话属性。

第五,场景的特定性与研究的扎根性。课程探究总是处于具体场景之中的,总是由特定时空所确证的,场景的特定性展现了课程研究的扎根性需求。法国社会学家布迪厄指出:实践与理论的一个重要差别就是实践具有紧迫性,行动者需要"把身体置于一个能够引起与其相关联的感情和思想的总体处境之中,置于身体的一种感应状态之中",迅速做出决策。[①] 在特定场景中,研究者以置身其中的姿态思考实践、言说实践、参与实践,洞察课程发生的情境与脉络,在课程现场中进行意见分享、经验概括和理论提炼。秉持扎根研究的态度就是要基于对课程实践的理解,建立适用于特定场景的意见或理论,并反哺课程实践本身。

总之,富有实践感的课程探究,在本体论层面,总是将课程研究主客体都视为在以行动事件或经验事实为核心的场景中互动关联的存在;在方法论层面,总是将现象的与意向的、情境的与规律的等说明与解释都整合到特定场景之中,融合各种方法论的优势解决课程实践问题。

"学校课程变革新取向丛书"彰显了这样一个道理:课程研究的重点是深刻理解特定情境和条件下的课程实践本身,而不是理论推导和逻辑演绎。课程研究并不神秘,我们每一个人都是局内人,每一所学校、每一位教师都是课程研究者和创造者。

杨四耕

2023 年 1 月 15 日于上海市教育科学研究院

[①] (法)皮埃尔·布迪厄.实践感[M].蒋梓骅,译.南京:译林出版社,2012:98.

目　录

前言　建构理想的课程秩序　　　　　　　　　　　　　　　1

第一章　"有氧语文"的旨趣：寻找平衡的课程意义　　　　1

驻足仰望，语文是一片星河，璀璨夺目；临海而听，语文是浩瀚汪洋，波涛滚滚；登高远眺，语文是丛丛密林，花繁叶茂；低眉折枝，语文是吴侬细语，情意绵长。语文，不仅仅是表情达意、思维交流的工具，更是寄托情谊的信物，滋润心田的灵泉，她璀璨、雄浑、娇媚、生机盎然。生活处处有语文，处处均可学语文，此所谓"有氧语文"。有氧语文，旨在培养一份情怀，滋养一份心灵，打开一扇窗，同时架起文化传承的桥梁，打开儿童面向生活、面向世界、面向未来的新视界。

　　第一节　语文学习像呼吸一样自然　　　　　　　　　　3
　　第二节　让语言文字浇灌儿童心灵　　　　　　　　　　6
　　第三节　设计真实而丰富的语文生活　　　　　　　　　10
　　第四节　让儿童在语文天地中自由呼吸　　　　　　　　23

第二章　"灵动数学"的聚焦：把握平衡的课程目标　　　31

毕达哥拉斯曾说：数学统治宇宙。由此看来，数学的作用非同寻常！古今中外的数学家无一不称赞数学的奥秘和伟力。数学是一种语言，一种唯美的语言。学习数学，也就是在把握美的真谛。"灵从动生，动由灵始，灵动共生"，儿童感受数学的灵动与生气，这便是"灵动数学"的境界与真义。

　　第一节　数学是鲜活而生动的　　　　　　　　　　　　33

第二节　让儿童感受数学的灵气与理性　　　　　　　　　　36
　　第三节　设计灵活而丰富的数学生活　　　　　　　　　　　42
　　第四节　引领儿童走进富有生气的数学王国　　　　　　　　52

第三章　"缤纷英语"的丰富：探寻平衡的课程结构　　　　　61

　　英语是从生活中来，又回归于生活中去交际使用的语言工具。儿童在灿烂多彩的环境和氛围下学习英语，感受多元文化的魅力，经由缤纷的语言世界走向文化自信。英语，犹如一条彩绸，七彩缤纷，是一门实用的、多彩的和多元的语言，丰富儿童的视野，形成跨文化意识，促进儿童的全面发展，此之谓"缤纷英语"。

　　第一节　英语是丰富而多彩的　　　　　　　　　　　　　　63
　　第二节　多元的课程为英语学习插上双翼　　　　　　　　　65
　　第三节　设计真实而丰富的语言课程　　　　　　　　　　　69
　　第四节　英语学习如影随形伴你我　　　　　　　　　　　　84

第四章　"阳光体育"的魅力：建构平衡的课程内容　　　　97

　　曼德拉曾说：体育拥有改变世界的力量。的确如此，体育的魅力超越了国界、民族与种族。体育不仅是一种运动，还是一种教育、一种精神，更是一种生活方式。参与体育锻炼能够促进身体全面发育、提高身体素质，同时提高运动能力、改善生活方式，从而提高生活质量与全面教育水平。而阳光总能给人一种温暖舒坦、积极向上、健康快乐的感觉，"阳光体育"的名字也因此而来，目的是要培养"健康、阳光、积极、运动"的未来栋梁。

第一节	让儿童沐浴在幸福的阳光体育之中	99
第二节	塑造阳光健康的儿童	101
第三节	促进儿童积极参加体育锻炼	107
第四节	让儿童在体育运动中快乐成长	110

第五章 "磁性科学"的张力：走进平衡的课程世界　　123

达·芬奇曾说："科学是将领，实践是士兵。"没有实践的士兵，科学这位将军只能纸上谈兵，就是说明了实践的重要性。通过亲身实践，人们对知识的印象更加深刻。科学重在通过实践的形式获得知识和技能，科学也因"实践"变得更有吸引力，就是像磁铁吸铁般深深吸引人心，让人沉浸在引人入胜的科学世界里。如此有魅力的科学、有向心力的科学、触动灵魂深处的科学就是"磁性科学"。

第一节	科学是富有魅力的	125
第二节	培养儿童探究的热情	128
第三节	设计有趣的科学课程	133
第四节	让儿童在丰富的活动中发展	143

第六章 "七彩美术"的路径：维护平衡的课程实施　　151

泱泱中华，万古江河，华夏文明自她源起那日便刻上了美的足迹。忆古思今，美术的语言早已融入人类生活的点滴，并承载着记录时代兴衰的重任。美术的教育是人类永恒的责任，如何引领学生在美术学习中捕捉美、体验美、理解美，进而去创造美呢？七彩美术，让儿童保持特有的童真。旨在打开儿童心灵的窗户，架起艺术传承的桥梁，

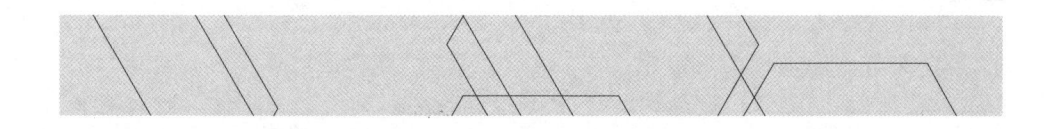

传播新时代下美的理念,培养创造美的能力,滋养传承美的情怀。

  第一节 美术学习是多姿多彩的   153

  第二节 美术活动润育七彩童真   155

  第三节 巧设丰富多彩的美术课程   158

  第四节 引领儿童走进多彩的美术世界   171

第七章 "魅力音乐"的智慧:享受平衡的课程情愫 179

  音乐给儿童开辟了一个多彩的王国。在这个王国里,蕴藏着浩瀚绚丽的音乐经典,珍藏着精美绝伦的音乐瑰宝,这是人类文明的传承,这是人类智慧的结晶。"魅力音乐"以美为基础,为出发点,为归宿;秉承审美的本质,致力于音乐课程的育人功能。充分尊重并理解儿童的天性使然,以儿童本身年龄特性的发展规律来培养儿童的音乐素养,让儿童畅游于"魅力音乐",提高儿童审美能力,塑造儿童的音乐人格,使儿童自由地表达情感,漫步在音符线谱间体验音乐的美,在真实场域中敞开个体,从而引领儿童走向生命的美。

  第一节 音乐是浸润心灵的艺术语言   181

  第二节 让情感体验涵养儿童的乐感   184

  第三节 设计真实而多样的"魅力音乐"课程   216

  第四节 激活儿童享受音乐的生命力   223

后记   232

前言

建构理想的课程秩序

课程平衡是课程开发的重要环节,也是"课程设计需要考虑的重要维度"。基础教育课程改革的目的是构建符合素质教育要求的新的基础教育课程体系。学校在落实国家课程,课程在满足社会发展需要的同时,如何立足学校特色、学生心理、个性需求等,建立适应和促进区域经济发展的课程新体系,至关重要。广州市黄埔区东荟花园小学近年来在专家的指引下,积极探索课程建设的新取向,在落实国家课程和开设适应学校发展、学生需求的多元课程上进行了平衡性变革。

何谓课程平衡?在课程领域,平衡可以理解为课程体系中一种"最有效的、最理想的秩序"。是为了达到系统的整体最优化,对组成要素或子系统进行非等比例的优化,使其能适应系统整体对其的要求。[1] 美国学者麦克卢尔认为:在20世纪,学校排课时都普遍注意合理调配包括人文学科在内的文科和各种自然科学学科的比例。选入学校课程中的各科目主次分明,这就是常说的课程平衡。我国学者汪霞则从培养目标、课程类别及课程性质三方面阐述课程平衡,并认为课程平衡促使各部分课程彼此配合、相互补充、形成合力,从不同方面为实现培养目标服务。[2] 虽然不同学者对课程平衡的理解不同,但都在一定程度上承认课程平衡是课程系统各类型、要素在质和量上的相对均衡、稳定与和谐,课程平衡具有相对性和多层次性。

基于以上考虑,我校在《核心素养导向的课程设计:花园式课程的文化与聚焦》出版基础上,继续以"一切为了师生幸福成长"为办学宗旨,落实"幸福像花儿一样"的办学理念。在办学理念的引领下,学校构建了"缤纷童年,幸福绽放"的课程理念,并不断推进"幸福之花"课程建设。近年来,随着科技经济的迅猛腾飞,为适应社会发展、培育时代新人,身处改革潮流中的东荟花园小学师生积极深化课程改革。2019年,《中共中央国务院关于深化教育教学改革全面提高义务教育质量的意见》,从课程与教学改

---

[1] 肖正德.促进农村中小学课程平衡策略研究[J].中国教育学刊,2012(07):44—48.
[2] 林冬梅,张君.课程平衡初探[J].沈阳师范大学学报(社会科学版),2003(04):78—81.

革的角度,就落实立德树人根本任务、全面提升教育质量作出了政策部署。如何建立适应和促进区域经济发展的课程体系,提升教育质量？东荟花园小学立足地域发展、学校特色、学生心理、个性需求等,探索课程建设新取向,通过七大学科课程领域的设计与开发,平衡国家课程和儿童发展需求之间的关系,实现课程平衡。

在我们看来,课程平衡是课程领域一个具有多层次的概念,它包括课程目标的平衡、课程结构的平衡、课程内容的平衡、课程实施的平衡等多个层面。

（1）**课程目标的平衡**。学校课程平衡与否主要看它在目标上是否能够促使儿童最大限度地发展,能否满足儿童各方面需要。黄埔区东荟花园小学创办于2013年9月,创办初期确立了"幸福像花儿一样"的办学理念。在理念的引领下,全体东荟人奋勇拼搏,开创新学校良好局面。像大多数课程学习一样,大部分学校大部分课程是一种有序的认知类型的学习,按照课程标准、考试需要等强调构成整体的部分和细节。为了让学生在各类考试中取得高分,一些本该指向有意义的教学活动也被迫改造成"音节式"学习。① 美国心理学家卡尔·罗杰斯(Carl R. Rogers)在《自由学习》一书中指出,除了开发左脑的学习,还要重视发挥右脑的作用。学校的"幸福之花"课程目标就是不断寻求课程需要找到平衡点,兼顾学生的考试分数的外在要求与自由学习的内在需求,这样的学校生活才会使学校成为学生最怀念和自身成长最快的地方,教师的工作也会变得更加丰富和有意义。

（2）**课程结构的平衡**。美国著名教学设计专家梅里尔(M. David Merrll)的研究表明:照本宣科,仅仅呈现信息,教学有效性为零;只有在课程上进行拓展延伸,教学有效性才有可能提高。为了发展学科核心素养,提升教学有效性,基于课程标准开发课程是必要的。② 东荟花园小学以"一切为了师生幸福成长"为办学宗旨,提出了"幸福像花儿一样"的办学理念。把"幸福教育"作为培养学生的目标,坚信每一个孩子都是绚丽的花朵,学校是一个充满人文关怀的地方,幸福是教育的目的、也是教育的过程,受教育的程度决定了一个人获得幸福的能力。基于以上理念和信仰,我们构建了"幸福之花"课程。课程由五部分构成,分别是人文之雅:进入唯美缤纷的语言世界;健康之乐:让健康童年闪耀光芒;科学之真:畅游温暖的科学海洋;思维之活:迸发灵动的智

---

① 林卫民.走向多极平衡的课程体系[N].中国教师报,2018-11-28(007).
② 杨四耕.学校课程深度变革之道[J].教育家,2019(08):55—56.

慧源泉;艺术之美:让心灵之花绽放异彩。花园式课程突破封闭式,以知识传授为主旨的课程文化局限,给予课程如百花园似的开放的视野,多元的视野,唯美的视野,令人愉悦的视野,让课程成为孩子们探求未知世界的乐园。

(3)课程内容的平衡。因学科课程结构决定了学生的学科素养结构,学科核心素养能否落实、落细,取决于学科教师的理解与领悟,取决于学科课程的建设与实施。顾明远教授说:"每个学科教师要有对学科教育哲学的认识,要有对教育终极价值的理解和体认,要有对本学科学术前沿的关注乃至研究,唯其如此,其所实施的课程教学,才会有教育工作者的意味,才会成全每个人的自由发展。"[1]基于以上思考,结合学校实际情况,我校教师紧扣学科核心素养,立足课堂积极探索和实践,鼓励每位教师在落实好国家规定的必修课程之外,开设综合活动课程和校本课程,通过"有氧语文、灵动数学、缤纷英语、阳光体育、磁性科学、七彩美术、魅力音乐"七大学科组成"幸福之花"课程内容。七大课程内容丰富、多元、个性,以学科素养为核心,构建学科课程群,促进学生均衡、全面发展。我校近年来开设了可供学生自由选择、丰富多彩的课程,包括匹克球实训、舞蹈、合唱、跳绳、足球、啦啦操、语言艺术、书法、陶艺等课程;宽敞明亮的创客中心,包含编程、机器人、无人机、3D打印创作等课程;建设智慧课堂引进AR技术,实现5G情景教学体验课程等。这些课程带领师生走出单极,走向多极平衡的课程体验,使学生因学校生活和学习的趣味,在自由中找到了自觉、自主和独立,对学生的全面发展起到了强大的促进作用,实现了学校各项工作的全面发展。

(4)课程实施的平衡。课程目标、课程结构、课程内容等方面规定的平衡性,最终要通过课程的实施才能实现。以东荟花园小学"阳光体育"为例,看课程实施如何促进学生全面发展。2014年,我校牵头制定"金绳计划",实施"强腿工程",以跳绳为特色项目,促进学校体育工作和学生体质健康快速提升,推动学校全面发展。首先是创新教学模式,中高年级体育课采用分组分层分项目的大班合作教学,发挥教师专长优势,保障课堂优质高效。其次是"化整为零"开发和利用小课间,利用课间10分钟,开展仰卧起坐、坐位体前屈等项目练习,建立竞赛机制,促进学生养成运动习惯。再次是构建以学校为主体,家庭、社会协同的三位一体发展模式,创办体育俱乐部,引入校外优质课程资源。最后是布置家庭体育作业,开展线上竞赛,创设家庭运动氛围,引领社区体

---

[1] 杨四耕.学校课程深度变革之道[J].教育家,2019(08):55—56.

育文化的形成。"阳光体育"课程的实施途径、实施方式高效,将学生的零碎时间合理运用,既保证了其他课程实施的时间和空间,也促进了学科素养深入发展。学校多元化早操的设计,改造传统枯燥的早操形式,融入国学、军姿、韵律操、体能操、手语操、放松操等多元素的早操,提高学生出早操的兴趣和效果。科学地开展课间活动,由学生体质健康数据出发,制定科学的训练计划和提升目标,合理设置课间教室内训练内容和训练强度。大力培养班级体育骨干,建立帮扶机制,有效推进"学生之间师徒结对",不仅提高学生锻炼意识,养成运动习惯,增强学生体质,同时还培养学生学会互助共赢,真正通过课程的实施促进学生全方位发展。

创办幸福教育,培育幸福少年,奠基幸福人生。在学校办学目标的引领下,我校提出了"为培养博爱至善、志向高远、儒雅尚学、传承创新、多元发展、健康幸福的高素质现代人奠基"的育人目标。紧紧围绕"幸福教育",我校在认真落实国家课程和学校特色、学生个性需求中架构平衡点,通过平衡的课程目标、平衡的课程结构、平衡的课程内容以及平衡的课程实施,学校的课程品质得以提升。

学校以"四个节日"活动为横向维度,使每个学期都充满不一样的惊喜和期待,四月读书节、五月艺术节、十月科技节、十一月体育节,每个月有每个月的主题,每个主题又与其他主题相互融合,让每个孩子都有展示自己的机会和舞台。以读书节为例,2021年4月,学校开展以"东风化雨润诗意校园 荟蔚出新承红色经典"为主题的读书节活动。有班班参与、生生参与、家长任课教师都参与的"经典美文诵读"。有各年级根据本年级实际和学生发展认知确定的年级特色活动:一年级"畅游浩瀚书海,聆听经典之声"读书节DIY书签制作,二年级"我的绘本"故事分享,三至六年级的读后感评比。有聚焦专题活动:一、二年级"我讲红色故事年级比赛",三、四年级"祖国在我心中演讲比赛",五、六年级"唇枪舌战 思辨青春"读名著辩论赛。以语文学科为内涵、艺术舞台为表现,从学科融合的大教育观出发,将不同学科知识与能力在读书节主题和活动中运用,如英语学科的一至六年级的英文才艺秀,五、六年级的英语趣配音,三、四年级的英文单词卡创意设计,一、二年级的爱心书签大赛;数学学科一年级的创意七巧板,二年级的图形DIY,三年级的手作日历,四年级的挑战24点,五、六年级的高塔游戏,一至六年级的小小神算手等等,多维度、多策略地为促进学生全面发展提供平台。

学校以"五个习惯"培养为纵向维度,朝着使学生成长为"多元发展、健康幸福的高素质现代人"的目标而努力。"让阅读成为习惯,让运动成为习惯,让微笑成为习惯,让文明成为习惯,让优秀成为习惯"是我校的"五个习惯"。时时可阅读、处处可阅读,东荟花园小学到处都充满着浓浓的书香,楼梯拐角处、楼宇架空层、长廊展示屏、班级图书角、学校阅览室等,为学生提供无处不在的阅读便利。读书开拓了学生眼界,塑造了学生气质,让他们的内心丰富、眼睛明亮,用阅读为他们一生的成长打下坚实的根基。2014年学校在郭云海校长的带领下制定"金绳计划",实施"强腿工程",全面增强学生身体素质,全员参与体育运动,"让运动成为习惯"。2019年广东省学生体质抽测,学校优良率78.9%,居全省第一;2020年广州市学生体质健康抽测中,我校创造了优秀率80.4%、优良率98.8%、合格率100%的好成绩。走进校园,一声声亲切有礼的问候、一张张灿烂的笑脸、一块块明镜的玻璃、绿茵茵的草坪、盛开的鲜花,让每一个身处其中的人,不论是保安叔叔还是保洁阿姨或是外宾,都会听到幸福的问候,看到令人心情愉悦的微笑,这就是东荟花园小学"让微笑成为习惯,让文明成为习惯"长期坚持的效果。学校以体育精神、拼搏精神、奥运精神铸就东荟精神,形成永争第一、永保第一、永创第一的先进文化,无论是在学科学习上,还是在素质教育领域的实践中,都要勇争第一,让自己成为优秀的人,打造优秀的团队。

此外,学校每年根据不同的育人目标举行不同主题的研学活动。走进伟人故里湖南,"重走长征之路 打开天空之眼"走进贵州等,学校承担着援疆、援藏、援贵以及统战任务,借这些活动,建设学生对外交流等一系列平台,打开了学生看世界之眼、体世界之心。

学校五大课程结构"雅、乐、真、活、美",七大学科课程内容与少先队活动结合,"五育并举",平衡创新、兼容并蓄,取得了优异的成绩。2018年代表中国参加在美国奥兰多举办的"跳绳世界杯",取得23个项目冠军,共获57枚金牌,在世界舞台上展示了中国少年的风采。2019年我校入选国家队的20名运动员出征在挪威举行的跳绳世界杯赛,获18个项目冠军,60枚金牌,并打破2项赛会纪录,6项闯进无年龄限制组总决赛,各大媒体争相报道。我校三年级学生、年仅9岁的女孩周亦涵,用时13小时游程27.6公里横渡琼州海峡,完成了连成人都不敢尝试的挑战壮举,也成为各大媒体报道的热点。学校的合唱团、舞蹈队、科技创新、学业水平质量等各方面均取得优异的成绩。学校先后获得:国际田联少儿趣味田径实验学校、全国品质课程实验学校、全国跳绳强心示范单位、全国啦啦操星级俱乐部、全国校园网球实验学校、广东省十佳好学校、广东省少先队先进学校、广东省安全文明校园、广州市书香校园、广州市健康学校、广州市跳绳传统项目学校、广州市体育高水平特色学校、广州市科技教育特色项目学校、广东省信息化中心学校、全国教育科研先进单位、广州市首家匹克球实训小学等多项称誉。学校还充分利用空间,在楼顶建设了绿色生态科普课程学习实践基地,分区设有百草园、蔬菜园、水果园等,2021年学校楼顶被评为"城市小菜园"。

　　课程平衡是一个动态的过程,需要随着社会的发展和课程中出现的新问题不断地充实。在发展素质教育、深化课程改革前进的道路上,我们将与时俱进,不断研究与实践,努力使学校课程建设保持在平衡、有效的状态上。

第一章
"有氧语文"的旨趣：寻找平衡的课程意义

驻足仰望，语文是一片星河，璀璨夺目；临海而听，语文是浩瀚汪洋，波涛滚滚；登高远眺，语文是丛丛密林，花繁叶茂；低眉折枝，语文是吴侬细语，情意绵长。语文，不仅仅是表情达意、思维交流的工具，更是寄托情谊的信物，滋润心田的灵泉，她璀璨、雄浑、娇媚、生机盎然。生活处处有语文，处处均可学语文，此所谓"有氧语文"。有氧语文，旨在培养一份情怀，滋养一份心灵，打开一扇窗，同时架起文化传承的桥梁，打开儿童面向生活、面向世界、面向未来的新视界。

广州市黄埔区东荟花园小学语文科组是一个团结奋发、朝气蓬勃的集体，汇聚了一批富有学识，功底扎实的优秀年轻教师。69位语文教师中，中小学高级教师5人，广州市骨干教师4人，广州市名教师1人，广州市名教师培养对象1人，黄埔区骨干教师10人。在广州市杨雪柏名教师工作室，广州市骨干教师、学科带头人杨雪柏、谢晓瑜、吴卉的带领下，教师们积极提升自身的专业素养，在论文发表、学科竞赛、课题申报等各类语文活动中成果丰硕。

语文科组一直践行学校"幸福就像花儿一样"的办学理念，主张教育无痕地滋润心田，浸润生命，让每一个儿童在教育中自由地感受快乐，得到身心的全面成长。在这一理念的指引下，语文科组结合母语教学的特殊性，提出了"有氧语文"这一课程概念，希望通过校本课程的研发，带领儿童徜徉于无处不在的语文世界之中，感受文字的魅力、诗文的深意，以及传统文化的韵味，并在其间激发兴趣，产生学习的浓厚兴致，让语文如氧气不可或缺，如氧气般滋养每一个灵动的生命。

第一节 语文学习像呼吸一样自然

一、学科价值观

　　语言是最重要的交际工具,是人类文化的重要组成部分。《义务教育语文课程标准(2022年版)》指出:"工具性与人文性的统一,是语文课程的基本特点。语文课程应引导学生热爱国家通用语言文字,在真实的语言运用情境中,通过积极的语言实践,积累语言经验,体会语言文字的特点和运用规律,培养语言文字运用能力;同时,发展思维能力,提升思维品质,形成自觉的审美意识,培养高雅的审美情趣,积淀丰厚的文化底蕴,继承和弘扬中华优秀传统文化、革命文化、社会主义先进文化,增强对习近平新时代中国特色社会主义思想的理解和认识,全面提升核心素养。""语文课程致力于全体学生核心素养的形成与发展,为学生学好其他课程打下基础;为学生形成正确的世界观、人生观、价值观,形成良好个性和健全人格打下基础;为培养学生求真创新的精神、实践能力和合作交流能力,促进德智体美劳全面发展及学生的终身发展打下基础。"与此同时,语文课程丰富的人文内涵对儿童精神领域的影响是深广的,儿童对语文材料的感受和理解又往往是多元的。因此,《义务教育语文课程标准(2022年版)》还指出义务教育语文教育理念为"立足学生核心素养发展,充分发挥语文课程育人功能","构建语文学习任务群,注重课程的阶段性与发展性","突出课程内容的时代性和典范性,加强课程内容整合","增强课程实施的情境性和实践性,促进学习方式变革","倡导课程评价的过程性和整体性,重视评价的导向作用"。

　　与此同时,语文又是母语教育课程。与任何一个民族的母语教育一样,语文课程还承担着传承民族文化的功能。因此,语文课程应该让儿童在读汉文、说汉语、写汉字的过程中,领悟中华民族文化的精髓,培养民族感情,增强民族自尊心、自豪感和凝聚力。

　　基于这种认识,我们认为,语文课程的核心价值是致力于儿童语文素养的形成与发展。语文素养是儿童学好其他课程的基础,也是儿童全面发展和终身发展的基础。语文课程的多重功能和奠基作用,决定了它在九年义务教育阶段的重要地位。

二、学科课程理念

依据《义务教育语文课程标准（2022年版）》文件精神，结合我校历史、文化、语文学科实际情况，提出我校语文学科的核心概念为"有氧语文"。

"有氧语文"意为语文如氧气般真实，如氧气般无处不在，如氧气般不可或缺。语文学习像呼吸一样自然。

——"有氧语文"是儿童的语文。苏霍姆林斯基曾说："在儿童的脑力劳动中，摆在第一的并不是背书，不是记住别人的思想，而是让儿童本人进行思考，也就是说，进行生动的创造。""有氧语文"树立生本位的思想，从儿童的角度解读文本，尊重每个孩子也许天真、稚嫩却最真实的思考。"有氧语文"滋润儿童的自然生长，激励儿童的自信生长，引导儿童的自由发展，最终实现儿童的自我价值。只有以生为本，儿童在课堂上才能真正成为学习的主人，才能真正释放天性，汲取语文的养分。只有这样的语文才是真正属于儿童的语文，这样的语文学习才是真正像呼吸一样自然。

——"有氧语文"是真实的语文。温儒敏教授曾指出，我们现在的语文课堂存在追求形式主义的"繁琐病"，这是丢失了"真实"的语文课堂。"有氧语文"赋予儿童极大的自由表达权。只有在能够自由表达的课堂上，儿童才可能"无拘无束地呼吸"，才可能呈现原生态的真实的学习感受。"有氧语文"是思想碰撞和心灵交流的课堂。教师要通过儿童的学来教，通过对话让儿童展开自由表达、探索成长。"有氧语文"在真实的课堂教学中追求儿童的真实成长。教师面向每一个学生的发展实际，在真实的教学过程推进中，让儿童获得发展。只有这样的语文才是真实的语文，这样的语文学习才是真正像呼吸一样自然。

——"有氧语文"是原味的语文。《义务教育语文课程标准（2022年版）》指出："语文课程是一门学习国家通用语言文字运用的综合性、实践性课程。"还强调："语文课程致力于全体学生核心素养的形成与发展，为学生学好其他课程打下基础。"这都强调了语文教学和语文课堂必须要尊重和保护"语文味"。"有氧语文"尊重语文课程具有工具性与人文性的统一这一基本特点，重视语言文字的基本规律，回归语文的本真，带着儿童去耐心地品尝原汁原味的语文，引导儿童去真正学习运用祖国的语言文字。只有这样的语文才是原味的语文，这样的语文学习才是真正像呼吸一样自然。

——"有氧语文"是生活的语文。陶行知先生曾说:"过什么生活便是受什么教育;过好的生活,便是受好的教育,过坏的生活,便是受坏的教育。"他认为,教育和生活是同一过程,教育含于生活之中,教育必须和生活结合才能发生作用,"生活即教育"。有氧语文强调语文就在生活中,语文学习资源和实践机会无处不在、无时不有,语文教学、语文学习皆可在生活中实践。有氧语文重视培养儿童的语文实践能力,引导儿童多读多写、日积月累,在生活中、在日常情境中、在大量的语文实践中去体会、把握运用语文的规律。只有这样的语文才是生活的语文,这样的语文学习才是真正像呼吸一样自然。

总之,"有氧语文"研究儿童语文学习的真实需求,善待语文学习过程中的个性差异、独特方式,丰富儿童语文生活,提升儿童语文素养,实现儿童自信、向上的生长。我们认为,一切从儿童的立场出发,用真实的语文引领孩子发现语言的美,让孩子在宽松和谐的氛围中体会学习的乐趣,在愉悦中收获知识与能力,就是我们所追求的"有氧语文"。

第二节　让语言文字浇灌儿童心灵

《义务教育语文课程标准(2022年版)》指出:语文课程围绕核心素养,体现课程性质,反映课程理念,确立课程目标。

一、学科课程总体目标

《义务教育语文课程标准(2022年版)》明确核心素养是学生通过课程学习逐步形成的正确价值观、必备品格和关键能力,是课程育人价值的集中体现。义务教育语文课程培养的核心素养,是学生在积极的语文实践活动中积累、建构并在真实的语言运用情境中表现出来的,是文化自信和语言运用、思维能力、审美创造的综合体现。而我校的"有氧语文",是儿童的语文,是实实在在的语文,是原汁原味的语文,是生活的语文。一切从儿童的立场出发,重视发挥儿童的主体性,重视儿童构建自我知识体系的过程与方法,提倡课堂应该是充满活力的,课堂上的思想应当是自由流动的。让儿童在语文这片广阔的天地中自由呼吸,让语言文字的力量浇灌儿童的心灵。因此"有氧语文"学科课程目标如下:

(一) 识字与写字

识字是小学语文教学的重点,也是阅读和写作的基础。识字方面,学生喜欢学习汉字,有主动识字的愿望,养成主动识字的习惯,并有较强的独立识字能力,能感知常用汉字形、音、义之间的联系,初步建立汉字与生活中事物、行为的联系,初步感受汉字的文化内涵。感受汉字的构字组词特点,体会汉字蕴含的智慧。能借助汉语拼音认读汉字,会用音序检字法和部首检字法查字典。达到小学阶段的识字总量应为3 000个左右的常用汉字的目标。

写字方面,掌握汉字的基本笔画和常用的偏旁部首,能按基本的笔顺规则用硬笔写字,注意间架结构,初步感受汉字的形体美。努力养成良好的写字习惯,写字姿势正确,书写规范、端正、整洁。能用硬笔熟练地书写正楷字,做到行款整齐,力求美观,有一定的速度。用毛笔临摹正楷字帖,在书写中感受汉字的书写特点和形体美。

(二) 阅读与鉴赏

阅读是运用语言文字获取信息、认识世界、发展思维、获得审美体验的重要途径。

阅读教学是儿童、教师、教科书编者、文本之间对话的过程。阅读教学的目标是通过行之有效的教学方法，让儿童感受阅读的乐趣，喜欢阅读，培养良好的阅读习惯。用课内阅读带动课外阅读的方式，扩展阅读面，课外阅读总量不少于 100 万字。具有独立阅读的能力，学会运用多种阅读方法，初步把握文章的主要内容，能品味语言，体会文章表达的思想感情。能对课文内容与表达发表个人心得、看法，作出自己的判断。能阅读日常的书报杂志，能初步鉴赏文学作品，丰富自己的精神世界。能借助工具书阅读浅易文言文。

随着阅读的深入，认识中华文化的丰厚博大，吸收民族文化智慧。关心当代文化生活，尊重多样文化，汲取人类优秀文化的营养，提高文化品位。能从优秀作品中受到感染和激励，激发对美好理想的向往和追求，同时培养爱国主义、集体主义、社会主义思想道德和健康的审美情趣，发展个性，培养创新精神和合作精神，逐步形成积极的人生态度和正确的世界观、价值观。

（三）表达与交流

写作是运用语言文字进行表达和交流的重要方式，是认识世界、认识自我、创造性表述的过程。写作能力是语文素养的综合体现。写作方面，儿童有着浓厚的写作兴趣和极大的自信心，养成留心观察周围事物的习惯，有意识地丰富自己的见闻。随着学习积累的加深，到高年段能够根据表达的需要自如地运用标点符号，能够关注现实，热爱生活，积极向上，说真话、实话、心里话，不说假话、空话、套话，能具体明确、文从字顺地表达自己的见闻、体验和想法。帮助儿童积累各种文体的写作方法，写简单的纪实作文和想象作文，内容具体，感情真实。

口语交际能力是现代公民的必备能力。应培养儿童倾听、表达和应对的能力，使儿童具有文明和谐地进行人际交流的素养。口语交际是听与说双方的互动过程。通过选择贴近生活的话题，采用灵活的形式组织的教学活动，让儿童逐步形成在与人交流时能尊重和理解对方，具有日常口语交际的基本能力，学会倾听、表达与交流，初步学会运用口头语言文明地进行人际沟通和社会交往。

（四）梳理与探究

学生能够按照一定的标准分类整理学过的字词句篇等语言材料，发现所学汉字形、音、义和书写的特点，梳理、反思自己语文学习的经验，发展独立识字能力和写字能力。努力提高语言文字运用能力，增强表达效果。学生能在有趣味的语文实践活动中学习语文,观察大自然,观察社会,积极思考。学习跨媒介阅读与运用,体会不同媒介如表格、图像、音频等的表达特点,根据需要选用合适的媒介呈现探究结果。关心学校、本地区和国内外大事,能提出学习和生活中的问题,有目的地利用图书馆、网络等渠道获取资料,运用资料,解决与学习和生活相关的问题。通过调查访问、讨论演讲等方式,开展专题探究活动,能用文字、图表、图画、照片等展示学习成果。独立或合作写出简单的研究报告。掌握查找资料、引用资料的基本方法。

二、学科课程年段目标

以《义务教育语文课程标准(2022年版)》为依托,紧密围绕小学语文学科核心素养,结合我校学科课程特点,制定"有氧语文"各学段的课程目标,让语言文字的力量浇灌儿童的心灵。这里,我们以四年级的课程目标为例,来说明我们的"有氧语文"如何顺应儿童天性,浇灌儿童心灵,促使儿童健康发展(见表1-1)。

表1-1 "有氧语文"四年级课程目标表

上学期单元目标	下学期单元目标
第一单元:自然之美 1. 边读边想象画面,感受自然之美。 2. 向同学推荐一个好地方,写清楚推荐理由。	第一单元:乡村生活 1. 抓住关键语句,初步体会课文表达的思想感情。 2. 写喜爱的某个地方,表达出自己的感受。
第二单元:阅读策略单元——提问 1. 阅读时尝试从不同角度去思考,提出自己的问题。 2. 写一个人,注意把印象最深的地方写出来。	第二单元:自然和科技 1. 阅读时能提出不懂的问题,并试着解决。 2. 展开奇思妙想,写一写自己想发明的东西。
第三单元:连续观察 1. 体会文章准确生动的表达,感受作者连续细致的观察。 2. 进行连续观察,学写观察日记。	第三单元:现代诗歌 1. 初步了解现代诗的一些特点,体会诗歌表达的情感。 2. 根据需要收集资料,初步学习整理资料的方法。 3. 合作创编小诗集,举办诗歌朗诵会。

续 表

上学期单元目标	下学期单元目标
第四单元:神话故事 1. 了解故事的起因、经过、结果,学习把握文章的主要内容。 2. 感受神话中神奇的想象和鲜明的人物形象。 3. 展开想象,写一个故事。	第四单元:作家笔下的动物 1. 体会作家是如何表达对动物的感情的。 2. 写自己喜欢的动物,试着写出特点。
第五单元:习作单元——把一件事写清楚 1. 了解作者是怎样把事情写清楚的。 2. 写一件事,把事情写清楚。	第五单元:习作单元——介绍一个景点 1. 了解课文按一定顺序写景物的方法。 2. 学习按游览的顺序写景物。
第六单元:成长故事 1. 学习用批注的方法阅读。 2. 通过人物的动作、语言、神态体会人物的心情。 3. 记一次游戏,把游戏过程写清楚。	第六单元:成长 1. 学习把握长文章的主要内容。 2. 按一定顺序把事情的过程写清楚。
第七单元:家国情怀 1. 关注主要人物和事件,学习把握文章的主要内容。 2. 学习写书信。	第七单元:伟人故事 1. 从人物的语言、动作等描写中感受人物的品质。 2. 学习从多个方面写出人物的特点。
第八单元:历史传说故事 1. 了解故事情节,感受人物形象。 2. 简要复述课文,注意顺序和详略。 3. 写一件事,能写出自己的感受。	第八单元:童话 1. 感受童话的奇妙,体会人物真善美的形象。 2. 按自己的想法新编故事。

第三节　设计真实而丰富的语文生活

根据《义务教育语文课程标准(2022年版)》的培养要求,以部编版小学语文教材为依据,我校课程分为基础性课程和拓展性课程。基础性课程以培养儿童听说读写的基础性素养为目标,拓展性课程主要满足儿童的个性化发展要求,在落实《义务教育语文课程标准(2022年版)》的基础上,把儿童的学习兴趣同学校特色课程相结合,通过激发儿童学习兴趣,发挥特长,营造学校特色课程文化。

一、学科课程结构

《义务教育语文课程标准(2022年版)》从识字与写字、阅读与鉴赏、表达与交流、梳理与探究四个方面出发,在小学阶段分低、中、高三个学段对儿童语文素养的发展提出了具体的要求。基于此,我校的"有氧语文"课程按识、读、写、说四个维度分为"有氧识写、有氧阅读、有氧写作、有氧交流、有氧探究"五大板块,设计真实而丰富的语文生活(见图1-1)。

下图中,各板块课程具体表述如下:

(1)有氧识写。内容主要为汉字的认识与书写。根据《义务教育语文课程标准(2022版)》中要求的小学阶段累计认识常用汉字3 000个左右,其中会写2 500个,开设了"铅言铅语""书为心画""笔落生风"等课程。识字写字是语文教学中的奠基石,旨在帮助儿童把枯燥的被动识字转变成有趣的主动识字,逐步形成端正的写字姿势和良好的书写习惯,在识记中感受汉字的历史,在书写中体会汉字的优美。

(2)有氧阅读。内容为朗读、默读文章,积累并运用文章的表达手法,体会标点符号的不同用法。开设了"童声童韵""诗意达人""荟诗·诗汇""遇言·不止"等课程。除此之外,设置了每天"国学诵读"时间,通过语调、韵律、节奏等体味作品的内容和情感。注重培养儿童的阅读习惯,扩展阅读面,要求儿童课外阅读总量不少于100万字。在交流阅读中,鼓励儿童敢于提出自己的看法,作出自己的判断。随着阅读的深入,能从优秀作品中受到感染和激励,激发对美好理想的向往和追求。

(3)有氧写作。主要内容是结合积累的词句用书面形式表达自我和与人交流。开

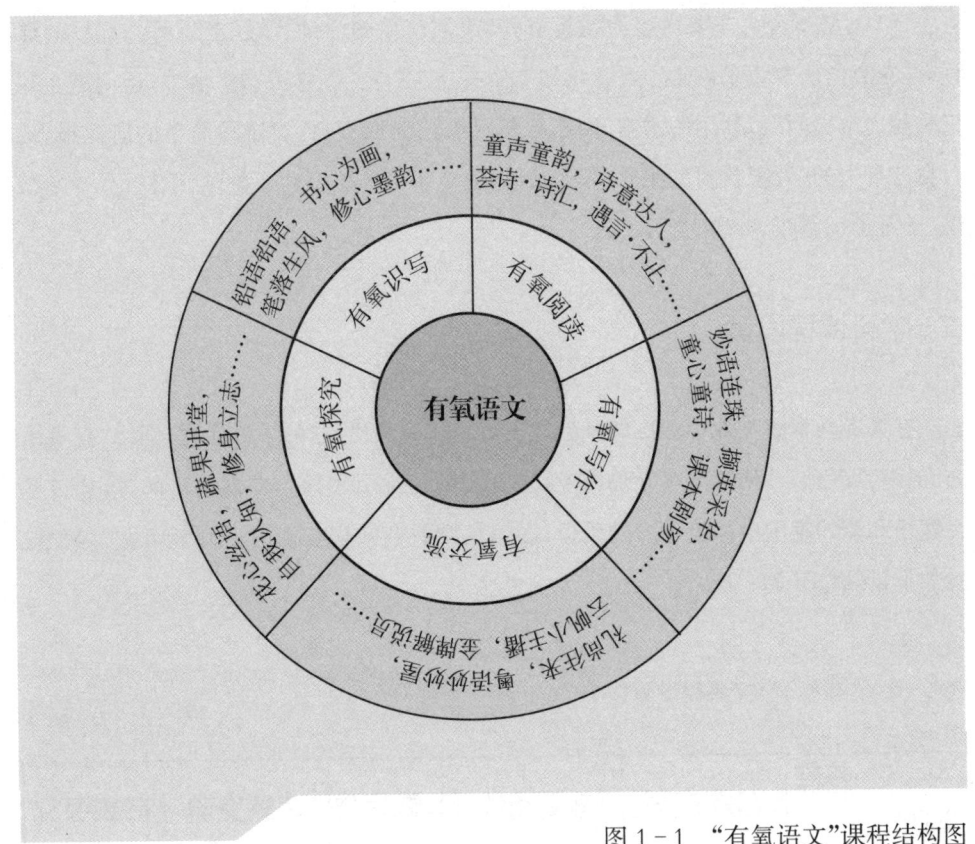

图1-1 "有氧语文"课程结构图

设有"妙语连珠""撷英采华""童心童诗""课本剧场"等课程,鼓励儿童把生活中的事物写下来。随着学习积累的加深,到高年段能够根据表达的需要自如地运用标点符号,养成留心观察周围事物的习惯,有意识地丰富自己的见闻,珍视个人的独特感受,积累写作素材。帮助儿童积累各种文体的写作方法,写简单的纪实作文和想象作文,做到内容具体,感情真实。

(4)有氧交流。主要内容为训练口语交际、交际用语的规范性和语言美。开设了"礼尚往来""粤语妙妙屋""节日万花筒""云帆小主播""金牌解说员"等课程,帮助儿童逐步形成在与人交流时能尊重和理解对方,清晰有条理地表达自己意见的语言习惯,同时,在听他人说话时认真耐心,能抓住要点,并能简要转述,能根据对象和场合,稍作准备,做简单的发言。

(5)有氧探究。主要内容为搜集资料、策划简单的活动、专题演讲等。开设的课程有"花心丝语""蔬果讲堂""自我认知""修身立志"等。在学习和生活中,运用语文知识和能力解决问题,利用图书馆、网络等信息渠道获取资料,尝试写简单的研究报告。对自己身边的、大家共同关注的问题,或电视、电影中的故事和形象,组织讨论、专题演讲,学习辨别是非、善恶、美丑。

二、学科课程设置

在义务教育语文课程标准的基础之上,设置"有氧语文"的学科课程,围绕"有氧语文"的学科理念,一切从儿童立场出发,用真实的语文引领孩子发现语言的美,让孩子在宽松和谐的氛围中体会学习的乐趣,在愉悦中收获知识与能力,"有氧语文"课程设置如下(见表1-2):

表1-2 "有氧语文"课程设置表

学段	课程	有氧识写	有氧阅读	有氧写作	有氧交流	有氧探究
一年级	上学期	铅言铅语	故事大王	妙语连珠	礼尚往来	花心丝语
	下学期	"小小书法家"	小书虫俱乐部	天马行空	讲文明懂礼仪	一叶知秋
二年级	上学期	提笔如有"神"	童声童韵	动笔小能手	粤语妙妙屋	蔬果讲坛
	下学期	笔下生辉	天天"悦"读	会说会写	人际交往万花筒	二十四节气
三年级	上学期	书为心画	诗意达人	撷英采华	节日万花筒	自我认知
	下学期	笔走乾坤	寓言故事	想象世界	故事大王	传统节日
四年级	上学期	笔为心落	荟诗·诗汇	童心童诗	云帆小记者	探寻诗歌密匙
	下学期	点墨留香	走进论语	诗心绒花	云帆小主播	轻叩诗歌大门
五年级	上学期	笔落生风	四书五经	父母之爱	我是小导游	有趣的汉字
	下学期	兰亭书荟	古典名著	同学之情	金牌解说员	遨游汉字王国

续 表

学段	课程	有氧识写	有氧阅读	有氧写作	有氧交流	有氧探究
六年级	上学期	笔墨丹青	遇言·不止	课本剧场	做自己的主人	独善自养
	下学期	修心墨韵	遇言·又止	最佳编剧	生命的价值	修身立志

三、学科课程内容

我校"有氧语文"的课程基础以《义务教育语文课程标准（2022年版）》为指导思想，以2017年教育部审定的人民教育出版社出版的义务教育教科书为教育媒介，开设课程如下：

（一）一年级语文课程内容（见表1-3）

表1-3 "有氧语文"一年级课程内容

内容课程	课程名称	课程目标	课程内容
有氧识写	铅言铅语 小小书法家	1. 喜欢学习汉字，有主动识字、写字的愿望。 2. 努力养成良好的写字习惯，写字姿势正确，书写规范、端正、整洁。 3. 学会汉语拼音。能读准声母、韵母、声调和整体认读音节。能准确拼读音节，正确书写声母、韵母和音节。认识大写字母，熟记《汉语拼音字母表》。	本课程以汉语拼音作为识字媒介，以硬笔正楷书写的笔画、笔顺、偏旁部首及汉字间架结构为主要内容，以"端端正正写字，堂堂正正做人"为主题，内容分为三个模块： 1. 书法鉴赏。 2. 技能训练。 3. 书为心画。

续 表

内容课程	课程名称	课程目标	课程内容
有氧阅读	故事大王 小书虫俱乐部	1. 喜欢阅读,感受阅读的乐趣。养成爱护图书的习惯。 2. 认识课文中出现的常用标点符号。在阅读中体会句号、问号、感叹号所表达的不同语气。 3. 结合上下文和生活实际了解课文中词句的意思,在阅读中积累词语。借助读物中的图画阅读。	本课程以《读百诗　识千字》为主要教材,该读本共精选了100首古诗,包含40首五言诗、60首七言四句诗。正文总字数为2 480个,生字1 243个。平均每首诗12—13个生字,每首诗如同一个"小字盘"。
有氧写作	妙语连珠 天马行空	1. 乐于表达自己,愿意主动与老师和同学进行交流。 2. 对写话有兴趣,在写话中乐于运用阅读和生活中学到的词语。	本课程分为四个板块。根据一年级新生的发展水平和听说读写的发展规律,通过听、说、读,做出铺垫,在这个过程中带领儿童积累字句素材,体会文字传达的精神、感受和意境,对生活和世界进行观察和思考,形成聆听和阅读的习惯,敢于、乐于表达自己的想法。
有氧交流	礼尚往来 讲文明懂礼仪	1. 学说普通话,养成说普通话的习惯。 2. 能认真听别人讲话,努力了解讲话的主要内容。 3. 与别人交谈,态度自然大方,有礼貌。	主要围绕礼仪知识的学习和运用,具体包含以下三个模块的内容: 1. 校园礼仪。 2. 课堂礼仪。 3. 校内公共场所礼仪。
有氧探究	花心丝语 一叶知秋	对周围事物有好奇心,能就感兴趣的内容提出问题,结合课内外阅读共同讨论。	本课程以"花语"在我国传统文化中的象征意义为主题,内容分为四个模块: 1. 节日与花语。 2. 文化与花语。 3. 诗词与花语。 4. 表达与花语。

(二) 二年级语文课程内容(见表1-4)

表1-4 "有氧语文"二年级课程内容

内容课程	课程名称	课程目标	课程内容
有氧识写	提笔如有"神" 笔下生辉	1. 掌握汉字的基本笔画和常用的偏旁部首,能按照笔顺规则用硬笔写字,注意间架结构。初步感受汉字的形体美。 2. 累计认识常用汉字1 600个左右,其中800个左右会写。 3. 学习独立识字。能借助汉语拼音认读汉字,学会用音序检字法和部首检字法查字典。	本课程以硬笔正楷书写的笔画、笔顺、偏旁部首及汉字间架结构为主要内容,以"端端正正写字,堂堂正正做人"为主题,内容分为三个模块: 1. 书法鉴赏。 2. 技能训练。 3. 书为心画。
有氧阅读	童声童韵 天天"悦"读	1. 学习用普通话正确、流利、有感情地朗读课文。学习默读。 2. 结合上下文和生活实际了解课文中词句的意思,在阅读中积累词语。借助读物中的图画阅读。 3. 积累自己喜欢的成语和格言警句。背诵优秀诗文50篇(段)。课外阅读总量不少于5万字。	本课程以《读百诗 识千字》为主要教材,该读本共精选了100首古诗,包含40首五言诗、60首七言四句诗。正文总字数为2 480个,生字1 243个。平均每首诗12—13个生字,每首诗如同一个"小字盘"。
有氧写作	动笔小能手 会说会写	1. 在写话中乐于运用阅读和生活中学到的词语。 2. 根据表达的需要,学习使用逗号、句号、问号、感叹号。	本课程内容主要针对儿童的书面表达能力,以阅读中积累到的词句为主要内容。

续 表

内容课程	课程名称	课程目标	课程内容
有氧交流	粤语妙妙屋 人际交往万花筒	1. 听故事、看音像作品,能复述大意和自己感兴趣的情节。 2. 能较完整地讲述小故事,能简要地讲述自己感兴趣的见闻。 3. 有表达的自信心。积极参加讨论,敢于发表自己的意见。	本课程内容主要针对儿童的口头表达能力和基本沟通能力,以普通话为主,粤语为辅,以粤语童谣、粤语常用语、广府小故事等为主要学习内容。
有氧探究	蔬果讲坛 二十四节气	1. 结合语文学习,观察大自然,用口头或图文等方式表达自己的观察所得。 2. 热心参加校园、社区活动。结合活动,用口头或图文等方式表达自己的见闻和想法。	本课程以"蔬菜"和"节气"为主要内容,联系生活实际。内容分为三个模块: 1. 蔬菜知多少。 2. 文化与蔬菜。 3. 诗词与节气。

(三) 三年级语文课程内容(见表1-5)

表1-5 "有氧语文"三年级课程内容

内容课程	课程名称	课程目标	课程内容
有氧识写	书为心画 笔走乾坤	1. 对学习汉字有浓厚的兴趣,养成主动识字的习惯。 2. 有初步的独立识字能力。会运用音序检字法和部首检字法查字典、词典。 3. 写字姿势正确,有良好的书写习惯。	本课程以软笔书写的笔法、字法为主要内容,以"端端正正写字,堂堂正正做人"为主题。内容分为四个部分: 1. 书法鉴赏。 2. 初识笔墨。 3. 笔画训练。 4. 集字训练。

续 表

内容课程	课程名称	课程目标	课程内容
有氧阅读	诗意达人 寓言故事	1. 用普通话正确、流利、有感情地朗读课文。 2. 初步学会默读,做到不出声,不指读。学习略读,粗知文章大意。 3. 能联系上下文,理解词句的意思,体会课文中关键词句表达情意的作用。能借助字典、词典和生活积累,理解生词的意义。	结合校本课程,以学习诗歌鉴赏和寓言故事的阅读为本课程主要内容,主要分为以下四个部分: 1. 吟诵的定义及方法。 2. 吟诵诗词。 3. 吟诵会。 4. 品读寓言故事。
有氧写作	撷英采华 想象世界	1. 乐于书面表达,增强习作的自信心。愿意与他人分享习作的快乐。 2. 观察周围世界,能不拘形式地写下自己的见闻、感受和想象,注意把自己觉得新奇有趣或印象最深、最受感动的内容写清楚。 3. 尝试在习作中运用自己平时积累的语言材料,特别是有新鲜感的词句。	本课程主要对阅读中的好词好句进行摘录,以课内好词好句积累为范例,逐步掌握积累方法,自主积累课外好词好句。围绕写景、写人、写物、写事四个模块展开。
有氧交流	节日万花筒 故事大王	1. 能用普通话交谈。学会认真倾听,能就不理解的地方向人请教,就不同的意见与人商讨。 2. 听人说话能把握主要内容,并能简要转述。	本课程以感受交流传统节日文化和感受故事(寓言、童话、神话等)为主题,内容包括以下模块: 1. 了解不同节日的由来及各地的风俗习惯。 2. 开展主题活动,展示学习成果。 3. 品读童话故事。 4. 创编童话。

续　表

内容课程	课程名称	课程目标	课程内容
有氧探究	自我认知 传统节日	1. 能提出学习和生活中的问题，有目的地收集资料，共同讨论。 2. 能在教师指导下组织有趣味的语文活动，在活动中学习语文，学会合作。	本课程主要参照小学三年级儿童的理解能力，以了解自我和中华传统节日的内容为主，以及儿童生活的周边环境、实践体验等。

（四）四年级语文课程内容（见表1-6）

表1-6　"有氧语文"四年级课程内容

内容课程	课程名称	课程目标	课程内容
有氧识写	笔为心落 点墨留香	1. 欣赏优秀的软笔书法作品。 2. 累计认识常用汉字2 500个左右，其中1 600个左右会写。 3. 能使用硬笔熟练地书写正楷字，做到规范、端正、整洁。用毛笔临摹正楷字帖。	本课程以软笔书写的笔法、字法为主要内容，以"端端正正写字，堂堂正正做人"为主题。内容分为四个部分： 1. 书法鉴赏。 2. 初识笔墨。 3. 笔画训练。 4. 集字训练。
有氧阅读	荟诗·诗汇 走进论语	1. 掌握诵读技巧，包括停连、轻重、速度、语调、节奏等。 2. 能够对重点诗歌进行赏析，以注释为工具，理解、感悟古诗文的内容，以及作者的思想感情及蕴含的哲理等。	本课程以《小儿童必背古诗词75首》《论语》为教材，进行小学必背古诗词学习。

续 表

内容课程	课程名称	课程目标	课程内容
有氧写作	童心童诗 诗心绒花	1. 初步了解儿童诗这种文学体裁,感受儿童诗的魅力,学会仿写。 2. 合作创编小诗集,举办诗歌朗诵会。	本课程针对四年级儿童,通过教师指导、儿童自学、互学、仿写创作等方法让儿童感受儿童诗的魅力,并创作属于他们自己的儿童诗。
有氧交流	云帆小记者 云帆小主播	1. 能够模仿记者进行简单的采访活动。 2. 进行简单的新闻策划和播报。 3. 学习简单的摄影技巧。 4. 勇于展示自己,提高语言表达能力。	本课程旨在帮助孩子提升语言表达能力和新闻写作能力,增强自信心和团队精神。课程包括新闻采访技巧、新闻写作技巧、摄影技巧、表达能力训练。
有氧探究	探寻诗歌密匙 轻叩诗歌大门	1. 初步了解现代诗的一些特点,体会诗歌表达的情感。 2. 根据需要收集资料,初步学习整理资料的方法。 3. 合作创编小诗集,举办诗歌朗诵会。	本课程内容主要为收集现代诗歌,鉴赏现代诗,体会诗歌表达的情感,创编诗集,举办诗歌朗诵会。

(五) 五年级语文课程内容(见表 1-7)

表 1-7 "有氧语文"五年级课程内容

内容课程	课程名称	课程目标	课程内容
有氧识写	笔落生风 兰亭书荟	1. 体会汉字的独特魅力,感受名家笔下的艺术气息,提高对软笔书法的鉴赏能力。 2. 能用毛笔书写楷书,在书写中体会汉字的优美。 3. 硬笔书写楷书,行款整齐,力求美观,有一定的速度。	本课程以提高儿童软笔书写汉字的能力,培养儿童审美能力为主,以名家优秀书法作品鉴赏、软笔书法技能训练以及多角度评价能力训练等为内容,具体包含以下三个模块: 1. 书法鉴赏。 2. 技能训练。 3. 字帖临摹。

续表

内容课程	课程名称	课程目标	课程内容
有氧阅读	四书五经古典名著	1. 初步学习阅读古典名著的方法。 2. 默读有一定速度，默读一般读物每分钟不少于300字。学习浏览，扩大知识面，根据需要搜集信息。 3. 能够背诵古典名著中经典篇目。 4. 学习写读后感。	本课程以四大名著和四书五经为教材，引导儿童掌握阅读古典名著的方法，并能够背诵其中经典篇目，写读后感。
有氧写作	父母之爱同学之情	1. 学习描写人物的基本方法。 2. 初步运用描写人物的基本方法，具体地表现一个人的特点。 3. 尝试运用动作、语言、神态描写表现人物内心。	本课程包括人物的分类和选材，按一定的顺序抓住人物的特点进行观察、用人物的动作、语言、神态表现人物的性格和品质。
有氧交流	我是小导游金牌解说员	1. 能够按一定的顺序进行风景名胜或事物的解说。 2. 初步掌握收集、积累和运用信息的能力。 3. 提高表达能力，会用自己的情绪感染他人。 4. 增强对家乡、祖国的热爱，增强民族自豪感。	本课程包括如下内容： 1. 了解导游及解说员的功能和意义。 2. 进行解说的基本技巧。 3. 收集信息的方法。 4. 模拟解说。
有氧探究	有趣的汉字遨游汉字王国	1. 感受汉字的趣味，了解汉字的文化。 2. 学习收集资料的基本方法。 3. 学写简单的研究报告。	本课程内容分为如下模块： 1. 指定活动计划。 2. 进行猜字谜游戏、搜集有关汉字谐音的歇后语和笑话等，搜集有关汉字来历的资料，了解汉字的起源。 3. 进行社会用字调查，写简单的调查报告。 4. 收集书法作品，举办书法作品展。

(六) 六年级语文课程内容(见表1-8)

表1-8 "有氧语文"六年级课程内容

内容课程	课程名称	课程目标	课程内容
有氧识写	笔墨丹青 修心墨韵	1. 体会汉字的独特魅力,感受名家笔下的艺术气息,提高对软笔书法的鉴赏能力。 2. 能用毛笔书写楷书,在书写中体会汉字的优美。 3. 硬笔书写楷书,行款整齐,力求美观,有一定的速度。	本课程以提高儿童软笔书写汉字的能力,培养儿童审美能力为主,以名家优秀书法作品鉴赏、软笔书法技能训练以及多角度评价能力训练等为内容,具体包含以下三个模块: 1. 书法鉴赏。 2. 技能训练。 3. 字帖临摹。
有氧阅读	遇言·不止 遇言·又止	1. 在阅读中了解文章的表达顺序,体会作者的思想感情,初步领悟文章的基本表达方法。在交流和讨论中,敢于提出看法,作出自己的判断。 2. 阅读叙事性作品,了解事件梗概,能简单描述自己印象最深的场景、人物、细节,说出自己的喜爱、憎恶、崇敬、向往、同情等感受。 3. 阅读诗歌,大体把握诗意,想象诗歌描述的情境,体会作品的情感。受到优秀作品的感染和激励,向往和追求美好的理想。 4. 阅读说明性文章,能抓住要点,了解文章的基本说明方法。 5. 阅读简单的非连续性文本,能从图文等组合材料中找出有价值的信息。	本课程重在培养儿童阅读能力以及语言表达能力。达到敢说、能说、会说、巧说的语言表达要求。

续 表

内容课程	课程名称	课程目标	课程内容
有氧写作	课本剧场 最佳编剧	1. 了解并掌握扎实的戏剧知识,在表演过程中提高表演能力。 2. 提高自主学习能力。 3. 增强合作意识,并在学习的过程中提高感受美、欣赏美、表现美、创造美的能力。	本课程以课本剧编写和编演为主题,内容分为四个模块: 1. 课本剧欣赏。 2. 课本剧改编。 3. 课本剧编演。 4. 课本剧展示。
有氧交流	做自己的主人 生命的价值	1. 能认识到坚毅等意志品质,能掌握用自己力量成长的技巧。 2. 能积极探索人生的意义、生命的价值,树立高尚的理想。 3. 乐于参与讨论,敢于发表自己的意见。	本课程将励志教育和提高儿童自主发展能力紧密结合、相互渗透,以学校全面实施全员育人导师制这一育人体系为契机,主要分为励志名言、励志书籍、励志电影、励志歌曲和励志故事五大章节。
有氧探究	独善自养 修身立志	1. 初步了解影响人更好发展的优良品质有哪些,知道现阶段我们需要培养自己哪些方面的品质,尽量做到有的放矢。 2. 知道一些有社会影响力的成功人士背后的故事,研究是哪些优秀的品质影响着他(她)。 3. 参与主题辩论、事件辨析、情境模拟等活动,切身体会到品质对人的影响。 4. 为解决与学习和生活相关的问题,利用图书馆、网络等信息渠道获取资料,尝试写简单的研究报告。	本课程引导儿童通过搜集资料的方式解决问题,在这过程中涉及爱国的品质、自信的品质、认真的品质、守信的品质、独立的品质、宽容的品质、坚强的品质、担当的品质、惜时的品质。如有重合部分也将是相关品质的再度提升。

第四节　让儿童在语文天地中自由呼吸

《义务教育语文课程标准(2022年版)》提出课程在实施时要"立足核心素养,彰显教学目标以文化人的育人导向","体现语文学习任务群特点,整体规划学习内容","创设真实而富有意义的学习情境,凸显语文学习的实践性","关注互联网时代语文生活的变化,探索语文教与学方式的变革"。我校"有氧语文"课程旨在引领儿童明白语文学科的重要性和学习语文的可行性方法,让儿童明白无论何时何地皆有语文、皆可学语文、皆可用语文,将语文推向与生长、生活、生命息息相关的境界,采用多元的方式真正做到一切为了儿童学习。"有氧语文"学科课程的实施主要从"有氧课堂""有氧课程""有氧学习""有氧语文节""有氧之旅"几个方面入手实施,努力让儿童在语文天地中自由呼吸。

一、建构"有氧课堂",彰显语文的生命价值

"有氧课堂"即"三学一练"有氧常规课堂,它是指学校开设的与语文学科相关的各种课程,这种课堂紧紧围绕"语文无处不在"的指向,在课堂中遵从儿童本身的发展规律,从教学设计到教学过程、教学目标、教学评价等各个方面都旨在提升儿童的语文素养,也让儿童明白生活处处皆语文、处处可学语文、处处可用语文,以内化儿童的语文能力与涵养。这种课堂本质就是日常教学常规中的语文课堂,只是我们更加精细而具体地设计了具体的教学模式,它是在学科课题研究的基础上,将"三学一练"融入语文学科课程打造而成的。

(一)"有氧课堂"的实施

"三学一练"的"有氧课堂"以"儿童为中心",倡导"自学""互学""导学""练习"。

(1)"自学"即有针对性的课前预习——根据儿童学习阶段和水平形成了预习的一整套方法步骤。在不同的年级会根据不同的学科目标和层级提出具体的预习要求。"自学"部分全面考虑儿童的学习阶段和学习层次,围绕语文的"人文性"和"工具性"两种特点,从语文的生活性出发,最终又回归生活,针对不同年级提出与该年级阶段相符合的预习要求。

(2)"互学"即课堂上儿童与儿童之间的思维碰撞——教师会先考虑不同儿童的学习能力及性格形成学习小组,采用讨论、互教、辩论、互测等方式,充分发挥儿童之间积极的促进作用,让儿童在"互学"的过程中不断进行语文的学习、语文思维的训练和

语文素养的提升。

（3）"导学"即教师引领助推儿童——在这里，教师不是什么都教，因为儿童才是课堂的主人。针对儿童进行充分的、大范围的、各种形式的互学之后产生的疑问或者难度较大的学习内容，教师进行方法上的指引或者方向上的启迪，做到课程从浅入深地挖掘。

（4）"练习"即指向儿童语文能力和素养的训练——教师将围绕课堂学习内容创设分层学习单，对儿童各种各样的语文能力和素养进行巩固和培养。

这样的课堂真正做到将课堂留给儿童，充分调动儿童学习的主动性和积极性，将儿童语文的学习、合作、探究、创新的精神和能力作为培养重点，于潜移默化中彰显了生本核心，为儿童的终身发展考虑。

(二)"有氧课堂"的评价标准

（1）自学：教师根据授课内容结合儿童实际情况，编制符合儿童的预习大纲。教师在教学开始前对儿童预习情况进行检查，分别从已掌握和未掌握的学习内容、存在的问题、自学思考三方面进行。

（2）互学：教师依据教学内容，设计小组独立思考和互动分享环节，5—6人为一组推选出组长，分享小组内成员学习情况，针对困惑问题进行讨论、交流心得。

（3）导学：从确立目标、探究问题、小组展示、归纳总结四个方面引导儿童进行学习。要求儿童明确目标，富有创意；教师根据互学情况，设计问题链，把控重点、疑难点，针对典型问题，引导儿童提出疑问并进行分析。

（4）练习：分成课堂检测、每日一练、巩固检查三个环节，由儿童在课堂自主挑选经典题型，独立完成并讲述解题思路；教师针对课堂情况设立每日一练，设置测试题，巩固并检查儿童掌握情况（见表1-9）。

表1-9 "有氧语文"课程评价表

评价项目	评价要点	权重	得分	小计
教学目标 10%	1. 分层目标：充分依据课程标准在充分研读课程文本的前提下，结合学情，合理分层设定。	10%		

续 表

评价项目	评 价 要 点	权重	得分	小计
教学行为 50%	2. 教学内容:符合儿童的不同发展水平,内容恰当,难度分层;注意知识的拓展与运用;努力开发、利用教学资源。	10%		
	3. 教学方法:突出儿童的自学与互学,将课堂还给儿童;根据儿童学习状态进行深入浅出的引导;教师科学导学,能灵活运用教法,富有教学机智。	10%		
	4. 教学手段:能灵活采用直观、形象的教具和现代教学手段辅助教学,创造性地改进教学内容及问题呈现方式,有效整合教学资源。	5%		
	5. 教学过程:教学环节合理,层层深入;教学环节衔接自然,突出重点,突破难点;展示培养思维和能力的过程和方法。	15%		
	6. 教学评价:关注、尊重和信任全体儿童;善于倾听,评价恰当而具体;采用灵活多样的激励方式,适度竞争,课堂氛围和谐。	5%		
	7. 教学基本功:教学语言准确、规范;教态亲切自然;课堂应变能力强;板书工整美观,设计科学合理。	5%		
儿童表现 25%	8. 学习状态:在学习中感受到乐趣,注意力集中,愿意学习;思维活跃;能自主学习,合作交流,积极探究。	10%		
	9. 学习方法:课堂常规组织有序,儿童学习方法科学、高效。	5%		
	10. 参与程度:全体儿童均能参与到课堂教学中,有分工有交流有合作,能扬长补短,充分发挥儿童的带动作用;师生、生生互动交流平等、积极、有效。	10%		
教学效果 15%	11. 目标达成:儿童能自主完成课堂测,并讲解思路;各项训练扎实、有效,各层次儿童均有达成学习目标。	10%		
	12. 综合发展:儿童能在课程学习中感受到学习和成功的双重愉悦,进一步提高学习信心;形成良好的学习习惯,培养良好的学习思维。	5%		

总分(评分说明:90 分以上为优秀,80—89 分为良好,70—79 分为一般)

二、开发"有氧课程",丰富语文课程体系

"有氧课程"着眼于"为了儿童的生长、生活、生命",在学科"有氧课堂"之外,学校更是从儿童未来考虑,精心打造并引入校外的一系列精品校本课程,这些课程促使儿童在课本之外,在感受语文学习快乐的同时另辟蹊径,多角度多层次地获取语文能力、涵养语文素养。

(一)"有氧课程"的开发思路

"有氧课程"从生活中的语文出发,考虑儿童在生活中所需要具备的语文能力和素养,开设各种各样的语文精品课程。

如"花心思语"让儿童将花朵与语文、文化、生活联系起来;"遇言·不止"鼓励儿童运用有声语言和无声语言,就问题说明道理、发表意见、抒发感情,培养口才能力;"励精图'志'"让儿童于励志名言、诗词、书籍、电影、故事中获得精神的力量;"撷英采华"则帮助儿童在"只言片语"中学会"以文言志","我以我手写我心"……此外"诗意达人""童声童韵""铅言铅语""妙语连珠""书为心画"这些课程也都以年级为划分依据将儿童的生长、生活、生命与语文紧紧地交融在一起,让儿童根据自己的兴趣与爱好加以选择,符合儿童的个性要求,从各个角度多元地将"教书"与"育人"并举,让儿童在快乐中学好语文,书写一个个真正的"人"。

(二)"有氧课程"的评价要求

"有氧课程"关注过程性评价和激励性评价的结合,主要通过激励性的评价语言对儿童的表现进行评价,评价主要依据授课教师的记录,包括儿童课堂表现、任务完成情况、儿童参与度和积极性、儿童的团队合作意识、学习体会感受及展示和测试等。

"有氧课程"评价目标在儿童所选择的课程方面有知识或者技能的提高;儿童学习的兴趣和展示的勇气得到进一步提高;掌握能力或者技能的评价标准,学会根据标准自评与他评,并不断完善自身不足;语文实践能力得到加强;在小组的合作中学会倾听、表达,学会团队协作,学会评判性思维;感受语文学习的重要性与多样性。

"有氧课程"评价方式主要分为以下几种。(1)表格评价:由教师制作本门课程甚至是本节课具体的评价表格,由儿童自己和小组内部根据评价标准进行评价。(2)过程性评价:由教师通过观察学习过程中的情况记录,以及多种形式的作业、作品等形式

对儿童进行评价。(3)实践性评价:儿童对于课程目标的把握情况,也需要及时布置相应的作业,让儿童回归家庭或者社会,将课程学到的能力或者知识运用到实际的生活中,由父母对儿童的实践进行点评与及时的指导,并将掌握情况反馈给教师。

除此之外,为了将语文学习融入儿童的血液,成为如一日三餐般的存在,学校还开设了每日清晨15分钟的国学诵读,每日中午15分钟的写字时间。

这种"微小"的语文有氧课程,主要是从站立姿势、写字姿势、诵读与书写认真程度、背诵任务的完成情况还有书写作品的质量这些方面来评价的。背诵任务每年会以年级抽测形式进行;书写方面会开展书写比赛,将赛后优秀作品进行长廊式展出。

三、推进"有氧学习",培养语文学习习惯

"有氧学习"是指儿童无时无刻不在有意识地、主动地进行与语文相关的学习,以促进语文十个习惯的养成作为目标的学习。

(一)"有氧学习"的核心指向

让儿童明白语文的重要性和树立随时随地可学、应学、坚持学语文的意识可以称之为"有氧意识",这是语文学习得以顺利进行、语文素养和能力得以培养的重要保障,是一个人得以生存、一个民族得以发展繁荣的精神支柱。在学校,语文学习中的"有氧意识"的具体内涵,应该包括积极主动的学习态度、无穷无尽的学习兴趣、持之以恒的耐力、坚忍不拔的韧性、兼容并包的学习胸怀。而这样的有氧意识的形成也需要培养以下十个精致习惯加以辅助,这些习惯是否习得便是评价的目标:

(1)用心倾听的习惯:师生发言时,儿童能保持安静,认真倾听,并开动脑筋思考,能进行质疑与点评。

(2)乐于交流的习惯:愿意与他人交流自己的学习心得与感受,敢于表达自己的想法。

(3)说普通话的习惯:进入校园,与师生交流都使用普通话,并能有意识地将说普通话的习惯带入自己的家庭。

(4)勤学好问的习惯:学习主动而自觉,能积极地处理好自己的学习问题,遇到疑惑乐于质疑。

(5)站立诵读的习惯:国学诵读和课堂诵读时,都能养成站立并大声诵读的习惯,

背脊挺直,自信而投入。

(6) 规范书写的习惯:能掌握正确科学的握笔与书写姿势,在能根据各科教师的要求工整而规范地完成作业的前提下追求美观大方。

(7) 自主学习的习惯:能自主而独立地完成学习任务,善于预习,主动与师生交流合作学习,不懂就问。

(8) 广泛阅读的习惯:热爱阅读,阅读内容广泛,坚持每天阅读并养成记录有价值的阅读内容和阅读感受的习惯。

(9) 积累素材的习惯:善于观察,乐于思考,有意识地积累所观所感所思的内容,养成写日记的习惯。

(10) 学以致用的习惯:建立学习内容与生活的联系,可完成生活与学习内容的互迁移,学习课文时能联系生活进行理解,也能将课堂所习得的知识运用到生活中。

(二)"有氧学习"的评价要求

我们主要是采取过程性评价对儿童的十个习惯进行跟进和评价,这些习惯的养成与所有的语文课程和活动息息相关,每一堂课、每一次活动、每一次对话、每一次朗读、每一次习作……我们都会当堂对儿童的表现进行及时的反馈。

四、举办"有氧语文节",熏陶语文涵养

为彰显"有氧语文",我校每一学年的第二学期在世界读书日所在的月份——四月举办"有氧语文节"。在为期一个月的"有氧语文节"中,学校针对性地开展各种与语文有关的活动,给全体儿童提供各种语文学习及语文能力展示的机会。

(一)"有氧语文节"的活动安排

"有氧语文节"期间,围绕主题,学校会开展多种多样旨在熏陶语文涵养、夯实底蕴的活动:经典诵读比赛、亲子阅读、讲故事比赛、演讲比赛、课本剧或话剧表演、书法大赛、写作小达人、阅读之星评选等。这些活动丰富了语文学习形式,营造了浓厚的语文学习氛围,给孩子们展示了一个更广阔的有氧世界,让孩子们在快乐中走进生动的语文,真正感受语文宇宙的美妙,让孩子身心的每一个细胞都尽情汲取书籍的营养。

每一年的"有氧语文节"的主题与具体活动都是不同的。根据学校当年的计划与目标先制定一个主题,围绕主题各学科会讨论相关的活动形式。每一个活动的设计都

需要先拟定活动的具体主题与目的,确定活动的参与对象,安排活动的时间与地点,制定活动的具体内容和活动方式,最后构思活动的展示方式或评价方式。

(二)"有氧语文节"的评价要求

"有氧语文节"可以将以下评价方式结合起来运用:表现性评价和赛事性评价,让儿童的语文学习以活动的形式(如诵读、讲故事、演讲、课本剧等)表现出来;游园性评价,儿童在各班的穿行中感受不同主题不同形式的语文;过程性评价聚焦儿童参与的积极性、热情度、表现情况等;评选式评价和展示性评价结合,对热爱阅读的儿童及儿童家庭进行阅读之星和亲子阅读家庭的评选,对写作小达人和书法优秀作品进行评选,并最终进行展览……

五、推行"有氧之旅",内化精神底蕴

所谓"有氧之旅"是指走出学校去寻访一切与语文有关的祖国大好河山,儿童在旅行之中走进自然走进人文,去接受语文的熏陶;或者将校外的一些语文活动引入校内让儿童参与和观赏。在这些活动的过程中进行一次次新的精神之旅。

(一)"有氧之旅"的课程设计

(1)走访名人足迹,汲取精神力量。为了拓展儿童学习语文的方式和形式,从先人的足迹中汲取语文内在的涵养和精神,学校从实践角度出发,组织校毕业生毕业前走访先前文人走过的地方,近距离去感受语文的魅力,与先人共鸣,将他们成长的经验化作我们前进的精神力量。

(2)整合校外资源,举办国学大赛。近年来,汉字听写大赛、成语听写大赛、中华诗词大赛等掀起了一重重学国学、学语文的高潮。语文学习正以氧气般的存在渗透到人们的日常生活中。本校一直强调国学、强调语文学习,故极力整合校外资源,与卓越等机构合作,将国学大赛开到了学校内。在备赛、参赛、观赛过程中,儿童于无形中又进行了深入的语文学习。

(二)"有氧之旅"的课程评价

(1)研学旅行的评价。①研学活动前,学校会要求学生先进行相关的知识的搜索与学习。在研学的过程中,会有知识问答比赛,有"最佳导游"的评选,让儿童在这些比赛与评选中"行"有所获。②寻找最美"美篇"。走访名人足迹的研学旅行中,教师会教

授儿童美篇的制作方式,要求儿童每天将自己的所观所感通过美篇的方式记录下来。教师会根据儿童的作品评选出制作精美、图文并茂的美篇,转发到家长群、班级群和朋友圈。③制作班级研学纪念册。研学旅行结束后,需要以班级为单位制作研学旅行的纪念册,在纪念册中会收集大家在研学中的成长和感悟的照片、记录成长和感动的写作,最终编辑成册,并评选出最优纪念册。

(2)国学大赛的评价。学校整合校外资料,将诗词大赛、国学大赛引入校园。在这些比赛中,以班级为单位先进行初选,选出诗词或者国学知识最丰富、临场发挥能力最强的学生作为班级代表参加年级赛。在年级赛中脱颖而出的班级将代表学校与其他学校进行比赛。最终评选出一、二、三等奖。

总之,我们着力体现"有氧语文"的理念,按照课程的内容设置,有机融入与儿童息息相关的生活元素、校园生活、家庭生活、时代现象等,让语文成为儿童的一种素养,让语文成为儿童不可或缺的生命给养。以儿童发展为本,尊重儿童、信任儿童、指导儿童,体现"有氧语文"的人情味、互动性、整体性、创新味,促使每一个儿童都从中得到个性发展,获得幸福感,师生得到共同成长。

(执笔人:孙敏　朱姝曼　张国凤　车潇潇　刘清　谢敏　付玲娟)

第二章
"灵动数学"的聚焦：把握平衡的课程目标

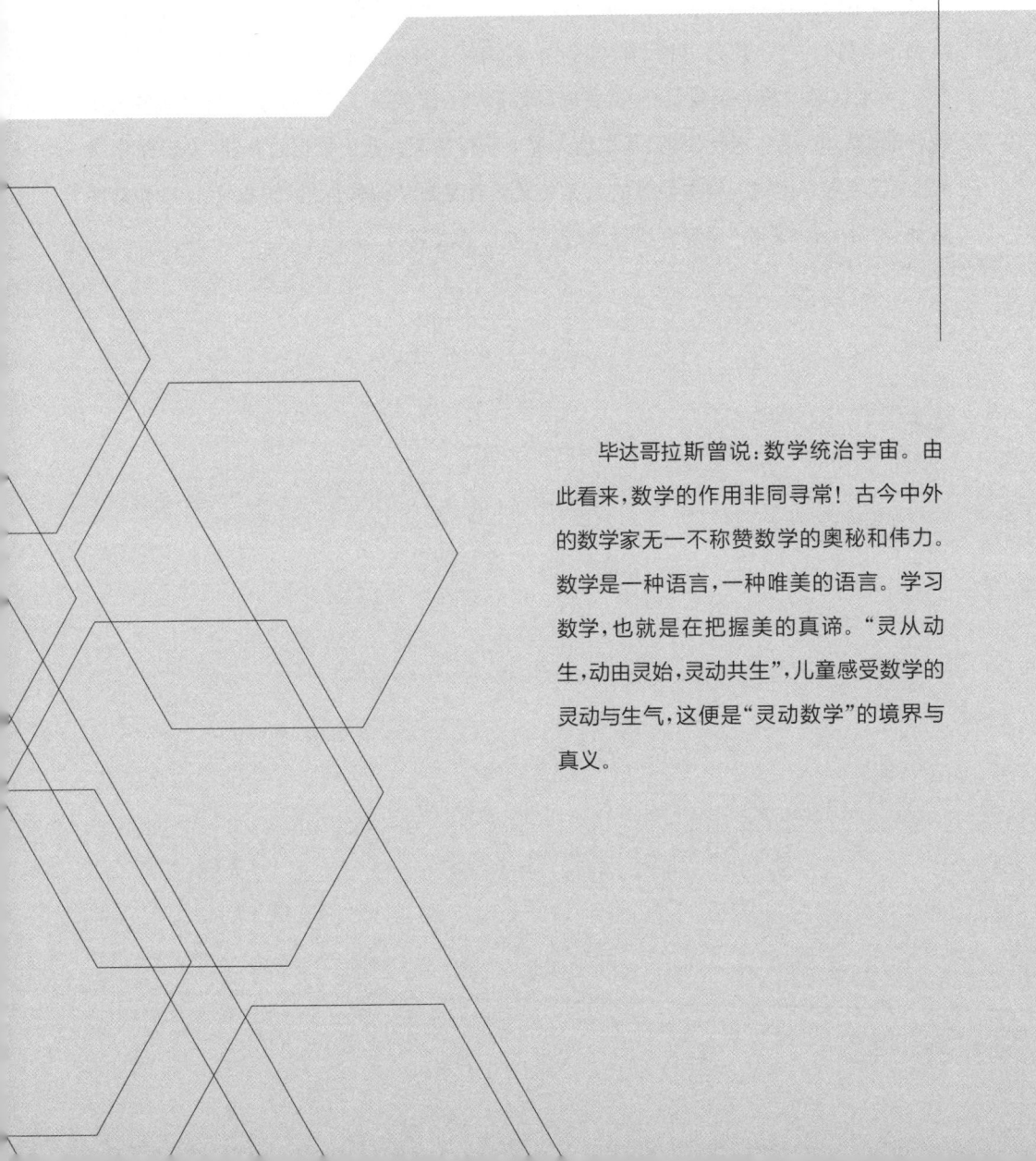

毕达哥拉斯曾说：数学统治宇宙。由此看来，数学的作用非同寻常！古今中外的数学家无一不称赞数学的奥秘和伟力。数学是一种语言，一种唯美的语言。学习数学，也就是在把握美的真谛。"灵从动生，动由灵始，灵动共生"，儿童感受数学的灵动与生气，这便是"灵动数学"的境界与真义。

广州市黄埔区东荟花园小学数学组共计20人，分6个备课组，科组中师资队伍较为稳定，结构比较年轻，其中正高级教师1人，中小学一级教师4人。数学学科组拥有广州市名校长1人，广州市骨干教师2人，萝岗区十佳教学能手1人，黄埔区教坛新秀1人，黄埔区数学核心组成员2人，黄埔区数学中心组成员3人。数学科组教师多次在教育部、省、市、区各级优质课、基本功大赛中获得殊荣。我们依据教育部《关于深化课程改革，落实立德树人根本任务的意见》《义务教育数学课程标准（2022年版）》等文件精神，推进"灵动数学"课程群建设，取得了可喜的成效。

第一节　数学是鲜活而生动的

一、学科价值观

数学是人类文化的重要组成部分,在培养人的思维能力和创新能力方面起到不可替代的作用。数学素养是现代社会每一个公民应该具备的基本素养。《义务教育数学课程标准(2022年版)》中明确指出:义务教育数学课程具有基础性、普及性和发展性。数学课程能使儿童掌握必备的基础知识和基本技能;能培养儿童的抽象思维和推理能力;能提升儿童的创新意识和实践能力;促进儿童在情感、态度与价值观等方面的发展。义务教育的数学课程能为儿童未来生活、工作和学习奠定重要的基础。

同时,《义务教育数学课程标准(2022年版)》在课程理念中提出:"课程内容的选择。保持相对稳定的学科体系,体现数学学科特征;关注数学学科发展前沿与数学文化,继承和弘扬中华优秀传统文化;与时俱进,反映现代科学技术与社会发展需要;符合学生的认知规律,有助于学生理解、掌握数学的基础知识和基本技能,形成数学基本思想,积累数学基本活动经验,发展核心素养。"这就意味着,数学课程内容随着社会发展和儿童的实际情况需要动态调整;教学过程需要师生交往互动;儿童需要积极主动,从而培养灵活有个性的儿童。

二、学科课程理念

结合以上学科价值观,我们提出"灵动数学"的课程理念。"灵动"表示有了灵气的意思。"灵动"一词可作为形容词,解释为:活泼不呆板,富于变化。数学是鲜活而生动的,"灵动数学"课程即儿童活泼有灵气、内容灵活有趣味、实施生动有活力、评价多元有特色的数学课程(见图2-1)。

具体表述如下:

(1) 儿童活泼有灵气。"灵动数学"面向全体儿童,适应儿童个性发展的需要,在课程实施过程中,以"变"促"动",以"动"促"活",以"活"促"学",最终培养活泼有灵性

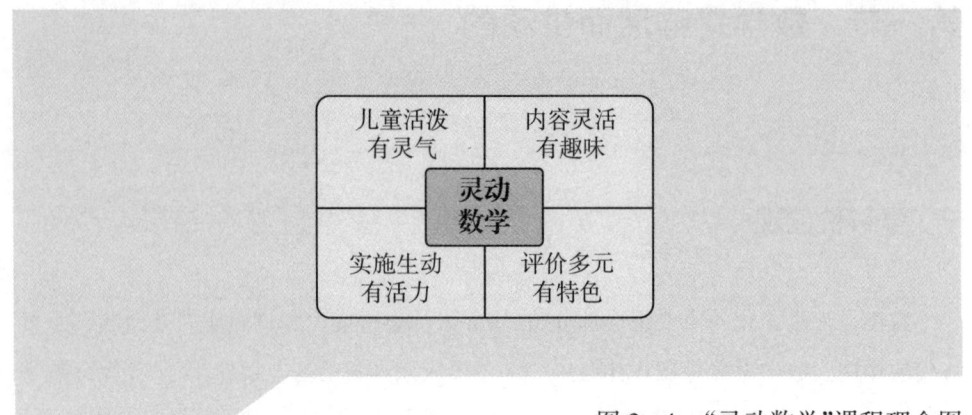

图2-1 "灵动数学"课程理念图

的儿童。帮助儿童开阔思路,灵活运用方法促进学习,不断建构属于自己的知识体系,逐步提升自己的数学素养,人人都能获得良好的数学教育,不同的人在数学上得到不同的发展。

(2) 内容灵活有趣味。《义务教育数学课程标准(2022年版)》在设计体现结构化特征的课程内容中指出:"课程内容呈现。注重数学知识与方法的层次性和多样性,适当考虑跨学科主题学习;根据学生的年龄特征和认知规律,适当采取螺旋式的方式,适当体现选择性,逐渐拓展和加深课程内容,适应学生的发展需求。""灵动数学"在课程内容上突出数学趣味性,重在让儿童体验数学学习的有趣,体验数学文化,提升学习品味。

(3) 实施生动有活力。人们常说"条条道路通罗马""教学有法但学无定法"。我们就要根据不同的学习内容,充分尊重儿童的身心特点和认知规律,采用灵活的、富于变化的学习方法,营造生动、活跃的学习气氛,从而达成学习目的。"灵动数学"推崇尽可能利用现代化的学习手段,提高学习效率;注重激活儿童学习兴趣,充分发挥儿童的灵活性思维,进而取得较好的学习效果,让儿童获得成功的体验;重视儿童的学法指导,让儿童把知识转化成技能,从"学会"到"会学"。

(4) 评价多元有特色。课程评价过程是确定课程与教学计划实际达到教育目标的程度的过程。"灵动数学"采用量性评价和质性评价相结合的多元评价方式:积分式评价、展示性评价、众畴式评价、考试性评价……不同的课程、不同的实施方式采用不同的评价方式,突出评价的发展性功能和激励性功能,充分调动儿童主动参与评价的积极性,实现评价主体的多元化;建立由儿童、家长、社会、学校和教师等共同参与的评价机制,不断完善评价方式,促进"灵动数学"课程实施效果的不断提升,促进学校和儿童、教师的共同成长。

总之,"灵动数学"课程追求"灵从动生,动由灵始,灵动共生"境界,使儿童在互学、阔思、共享的学习过程中提升数学学科素养,追求小学数学学习的真义,使儿童感受数学的灵活、生动,使其在灵活中聪颖,在生动中成长。

第二节　让儿童感受数学的灵气与理性

《义务教育数学课程标准(2022年版)》指出:课程目标的确定,立足学生核心素养发展,集中体现数学课程育人价值。数学课程的旨趣是让儿童感受数学的灵气与理性。

一、学科课程总体目标

《义务教育数学课程标准(2022年版)》指出,通过义务教育阶段的数学学习,学生逐步会用数学的眼光观察现实世界,会用数学的思维思考现实世界,会用数学的语言表达现实世界(简称"三会")。学生能获得适应未来生活和进一步发展所必需的数学基础知识、基本技能、基本思想、基本活动经验;体会数学知识之间、数学与其他学科之间、数学与生活之间的联系,在探索真实情境所蕴含的关系中,发现问题和提出问题,运用数学和其他学科的知识与方法分析问题和解决问题;对数学具有好奇心和求知欲,了解数学的价值,欣赏数学美,提高学习数学的兴趣,建立学好数学的信心,养成良好的学习习惯,形成质疑问难、自我反思和勇于探索的科学精神。小学作为初始学段,数学作为基础学科,在教学中落实课程标准目标,提高儿童的数学核心素养是我们的使命和责任,对此,提出以下数学学科课程目标:

(一)培养数学意识,形成学生良好的数感

数学意识的培养有利于数学思维的发展,良好数感则有利于科学的直觉。个人的数学意识和数感一方面反映了他的数学态度,另一方面也反映了他的数学素养水平。具备良好数学意识和数感的人应该具有对数和数运算的敏锐感受力和适应性,能够有意识地用数学知识去观察、解释和表现客观事物的数量关系、数据特征和空间形式,并善于捕捉生活中诸多问题所包含的潜在的数学特征。所以应将生活与数学紧密相连,让儿童深深感知到生活中时时处处都有数学,这样才能逐渐培养儿童的数学意识。

(二)加强思维训练,形成数学探究能力

数学思考是建立数感、符号意识和空间观念,初步形成几何直观和运算能力,发展形象思维与抽象思维,体会统计方法的意义,发展数据分析观念,感受随机现象。在参与观察、实验、猜想、证明、综合实践等数学活动中,发展合情推理和演绎推理能力,清晰地表达自己的想法。学会独立思考,体会数学的基本思想和思维方式。数学探究能力是数学素养最核心的成分和最本质的特征,数学探究能力的提高是通过数学思维方法的训练来完成的。

(三) 注重实践活动,提高解决问题的能力

我们学习数学的最终目的是能够运用数学知识解决问题。问题解决是指初步学会从数学的角度发现问题和提出问题,综合运用数学知识解决简单的实际问题,增强应用意识,提高实践能力,获得分析问题和解决问题的一些基本方法,体验解决问题方法的多样性,发展创新意识,学会与他人合作交流,初步形成评价与反思的意识。

(四) 挖掘数学价值,培养学习的情感态度

数学,其独特的科学价值与文化价值对儿童形成良好的数学情感态度具有潜在的陶冶作用,包括思想品德和情感体验两个方面。我们在数学学习中对学生渗透数学学习目的、爱国主义、爱科学的教育。提高儿童对数学、数学学习活动的兴趣和动机,包括好奇心、求知欲以及对数学学习活动中的主动参与等。在数学学习过程中,体验获得成功的乐趣,锻炼克服困难的意志,建立自信心。培养学习数学的态度和习惯,包括探索创新、独立思考、合作交流与实事求是的态度及习惯。

总之,我校将秉承"灵动数学"的理念,围绕以上四个课程目标,发展学生的学科核心素养,培养具有应用意识和创新能力的儿童。

二、学科课程年段目标

以《义务教育数学课程标准(2022年版)》为依托,紧密围绕小学数学学科核心素养,结合我校学科课程特点,制定"灵动数学"各学段的课程目标,以四年级课程目标为例(见表2-1)。

表2-1 "灵动数学"单元教学目标表(四年级)

上学期教学目标	下学期教学目标
第一单元:大数的认识 1. 认识万以上的数,认识计数单位"万""十万""百万""千万""亿""十亿""百亿""千亿",知道相邻两个计数单位之间的关系。 2. 认识自然数,了解十进制计数法,掌握数位顺序表,会根据数级正确读、写大数,会比较数的大小。 3. 会将整万、整亿的数分别改写成用"万"和"亿"作单位的数,会根据要求用"四舍五入法"求一个数的近似数。 4. 能借助计算器进行大数的四则运算,探索简单的规律。 5. 体会和感受大数在日常生活中的作用,进一步发展数感。	第一单元:四则运算 1. 结合具体情境,理解加、减、乘、除四则运算的意义,掌握四则运算中各部分间的关系,对四则运算知识进行较系统的概括和总结。 2. 认识中括号,掌握四则混合运算的运算顺序,能进行简单的四则混合运算。 3. 让学生经历解决实际问题的过程,学会用四则混合运算知识解决一些实际问题,感受解决问题的一些策略和方法。 4. 通过数学学习,提高抽象概括能力,养成认真审题、独立思考等良好的学习习惯。
第二单元:公顷和平方千米 1. 使学生了解测量土地时常用的面积单位公顷和平方千米,知道并理解公顷、平方千米与平方米之间的进率,会进行简单的单位换算。 2. 使学生经历从实例到表象建立的过程,丰富直观经验,初步形成1公顷的表象。	第二单元:观察物体(二) 1. 使学生能辨认从不同位置观察到的几何组合体的形状。 2. 认识到从同一位置观察不同的物体,看到的形状可能相同也可能不同。 3. 通过观察、操作、想象、判断等活动,培养学生的空间想象力和推理能力。
第三单元:角的度量 1. 使学生进一步认识线段、认识射线和直线,了解线段、射线和直线的区别。 2. 使学生理解角的含义,进一步认识直角、锐角和钝角,知道平角和周角,并了解这几种角的大小关系。 3. 使学生能用量角器量角的度数,能画指定度数的角,会用三角尺画30°、45°、60°、90°等一些特定度数的角。 4. 使学生经历量角、画角等操作步骤的整理归纳过程,感受操作技能学习的特点,体会程序性知识学习的过程和意义。	第三单元:运算定律 1. 使学生探索和理解加法交换律、结合律,乘法交换律、结合律和分配率,并能运用运算定律进行一些简便计算。 2. 使学生能够结合具体情况,灵活选择合理的算法,培养学生用所学知识解决简单的实际问题的能力。

续 表

上学期教学目标	下学期教学目标
第四单元:三位数乘两位数 1. 使学生理解三位数乘两位数的笔算算理,会计算三位数乘两位数。 2. 使学生经历探索"积的变化规律"的过程,理解规律内涵,并能运用规律使一些计算简便。 3. 结合具体情境,使学生了解常见的数量关系:总价＝单价×数量,路程＝速度×时间,并能运用数量间的关系解决一些简单的实际问题。	第四单元:小数的意义和性质 1. 使学生理解小数的意义,认识小数的计数单位,会读、写小数,会比较小数的大小。 2. 使学生掌握小数的性质和小数点移动引起小数大小变化的规律。 3. 使学生会进行小数和十进复名数的相互改写。 4. 使学生能够根据要求会用"四舍五入法"保留一定的小数位数,求出小数的近似数,并能把较大的数改写成用"万"或"亿"作单位的小数。 5. 使学生进一步提高归纳、概括能力。
第五单元:平行四边形和梯形 1. 通过观察、操作等活动,学生理解平行和垂直的概念。 2. 使学生经历动手操作和自主探究的过程,掌握平行四边形和梯形的特征。 3. 通过分类、比较、归纳等多种方式,理解平行四边形、梯形、正方形、长方形之间的关系。	第五单元:三角形 1. 通过观察、操作和实验探索等活动,学生认识三角形的特性,知道三角形任意两边的和大于第三边。 2. 通过分类、操作等活动,学生认识锐角三角形、直角三角形、钝角三角形和等腰三角形、等边三角形,知道这些三角形的特点并能够辨认和识别。 3. 通过画、量、折、分等操作活动,学生经历探究活动,发现三角形内角和是180°,并在发现、提出、分析和解决问题的过程中,在边数增加变化中感悟数学研究方法,发现多边形的内角和,渗透合情推理。
第六单元:除数是两位数的除法 1. 使学生会口算整十数除整十数、几百几十的数(商一位数)。 2. 使学生掌握两、三位数除以两位数的计算方法。	第六单元:小数的加法和减法 1. 在具体情境中引导学生自主探索小数加、减法的计算方法,理解计算的算理,掌握一般算法,并能正确地进行加、减及混合运算。

39

上学期教学目标	下学期教学目标
3. 使学生经历探索过程,了解商的变化规律,能灵活运用商的变化规律进行简便计算。 4. 使学生能够运用所学的知识解决简单的实际问题,感受数学在生活中的作用。	2. 使学生经历计算、比较、归纳、推理等活动,理解整数运算定律对于小数同样适用,并会用运算定律进行一些小数的简便计算,进一步发展学生的数感,增强计算的灵活性。 3. 使学生体会小数加、减运算在生活、学习中的广泛应用,进一步体验数学与生活的联系,感受学习数学的意义和价值,增强学习数学的信心。
第七单元:条形统计图 1. 使学生经历简单的数据收集、整理、描述和分析的过程,体会统计在现实生活中的作用,理解数学与生活的密切联系。 2. 让学生初步认识条形统计图,能根据统计图中的数据回答并提出简单的问题,初步体会数据中蕴含着的信息。	第七单元:图形的运动(二) 1. 在观察、操作等活动中,使学生进一步认识轴对称图形及其对称轴,体会轴对称图形的特征和性质,并能在方格纸上补全一个轴对称图形的另一半。 2. 会在方格纸上画出一个简单图形沿水平方向、竖直方向平移后的图形,感受平移运动的特点,发展空间观念。
第八单元:数学广角——优化 1. 通过简单的生活事例,学生初步体会运筹学在解决实际问题中的作用。 2. 让学生经历自主探究的过程,体验解决问题策略的多样性,并在寻求解决问题最优方案的过程中积累数学的基本活动经验,感悟优化的数学思想。 3. 凸显数学与生活的紧密联系,使学生初步形成从数学的角度发现、提出问题的能力以及分析、解决问题的能力,增强应用意识和实践能力。	第八单元:平均数与条形统计图 1. 体会平均数的作用,能计算平均数,能用自己的语言解释其实际意义。 2. 认识复式条形统计图,了解复式条形统计图的特点,能根据收集的数据在提供的样图中完成相应的复式条形统计图。 3. 能根据复式条形统计图提出并回答简单的问题,并进行简单的类推分析。
第九单元:总复习 1. 全面回顾、梳理、总结本学期所学内容,厘清脉络、查漏补缺,进一步巩固所学知识和技能。	第九单元:数学广角——鸡兔同笼 1. 了解"鸡兔同笼"问题,感受古代数学问题的趣味性。 2. 经历自主探究解决问题的过程,体验解决

续 表

上学期教学目标	下学期教学目标
2. 在巩固的基础上,初步形成数感、复合意识、空间观念和数据分析观念,提高运算能力及解决问题的能力。 3. 逐步掌握复习的方法,形成良好的学习习惯。	问题策略的多样化。了解列表法、假设法等解决问题的方法,在解决问题的过程中培养逻辑推理能力,增强应用意识和实践能力。
	第十单元:总复习 1. 通过总复习的学习,学生对本学期的知识内容有进一步的理解,更牢固的掌握。 2. 通过总复习的学习,学生初步学会从知识领域的角度回顾梳理知识,体会知识间的内在联系,并进一步养成回顾与整理知识的良好学习习惯。 3. 通过总复习的学习,学生提高运用所学的数学知识解决简单的实际问题的能力,并能进一步感受数学思想,积累数学活动经验,提高数学素养。

第三节　设计灵活而丰富的数学生活

为了实现上述课程目标,我们设立"1+X"数学课程群。其中的"1"指的是国家基础性课程,为儿童未来生活、工作和学习奠定重要的基础;"X"是依托基础课程的学科特点以及儿童的学习需求,延伸开发的拓展课程,主要满足儿童的个性化学习需求,让儿童经历动手实践、自主探索与合作交流的学习过程,培养儿童的应用意识和创新意识。基于此,我校数学学科"灵动数学"课程框架为:

一、学科课程结构

按照《义务教育数学课程标准(2022年版)》将数学的"数与代数""图形与几何""统计与概率""综合与实践"中四部分课程内容依次设计为"灵计妙算""图灵图现""灵动统计""灵动探究"四大类别(见图2-2)。

下图中,各版块课程具体描述如下:

(一) 灵计妙算

内容为数的运算及和运算相关联的趣味游戏等。开设的课程有"百数达人""活灵活算""识数生花""快乐数独""玩转二十四点""数学达人""玩转数学"等。"数与代数"是小学数学基础课程的重要领域,开设与"数与代数"相关联的拓展课程,旨在建立儿童的数感,有助于儿童理解现实生活中数的意义;增强儿童的符号意识,能够理解并且运用符号表示数、数量关系和变化规律;发展儿童的运算能力,有助于儿童理解运算的算理,寻求合理简洁的运算途径以解决问题,从而激发儿童学习数学的兴趣。

(二) 图灵图现

内容为拼搭图形、创造图形,以及设计创造空间模型。开设的课程有"纸造世界""创意拼搭""灵跃纸上""四面八方""灵动魔方""走进数学思想""走进'圆'世界""小小设计师"等。"图形与几何"是小学数学基础课程的重要领域,开设与"图形与几何"相关联的拓展课程,注重发展儿童的空间观念和几何直观,根据物体特征抽象出几何图形,根据几何图形想象出所描述的实际物体,借助几何直观把复杂的数学问题变得简明、形象,发展初步的创新意识,感受图形之美。

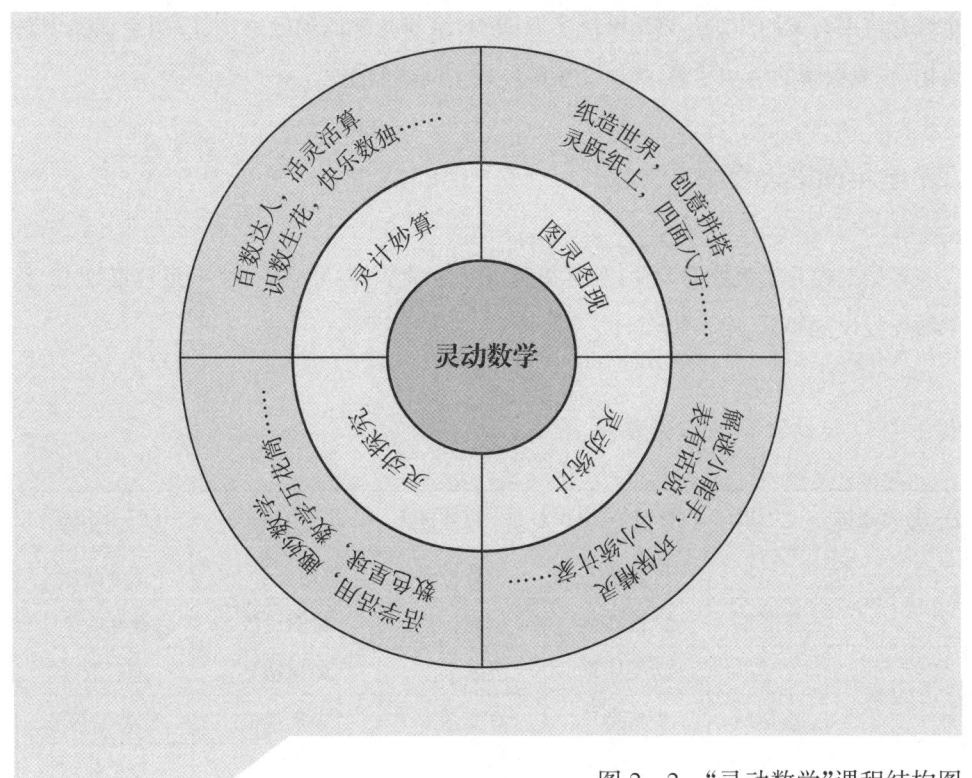

图 2-2 "灵动数学"课程结构图

(三) 灵动统计

内容为数据的分类、收集、整理、分析,感受简单的随机事件及其结果发生的可能性有大有小。开设的课程有"解谜小能手""环保精灵""表有话说""小小统计家""数学大求真""气象检测员""我的成长我做主"等。"统计与概率"是小学数学基础课程的重要领域,开设与"统计与概率"相关联的拓展课程,注重发展儿童的数据分析观念,经历在实际问题中收集和处理数据、利用数据分析问题、获取信息的过程,掌握数据收集、整理和分析的方法,能对数据进行归类,体验数据中蕴含的信息。

(四) 灵动探究

内容为创设生活情境,解决生活中真实存在的问题,开设的课程有"活学活用""趣妙数学""数色星球""数学万花筒""生活中的数学""理财小能手"等。"综合与实践"是小学数学基础课程的重要领域,开设与"综合与实践"相关联的拓展课程,在于培养儿童综合应用有关的知识与方法解决实际问题,培养儿童的问题意识、应用意识和创新意识,积累数学的活动经验,提高儿童解决现实问题的能力。

二、学科课程设置

根据上述几个板块的设置,东荟花园小学数学学科"灵动数学"一至六年级12个学期课程设置如下(见表2-2):

表2-2 "灵动数学"课程设置表

年级/领域	学期	灵计妙算	图灵图现	灵动统计	灵动探究
一年级	上学期	百数达人	纸造世界	解谜小能手	活学活用
	下学期	识数荟算	创意拼搭	看图说数	趣味数学
二年级	上学期	活灵活算	灵跃纸上	环保精灵	趣妙数学
	下学期	步步高升	百变图形	表来帮忙	分类小能手
三年级	上学期	识数生花	四面八方	荟读图表	数色星球
	下学期	巧算小数	小小设计师	表有话说	小小工程师
四年级	上学期	快乐数独	趣味魔方	小小统计家	数学万花筒
	下学期	玩转二十四点	灵动魔方	最佳采购员	头脑风暴
五年级	上学期	数学达人	走进数学思想	数学大求真	生活中的数学
	下学期	灵机妙算	立体拼搭	数学小侦探	数学用途多
六年级	上学期	玩转数学	走进"圆"世界	气象检测员	理财小能手
	下学期	小小数学家	面面俱到	我的成长我做主	设计小能手

三、学科课程内容

我校"灵动数学"课程的基础课程以2013年教育部审定的人民教育出版社出版的义务教育教科书为教学媒介,各年级课程内容如下:

(一) 一年级数学课程内容(见表2-3)

表2-3 "灵动数学"一年级课程内容

课程领域	课程名称	课程目标	课程主要内容	课程资源
灵计妙算	百数达人	能熟练地口算20以内的进位加法和退位减法；能熟练地口算100以内的两位数加、减一位数和整十数。	通过口算训练发现存在的问题，教授算理、巧算方法，再练习口算题。	教材中的口算题、配套《口算》练习册
	识数荟算			
图灵图现	纸造世界	通过拼、摆、画、想各种图形，感受各种图形的特征，通过对几何图形、七巧板的分类、拼搭进一步建立空间观念，培养创意。	通过动手制作立体图形、拼搭等活动体会各种几何图形的特征，发展空间观念，发挥创造力和空间想象力；利用七巧板拼搭出多种图案，在动手拼搭的过程中感受数学学习的乐趣。	由学生自我兴趣入手，教师提供模型或图片等
	创意拼搭			
灵动统计	解谜小能手	初步了解分类的方法，会进行简单的分类，感受分类和数据整理的关系。会探索给定图形或数的排列中的简单规律。	把现有的人物、物品按照不同的标准进行分类，进行简单的统计。培养把握事物特征，抽象出共性的能力以及整理数据的能力，感受数学在日常生活中的运用。	教材中分类与整理知识、教师自选材料
	看图说数	能读懂图表中的数据，学会分析和运用。	能进行简单的读表，进行简单的分析。	教师自选教材
灵动探究	活学活用	经历从生活中发现并提出问题、解决问题的过程，体验数学与日常生活的密切联系，感受数学在日常生活中的作用。	通过寻找生活中的数学信息，综合运用已学的数学知识解决问题，感受数学的无处不在与实用性。	创设生活情境，选择贴近生活的话题，在具体的交际情境中提取数学信息、数学问题
	趣味数学			

(二)二年级数学课程内容(见表2-4)

表2-4 "灵动数学"二年级课程内容

课程领域	课程名称	课程目标	课程主要内容	课程资源
灵计妙算	活灵活算	培养学生快速计算的能力,发展学生的注意、记忆和思维能力,熟练后有助于笔算,且便于在日常生活中应用。	熟练乘法口诀,通过乘法口诀口算表内乘除法和简单有余数的除法。	教材配套口算练习册
灵计妙算	步步高升	提高学生计算能力。	熟练乘法口诀,通过乘法口诀口算表内乘除法和简单有余数的除法。	教材配套口算练习册
图灵图现	灵跃纸上	拓宽学生知识面,将数学与美术、生活联系在一起,在活动中培养动手能力,加强对数学几何和图形的理解。	学会观察身边的图形,通过画、剪、拼、搭等方法,用数学学习中的测量、对称将图形表现出来。	剪纸手册,观察日常生活中常见的简单几何图形
图灵图现	百变图形	通过平移、旋转图形,得到创意十足的各种图形。	学会运用图形运动的知识,发展想象能力。	上交作品
灵动统计	环保精灵	通过调查家庭一周用水、用电、所用塑料袋等的数量,学会初步的调查方法,培养学生的环保意识。	创设生活情境,选择贴近生活的环保问题,学会简单的记录数据的方法,提出环保方案和措施。	一周的简单统计表
灵动统计	表来帮忙	通过读表格获取需要的信息,提高信息获取和加工能力。	创设生活情境,选择贴近生活的环保问题,学会简单的记录数据的方法。	提供表格
灵动探究	趣妙数学	拓宽学生的数学知识面,真正做到学以致用,体会数学的趣妙之处。	根据教材中的一些栏目,如"你知道吗?"和活动课等,寻找有趣奇妙的知识点,让学生在课后拓展练习。	以课本知识为基础,再进行拓展延伸,寻找并发掘生活中有趣奇妙的数学元素,让学生走出校园,进行实践
灵动探究	分类小能手	通过认识垃圾分类、生活用品分类等分类方式,学会分类整理。	学会对垃圾进行分类。	提供必要的生活素材

（三）三年级数学课程内容（见表2-5）

表2-5 "灵动数学"三年级课程内容

课程领域	课程名称	课程目标	课程主要内容	课程资源
灵计妙算	识数生花	理解分数、小数及倍的含义，掌握混合运算的法则及笔算过程，培养快速、准确计算的能力和估算的意识，体会数学为生活带来的便捷。	万以内的加减法，多位数乘一位数，两位数乘两位数，除数为一位数的除法，倍的认识，分数、小数的初步认识。	教材配套课后练习，数学口算本
	巧算小数	理解小数加减法的计算方法，与整数加减法的区别和联系，熟练掌握小数加减法。	小数加减法。	教材配套练习
图灵图现	四面八方	理解时间单位、长度单位、质量单位等相关计量单位的概念，掌握单位换算，周长、面积计算方法以及判断方向的快捷方法，培养学生的空间意识、观念，体会到数学与生活的紧密联系。	时分秒，测量长方形和正方形，位置与方向，面积的认识与计算。	配套教具
	小小设计师	通过计算面积问题，掌握铺地砖的方法。	铺正方形地砖的方法。	配套练习
灵动统计	荟读图表	认识、填写、分析复式统计表，进一步理解统计方法，培养数据分析观念。	复式统计表。	创设生活情境，选择贴近生活的话题，在具体的交际情境中，培养学生提取关键信息的能力
	表有话说			

续 表

课程领域	课程名称	课程目标	课程主要内容	课程资源
灵动探究	数色星球	初步了解集合的思想，掌握简单数字编码的方法，经历从实际生活中发现问题、解决问题的过程，体会数学在日常生活中的作用。	数字编码，制作活动日历，集合。	生活中常见资源，如身份证号、邮编号、日历等
	小小工程师	通过设计教室、客厅等生活场景，感受数学在生活中的运用。	面积和周长计算。	提供卷尺等测量用具

(四) 四年级数学课程内容（见表 2-6）

表 2-6 "灵动数学"四年级课程内容

课程领域	课程名称	课程目标	课程主要内容	课程资源
灵计妙算	快乐数独	进一步理解四则运算的意义，掌握四则运算的运算顺序，会应用它们进行一些简便运算，进一步提高运算能力，体会数学学习的乐趣。	认识数独，唯一解法技巧，基础屏蔽法技巧，区块屏蔽法技巧，唯余解法技巧。二十四点游戏的来历及规则介绍、基础篇（用1—10这40张牌）、提高篇（除去大小王剩下的52张牌）、解题技巧汇总、练习篇。	数独和二十四点游戏软件
	玩转二十四点			
图灵图现	趣味魔方	能辨认从不同方位看到的物体或几何体的形状，发展空间观念，体会解决问题策略的多样性及运用假设的数学思想方法解决问题的有效性，感受数学的魅力。	魔方概况、魔方的类型和形式、魔方公式符号说明、魔方基本术语与玩法介绍、三阶魔方复原步骤、三阶魔方复原练习、魔方高级玩法介绍等。	以《魔方真好玩》一书作为学习资源
	灵动魔方			

48

续 表

课程领域	课程名称	课程目标	课程主要内容	课程资源
灵动统计	小小统计家	了解平均数的意义，会求简单数据的平均数。认识不同形式的条形统计图，初步学会简单的数据分析，体会统计在现实生活中的作用。	选取学生熟悉的生活情境展开调查，收集数据，填写条形统计图并进行数据分析。	以教科书上与统计相关的内容展开教学
	最佳采购员			
灵动探究	数学万花筒	经历从实际生活中发现问题、提出问题、分析问题、解决问题的过程，体会数学在生活中的作用，初步形成综合运用数学知识解决问题的能力，提高数学学习的兴趣，建立学好数学的信心。	数学家的故事、数学日记、有趣的规律、数字谜、神奇的数学符号和神奇的速算法等内容。	以课本相关的知识点作为学习资源
	头脑风暴			

（五）五年级数学课程内容（见表 2-7）

表 2-7 "灵动数学"五年级课程内容

课程领域	课程名称	课程目标	课程主要内容	课程资源
灵计妙算	数学达人	体会数学与生活的联系，学会利用数学知识解决生活中的问题；能较好地表达数学，学会合作和创新。	小数和分数的四则混合运算；简单数学建模；研究生活中的数学问题。	挑选各典型例题，进行讨论研究，精讲精练；利用多媒体资源进行演示和示范讲解
	灵机妙算			
图灵图现	走进数学思想	学习一些常用的、经典的思维训练内容，了解一些常见的数学思想，初步掌握一些常用的思想方法。克服数学学习的畏难情绪，增加数学学习的自信心，开拓数学思维。	数形结合思想；转化思想；代换思想；分类思想；比较思想。	介绍各类数学思想，精选典型例题讲解；利用多媒体资源进行演示
	立体拼搭			

49

续表

课程领域	课程名称	课程目标	课程主要内容	课程资源
灵动统计	数学大求真	实践和应用课堂上所学到的数学知识,去解决日常生活和学习中的一些基本而又简单的数学问题;拓展和延伸教材中的数学知识,掌握一些基本的数学解题的思路及方法,形成一定的数学技能及特长。	经典的数学故事,数学难题,有趣的数学问题,彩票中的学问,比赛赛程安排问题。	呈现数学故事,提出经典数学问题,合理利用教具和多媒体资源进行演示
	数学小侦探			
灵动探究	生活中的数学	经历生活问题的发现、提取和分析过程,学会解决问题的基本过程和基本方法;形成解决问题的基本技能,养成运用数学知识解决生活中的数学问题的习惯。	依托教材,联系实际,主要研究包装问题,公平游戏,火车过桥问题。	挑选教材中所提出的问题,进行知识拓展,利用教具和多媒体资源进行演示和示范讲解
	数学用途多			

(六) 六年级数学课程内容(见表2-8)

表2-8 "灵动数学"六年级课程内容

课程领域	课程名称	课程目标	课程主要内容	课程资源
灵计妙算	玩转数学	通过拓展和延伸课堂上的数学知识,学生能够融会贯通,灵活运用。学生通过解答比平时学习难得多的数学题,加强克服困难,解决困难的精神和能力。学生通过分析问题,解决问题,发展创造性思维方法和创造性思维品质。	分数和小数的四则混合运算;分数、百分数与比;工程问题和行程问题;圆以及组合图形的周长与面积;生活中的百分数;圆柱与圆锥;比例;鸽巢问题。	根据内容选择适当例题和练习
	小小数学家			

50

续 表

课程领域	课程名称	课程目标	课程主要内容	课程资源
图灵图现	走进"圆"世界	通过查阅资料,增强对圆的认识。	了解圆的相关知识。	有关圆的资料、实物和书籍
		通过创作,提高学生的想象能力、动手能力、创作能力和合作精神。	利用"圆"的基本图形创作有意义的画。	
	面面俱到	提高学生的创作能力和动手操作能力。	了解有关组合图形的相关建筑、实物和书籍。	收集有关几何图形的盒子
		提高审美观念。	利用圆柱、圆锥等学过的几何图形进行拼搭设计。	
灵动统计	气象检测员	加深对各种统计图的认识,学会正确选择合适的统计方式。	了解各种统计图的形式和优缺点。	查找记录天气情况
		运用学到的统计图记录天气情况,反映某段时间气候。	连续记录两个星期的天气情况,统计汇总成图。	
	我的成长我做主	加深对统计的认识,提高对相关知识的运用能力。	记录一个学期每个月的身高、体重、脚长、阅读书目等相关信息。	各种记录表和测量工具
		关心自身的成长,树立健康积极的生活态度。	选择合适的方式进行汇总和分析,总结成长策略。	
灵动探究	理财小能手	密切联系生活,加强数学的实践性,鼓励学生养成勤俭节约的好习惯,培养学生从小理财的意识。通过解决实际问题和比较各种理财方式,学会科学理财,将提高学生的实践能力落到实处。有助于学生真正提高把现实问题抽象成数学模型的能力。	能够读懂销售方式。	创设生活情境,选择贴近生活的话题,在具体的情境中,提高理财意识,学会正确理财
			规划理财方式。	
			探索税收方式。	
	设计小能手	通过设计毕业研学旅行的衣食住行,学会统筹安排和择优对比。	查找信息,分析信息。	提供网络以便查找信息

第四节　引领儿童走进富有生气的数学王国

《义务教育数学课程标准(2022年版)》在课程实施教学建议中提出:"制订指向核心素养的教学目标,整体把握数学内容,选择能引发学生思考的教学方式,进一步加强综合与实践、注重信息技术与数学教学的融合。""灵动数学"在数学活动中引领儿童思维的创新,提升儿童的数学核心素养。"灵动数学"学科课程的实施主要从以下几个方面入手,引领儿童走进富有生气的数学王国。

一、打造"灵动课堂",彰显数学课堂魅力

课堂是儿童学习的场所,也是儿童生命成长的原野。"灵动课堂"是在长期的教学实践中生成的一种课堂教学形态。"灵动课堂"根据教学实际,创设必要的情境,给儿童提供课内实践的机会,让儿童在特定的环境中进行实践体验,使儿童感受数学的灵活、灵气、灵动、灵妙,使其在灵活中聪颖,在生动中成长。

(一)"灵动课堂"的实践操作

"灵动课堂"追求"灵从动生,动由灵始,灵动共生"的境界,使儿童在互学、探究、共享的学习过程中提升数学学科素养,追求小学数学学习的真义,主要具有以下四大特点:

(1) 灵活。数学教学是数学思维活动的教学,灵动课堂注重培养儿童思维的灵活性。在观察、实验、猜测、计算、推理、验证等数学活动中培养儿童灵活的数学思维能力,关注方法的灵活性,注重解决问题策略的多样性,从而培养和发展儿童思维的灵活性,提高儿童提出问题、分析问题和解决问题的能力。

(2) 灵气。有效的数学教学活动是教师教与学生学的统一,"灵动课堂"注重儿童的主体地位,促进儿童的全面发展,让儿童活泼有灵气。教师在备课时立足于儿童已有的经验基础,充分考虑儿童的认知发展规律和心理特征,精心挑选和设计教学内容,充分发挥儿童的主观能动性,引导儿童亲身经历数学知识的产生过程,激发儿童的学习热情。正如新课程理念提出的"人人都能获得良好的数学教育,不同的人在数学上得到不同的发展",让每一名儿童都活泼富有灵气,享受数学学习的乐趣。

(3) 灵动。儿童学习是一个生动活泼的、主动的和富有个性的过程。"灵动课堂"

以儿童的认知发展水平和已有的经验为基础,设计有效的数学探究活动,因势利导,适时调控,努力营造师生互动、生生互动、生动活泼的课堂氛围,让儿童在理解和掌握基本的数学知识与技能、数学思想和方法的同时获得基本的数学活动经验,感悟数学思想方法,激发不断追寻数学真理的积极性,迸发灵动的智慧源泉。

(4)灵妙。小学数学充满着趣味神奇,"灵动课堂"以"好玩的数学"为主题,带领儿童走进神奇奥妙的数学世界。通过一系列有趣又奇妙的数学故事、数学趣题和数学游戏等,让儿童在活动中经历动手操作、动脑思考和动口表达,多感官参与数学学习,调动儿童学习数学的兴趣,引领儿童走进灵妙的数学王国,激发儿童探索数学奥妙的欲望,让儿童在体验数学学习的趣味性的同时培养发现和欣赏数学美的意识。

(二)"灵动课堂"的评价标准

"灵动课堂"要符合优质高效的特点,由于儿童智力发展水平及个性特征的不同,儿童对于同一事物理解的角度和深度必然存在明显差异。儿童的个体差异表现为认识方式与思维策略的不同以及认知水平和学习能力的差异。作为教师要及时了解并尊重儿童,给予儿童积极正面的评价,从而建立一种平等、信任、理解和相互尊重的师生关系,营造民主的课堂教学氛围,儿童才会大胆发表自己的见解,展示自己的个性特征。对于有困难的儿童,教师要给予及时的关照与帮助,要鼓励他们主动参与数学活动,尝试用自己的方式去解决问题,亲身经历数学知识的产生过程。教师要及时地肯定他们的点滴进步,对出现的错误要耐心地引导他们分析其产生的原因,并鼓励他们自己去改正,从而增强学习数学的兴趣和信心。课堂教学也会更有灵动性。评价的目的是激励儿童的学习热情,促进儿童的全面发展(见表2-9)。

表2-9 "灵动课堂"评价表

评价项目	分值	评价要点	A	B	C	D	小计
教学目标	12	课标与知识把握准确,做到以生为本。	4	3	2	1	
		体现"灵动数学"的特色。	4	3	2	1	
		关注学生生活,注重情感陶冶,情感、态度、价值观与知识、能力的统一。	4	3	2	1	

续 表

评价项目	分值	评价要点	评价等级 A	B	C	D	小计
教学内容	15	关注学科知识的基础性。	3	2	1	0	
		联系现实生活、学生经验,有利于培养学生对数学的兴趣。	3	2	1	0	
		学科技能、方法与应用相结合,注重探究能力培养。	3	2	1	0	
		注重学习能力培养。	3	2	1	0	
		有利于全面提高学生数学素养。	3	2	1	0	
教学过程	30	教学思路清晰,重点突出,层次清楚,结构合理。	5	4	3	2	
		学生主动参与,积极观察、操作、讨论、质疑、探究。	5	4	3	2	
		关注课堂教学的情感性。	5	4	3	2	
		关注学生的个体差异。	5	4	3	2	
		以学生为主体,教师为主导。	5	4	3	2	
		注意学生在教师引领下对知识的自主构建性。	5	4	3	2	
教学方法	16	能激发学生学习的兴趣。	4	3	2	1	
		能调动学生参与、合作、探究、体验的积极性。	4	3	2	1	
		能发挥学生的主体性、主动性。	4	3	2	1	
		面向全体学生、关注个性发展。	4	3	2	1	
教学效果	13	多维教学目标的实现。	3	2	1	0	
		学生全体发展和差异发展的统一。	3	2	1	0	
		课堂成为学生活跃思想、情感交流、自我展示的场所。	3	2	1	0	
		实现了师生的共同发展。	4	3	2	1	
教学特色	14	教学语言和板书。	3	2	1	0	
		应用现代教育技术。	3	2	1	0	
		学科教学基本技能。	3	2	1	0	
		组织教学,驾驭课堂能力。	3	2	1	0	
		教学有不同于他人的明显特色与风格。	2	1	0	0	
评价意见			总分				

二、建设"灵动课程",提升儿童数学素养

"灵动课程"旨在通过学科课程与目标之矩阵来确定课程与学校育人目标之间的相辅相成,通过聚焦目标、构建链条、组合搭配、整合优化四个步骤,构建学科课程群,逐步提升儿童的数学素养。

(一)"灵动课程"的实践操作

"灵动课程"根据数学学科师资力量,倡导教师在国家课程校本化实施的基础上总结经验,以数学学科为原点,设计数学学科特色"1+X"课程群。"1"是教师所教授的国家基础性课程,"X"是指教师根据国家课程开展的拓展性课程,是基础性课程的延伸。"灵动课程"包括"灵计妙算""图灵图现""灵动统计"和"灵动探究"四大类别课程,根据儿童的年龄特点和认知水平,每个学期开发设置横向分布的四大类别课程。同时,每类课程按学期开发设置纵向分布的12门课程。通过横向、纵向课程循序渐进的实施,激发儿童的学习兴趣,提升儿童的数学素养。我们不仅把数学这种灵性弥漫到教学的课堂上,还要把它播撒进儿童的心灵中,把灵动的活力融进儿童的世界。

(二)"灵动课程"的评价标准

学校课程评价是价值判断的过程,其目的是检查课程目标、课程设计以及课程实施是否实现了教育目的,实现程度如何以及判定课程之成效,并据此做出改进课程决策的过程。课程群建设通过建立评估体系来保障其有效实施,"灵动课程"应具有以下几项评价标准:

(1)课程哲学内涵丰盈。学科课程哲学指向清晰,与学校教育哲学保持一致,体现学校的办学理念,并具有其学科特色,内涵丰盈,指向清晰。

(2)课程目标指向清晰。学科课程群目标指向应依据学科课程标准及学校育人目标,基于学校实际,应将目标定位高于学科课程标准。

(3)课程内容丰富多维。学科课程群除规定的国家课程之外,拓展类课程应丰富多彩,以儿童需求为主,为儿童的全面发展搭建平台。

(4)课程实施科学高效。课程实施方法得当,措施有力,充分体现儿童的主体地位,有利于儿童兴趣的激发。教师教学效率高,教学效果好。

(5)课程评价规范全面。课程评价做到多元、全面。结合过程性评价和终结性评

价,发挥评价的诊断和激励功能,对儿童学习情况进行整体评价。

三、组织"灵动社团",丰富儿童数学生活

社团活动与课堂教学相辅相成,是素质教育必不可少的重要组成部分。因此,我校组织了"灵动社团"。"灵动社团"以数学课程内容灵活有趣味、数学学习过程生动有个性、课程设置与时俱进有活力、评价方式灵活有特色为建设宗旨,为儿童提供展示自己兴趣爱好与数学技能的广阔舞台,促进儿童数学的全面发展,丰富儿童数学生活。

(一)"灵动社团"的实践操作

"灵动社团"在教师的引领下,由兴趣爱好相同的儿童自发组成。"灵动社团"小干部由儿童民主选举产生,上报教师批准,有较为明确的分工。"灵动社团"在教师和社团干部的带领下,每个学年制定社团活动计划,定期积极开展社团活动,不断丰富儿童的数学学习生活,并在每次社团活动后及时进行总结反思,不断积累优秀社团活动经验。"灵动社团"主要开设创意机器人社团、数学编程社团和小数学家社团等。其中创意机器人社团主要开设小学生智能机器人制作等相关课程,并利用课余时间带领儿童观摩各级教育部门举办的智能机器人比赛。数学编程社团主要开设初级编程班,以培养儿童的编程兴趣为主,鼓励儿童在后续的学习中继续钻研计算机编程知识。小数学家社团主要开设"向数学家学习"和"我是小小数学家"等社团活动,其中"向数学家学习"社团活动定期向全校师生介绍一位伟大的数学家的生平及其在数学上取得的成就,而"我是小小数学家"活动则是定期分年级出几道数学趣题,让儿童在研究数学趣题中体会数学学习的乐趣。另外,"灵动社团"每学年结合学校的四大节日开展丰富的社团数学特色活动,比如创意机器人社团和数学编程社团在学校科技节期间开展创意机器人比赛和数学编程比赛。通过一系列的社团活动,培养儿童的数学兴趣,拓宽儿童的数学视野,发展儿童的数学思维,丰富儿童的数学学习生活。

(二)"灵动社团"的评价标准

"灵动社团"由数学组骨干教师团队、社团小干部和社团成员组成评价小组,构建适合儿童年龄特征的评价体系,从而保证社团活动的开展,真正促进儿童的发展。数学社团的评价内容包含社团组织和组员参与两个方面。数学社团的评价方式不仅有记录活动过程中儿童各方面表现的量化评价表,还有社团对儿童的问卷调查,了解儿

童对社团活动的期望,便于教师把握社团后期发展方向(见表 2-10)。

表 2-10 "灵动社团"评价标准表

评价项目	评价标准	评价
社团组织	主题的选择有创意,贴近数学学科知识	
	资料的查找方式多样	
	方案的设计合理	
	活动过程中小组成员的分工明确	
	活动的成果展示形式丰富新颖	
组员参与	参与活动的主动性高	
	在活动中是否贡献有价值的思考	
	会与其他组员合作解决问题	
	会倾听别人的意见或建议	

四、开设"灵动活动",积累数学活动经验

《义务教育数学课程标准(2022年版)》指出,综合与实践领域的教学活动,以解决实际问题为重点,以跨学科主题学习为主,以真实问题为载体,适当采取主题活动或项目学习的方式呈现,通过综合运用数学和其他学科的知识与方法解决真实问题,着力培养学生的创新意识、实践能力、社会担当等综合品质。因此,"灵动活动"是以问题为载体、以儿童自主参与为主的学习活动,通过开展数学综合与实践活动,在活动中提高儿童自主思考、动手操作、解决问题及创新实践能力,从而积累数学活动经验。

(一)"灵动活动"的实践操作

"灵动活动"的主体是儿童,教师要尊重儿童的需要、兴趣和爱好,根据教材内容和儿童生活实际开展综合实践主题活动。由于低年段的孩子掌握的数学基础知识比较少,接触的社会范围也比较窄,教师可以直接确定主题。如一年级教学"人民币的认识"后,设计"我是小小优秀售货员"现场购物活动,体验购物的步骤,掌握简单的人民

币的加减计算；教学"认识钟表"后，设计"我的钟表最好看"活动。二年级教学"平移与旋转"时可以制定"我是小小设计师"活动。三年级教学"质量"时可以设计"量与量的计量"活动，建立重量单位的表象等。而高年级的孩子主体意识较强，有一定的数学基础知识和社会经验，可根据自己的实际，自定活动主题方案，查找资料，设计方案。如设计"我心目中的校园""手中的零花钱""我们去秋游""理财小能手"等活动，让儿童运用所学知识去解决生活中的数学问题，体验生活与数学的密切联系，感受数学的应用价值，不断积累数学活动经验。同时，在活动中教师要放手让儿童参与，启发和引导儿童进入角色，组织好儿童之间的合作交流，并照顾到所有的儿童，引导儿童充分利用活动的过程，积累活动经验、展现思考过程、交流收获体会、激发创造潜能。

（二）"灵动活动"的评价标准

"灵动活动"解放了儿童的头脑、眼睛、嘴巴，留给了儿童一定的时间与空间，因此评价要具有一定的导向性和激励性，采用发展性评价方式，关注儿童自主、合作、探究的意识，注重儿童获得结果和体验的过程，尊重个性的自我表达方式（见表2-11）。

表2-11 "灵动活动"课程评价表

评价项目	评价要点	分值	评价标准
活动主题生活化	目标明确	5	符合学校育人目标，贴近生活
	符合生活实际	5	
活动方案合理化	方案丰盈实用	15	内容难易得当，运用多种知识
解决问题科学化	组织形式	5	符合学生的成长规律
	活动方法	5	方法得当
	指导方法	5	指导适量，高效
	活动要素	15	方案详细，组织得力，有安全性
	活动步骤	15	步骤详细，具有逻辑性，过程张弛有度
成果呈现数学化	学生主动性	10	体现学生的主观能动性，积极参与活动
	学生创造性	10	方法多样
	成果展示	10	有相应的活动成果，体现生活数学化

五、举办"灵动赛事",提升儿童数学能力

培根曾说:"数学是打开科学之门的钥匙。"数学学习要注重培养儿童敏锐的观察力、综合的思维能力及快速反应能力。

因此,我校开展"灵动赛事"让儿童在灵活有趣的课程内容中体验生动个性的学习过程,体会数学学习的灵活趣味,充分调动儿童数学学习的主观能动性,展示灵动的风采,全面提升儿童的数学能力。

(一)"灵动赛事"的实践操作

"灵动赛事"以"小小神算手口算比赛""创意七巧板比赛"和"图形DIY比赛"为主,每年定期举行,旨在通过赛事提升儿童的数学能力。其中"小小神算手口算比赛"以儿童学过的计算内容进行命题,所有的题目都是口算题。"创意七巧板比赛"则是让儿童利用七巧板进行创意拼摆,分为自由创意拼摆和主题式创意拼摆。"图形DIY比赛"主要以儿童学过的图形运动相关知识进行创作比赛,在比赛中发展儿童的空间观念,体会数学学习的灵活趣味,充分调动数学学习的积极性,全面提升数学能力。

(1)小小神算手口算比赛。每年4月,组织全校范围内的口算速算比赛。比赛分为初赛和决赛两个阶段,初赛以班级为单位进行,基于学生在相同题量中的答题时间和准确率按比例进入决赛。决赛以年级为单位在活动现场展开。

(2)创意七巧板比赛。每年4月份,在一年级组织开展创意七巧板比赛。比赛先以班级为单位组织推荐,被推荐儿童参加级组的创意比赛。

(3)图形DIY比赛。每年5月份,在二年级组织开展图形DIY比赛。利用"平移""旋转"这两种运动方式和轴对称DIY出创意图形,以班级为单位,全年级参加,最后进行全年级的作品评比、展示。

(二)"灵动赛事"的评价标准

基于上述"灵动赛事"的内容与实施,我校制定如下的评价标准:

(1)多元评奖模式相结合原则。改变传统的评奖方式,关注儿童比赛的过程与可持续发展。构建符合儿童综合素质发展的多元评奖体系,发挥评价的引领和激励功能。采用"积+优+最+1+2"的评奖模式,即积极参与奖、优秀表现奖、最佳创意奖、一等奖、二等奖相结合。在低年级提高比赛获奖的覆盖率,激发儿童参与的积极性,以

激励原则为主。在中高年级注意评奖的多样性,从多角度、多方面、分层次来欣赏儿童作品。

(2)面向全体儿童,促进儿童的全面发展。"灵动赛事"在全校展开,鼓励全体儿童积极主动参与,改变传统的推优的指向性选择模式,充分发挥儿童的特长,培养儿童的自信心。比赛结果更加关注儿童的参与感、体验感及收获,校级活动共欣赏、同进步,避免形式化、无意义的赛事活动。

(3)公平公正的比赛原则。每项"灵动赛事"建立完备的赛事方案,明确比赛内容、规则、办法,制定详细且完备的比赛评价机制,避免规则不明影响比赛的开展及评价。同时,以同一年级为单位组织开展比赛,最大程度保证赛事的公平、公正和公开。

决定一个儿童数学素养的高低,最为重要的标志是看他如何看待数学,如何理解数学,以及能否运用数学思维去观察、分析现象,去解决实际问题。这正是数学教育的价值。在"灵动数学"理念引领下,我们让课程内容灵活不呆板,学习过程生动又有个性,课程设置与时俱进,评价方式灵活多样。让孩子们的学习活泼有灵气,体会数学的魅力,突出核心素养的特征与课堂的学科价值,进而实现小学数学教学的目的。

(执笔人:何江勇　魏巧璐　杨玉　陈妙婷　陈雪珠)

第三章
"缤纷英语"的丰富：探寻平衡的课程结构

英语是从生活中来，又回归于生活中去交际使用的语言工具。儿童在灿烂多彩的环境和氛围下学习英语，感受多元文化的魅力，经由缤纷的语言世界走向文化自信。英语，犹如一条彩绸，七彩缤纷，是一门实用的、多彩的和多元的语言，丰富儿童的视野，形成跨文化意识，促进儿童的全面发展，此之谓"缤纷英语"。

广州市黄埔区东荟花园小学英语科组有中小学副高级教师2人,中小学一级教师2人,其中张颖、胡杰和黄小燕老师是广州市名教师工作室主持人,黄小燕老师是广东省特级教师,张颖副校长是广州市"百千万人才工程"名师培养对象,广州市优秀教师。英语科组还拥有广州市骨干教师3人;广州市小学英语教研组中心成员2人;7人多次承担市级或区级公开课及讲座;在"一师一优课,一课一名师"晒课活动中,获得国家部级优课1节,省级优课7节,获得市级优课和区级优课多节。目前,英语科组已成功立项并研究的课题有4个,是一个热爱教育教研、具有英语素养的向上团队。我校英语科组以市、区教研室小学英语科和学校教导处的工作计划为依据,结合本校"花园式课程"等实际情况,以培养中低年级儿童的学习常规、抓好儿童良好的学习习惯为主要任务,同时增强高年级儿童阅读素养和语言素养,以激发儿童的英语学习兴趣、培养儿童的英语综合能力为重点。学校依据《关于全面深化课程改革,落实立德树人根本任务的意见》《义务教育英语课程标准(2022年版)》等文件,推进我校"缤纷英语"课程建设,取得了显著效果。

第一节　英语是丰富而多彩的

一、学科价值观

《义务教育英语课程标准（2022年版）》明确提出英语课程体现工具性和人文性的统一，具有基础性、实践性和综合性特征，并说明具有工具性和人文性的英语课程有利于为儿童的终身学习、适应未来社会发展奠定基础。就工具性而言，英语课程承担着培养儿童基本英语素养和发展儿童思维能力的任务，即儿童通过英语课程掌握基本的英语语言知识，发展基本的英语听、说、读、写技能，初步形成用英语与他人交流的能力，进一步促进思维能力的发展，为今后继续学习英语和用英语学习其他相关科学文化知识奠定基础。就人文性而言，英语课程承担着提高儿童综合人文素养的任务，即儿童通过英语课程能够了解不同文化，比较文化异同，汲取文化精华，逐步形成跨文化沟通与交流的意识和能力，学会客观、理性看待世界，树立国际视野，涵养家国情怀，坚定文化自信，形成正确的世界观、人生观和价值观。工具性和人文性统一的英语课程有利于为儿童的终身学习、适应未来社会发展奠定基础。

英语课程不仅仅是一门学科，更帮助儿童在学好英语语言的同时，提高综合语言运用能力，发展自主学习的能力，提升跨文化意识，提高综合素质，形成良好的意志品德和正确的价值观。因此，《义务教育英语课程标准（2022年版）》还指出：核心素养是课程育人价值的集中体现，是学生通过课程学习逐步形成的适应个人终身发展和社会发展需要的正确价值观、必备品格和关键能力。英语课程要培养的学生核心素养包括语言能力、文化意识、思维品质和学习能力等方面。语言能力是核心素养的基础要素，英语语言能力的提高有助于学生提升文化意识、思维品质和学习能力，发展跨文化沟通与交流的能力。文化意识体现核心素养的价值取向，文化意识的培育有助于学生增强家国情怀和人类命运共同体意识，涵养品格，提升文明素养和社会责任感。思维品质反映核心素养的心智特征思维，思维品质的提升有助于学生学会发现问题、分析问题和解决问题，对事物作出正确的价值判断。学习能力是核心素养发展的关键要素，学习能力的发展有助于学生掌握科学的学习方法，养成良好的终身学习习惯。核心素养的四个方面相互渗透,融合互动,相辅相成,共同促进儿童英语核心素养的形成和发展。

综上所述,基于对《义务教育英语课程标准(2022年版)》的理解,英语科组提出"缤纷英语"课程群,课程的核心价值是致力于发展儿童的语言能力和提高儿童的学习能力,促进思维品质的提升,树立儿童的国际视野,坚定文化自信,促进儿童英语核心素养的形成和发展。

二、学科课程理念

依据《义务教育英语课程标准(2022年版)》文件精神,结合英语学科的实际情况,提出我校英语学科的核心概念为"缤纷英语"。所谓"缤纷英语"就是在灿烂多彩的环境和氛围下学习英语,感受多元文化的魅力。"缤纷英语"是儿童的、实用的、多彩的和多元的英语。经由缤纷的语言世界走向文化自信,英语既是一门语言,也是一门工具,重在实践和运用。我校缤纷英语课程在开发和实施过程中注重实践性与应用性并重,让儿童在学习中运用英语,在运用中学习英语,达到学习与运用同步进行的双重效果。

"缤纷英语"是儿童的英语。根据儿童的发展特点和习得规律,设置相应的课程和活动,选择适合儿童学习的材料和相关素材,让儿童在缤纷的课堂中学习运用英语。

"缤纷英语"是实用的英语。学习实用多样的课程知识,重视英语知识的多样性和实用性,从天文到地理,从古今到中外,提升儿童整体的知识面英语运用能力。

"缤纷英语"是多彩的英语。倡导丰富多彩的课程形式,英语课堂以活泼有趣、形式多样为主,多媒体教学、小组课堂、戏剧表演等等,遵循儿童的成长规律,动静结合,为儿童营造活跃的课堂氛围。

"缤纷英语"是多元的英语。传播多元的课程文化,不同文化的交汇融合,展现绚丽多彩的万千世界,开拓国际视野,弘扬传统文化。

总而言之,"缤纷英语"课程是一个丰富多样、动感十足的特色课程体系。注重发展儿童的英语核心素养,增强儿童自主说英语用英语的自信,激发儿童英语学习的兴趣,促进儿童英语核心素养的提升。

第二节　多元的课程为英语学习插上双翼

英语学科的核心素养包括语言能力、文化意识、思维品质和学习能力四个维度。语言能力是核心素养的基础要素,文化意识体现核心素养的价值取向,思维品质反映核心素养的心智特征,学习能力是核心素养的关键要素。核心素养四个方面相互渗透,融合互动,协同发展。

一、学科课程总体目标

《义务教育英语课程标准(2022年版)》中提到,义务教育阶段英语课程的总体目标是发展语言能力,使儿童能够在感知、体验、积累和运用等语言实践中,认识英语与汉语的异同,逐步形成语言意识,积累语言经验,进行有意义的沟通与交流;培养文化意识,帮助儿童了解不同国家的优秀文明成果,比较中外文化的异同,发展跨文化沟通与交流的能力,形成健康向上的审美情趣和正确的价值观;提升思维品质,使儿童能够在语言学习中发展思维,在思维发展中推进语言学习;初步从多角度观察和认识世界、看待事物,有理有据、有条理地表达观点;逐步发展逻辑思维、辩证思维和创新思维,使思维体现一定的敏捷性、灵活性、创造性、批判性和深刻性;提高学习能力,帮助树立正确的英语学习目标,保持学习兴趣,主动参与语言实践活动;在学习中注意倾听、乐于交流、大胆尝试;学会自主探究,合作互助;学会反思和评价学习进展,调整学习方式;学会自我管理,提高学习效率,做到乐学善学。因此强调课程从儿童的学习兴趣、生活经验和认知水平出发,倡导体验、实践、参与、合作与交流的学习方式和任务型的教学途径,发展儿童的综合语言运用能力,使儿童在语言学习的过程中形成积极的情感态度,主动思维和大胆实践,提高跨文化意识和形成自主学习能力。

在《义务教育英语课程标准(2022年版)》中,英语课程围绕学生的核心素养:语言能力、文化意识、思维品质和学习能力等四个方面确立课程总目标。既体现了英语学习的工具性,也体现了其人文性;既有利于孩子发展语言运用能力,又有利于孩子发展思维能力,从而全面提高孩子的综合人文素养。各阶段的课程目标其最终目标是培养儿童乐于开口表达,形成浓厚的英语学习兴趣,快乐说英文,大胆说英文;形成较强的自主学习英文能力,养成良好的英文思维习惯,自信说英文,大方说英文;并且具有良好的英语欣赏、朗读、运用能力,培养创新精神、批判能力,流利说英文,喜欢说英文。

二、学科课程年段目标

《义务教育英语课程标准(2022年版)》中提到,义务教育阶段英语课程的总体目标是发展儿童的英语核心素养。在这样的英语课程总体目标下,我校将"缤纷英语"一至六年级的课程目标分解制定。其中四年级的课程目标分解如下(见表3-1):

表3-1 "缤纷英语"四年级课程目标表

上学期课程目标	下学期课程目标
第一模块:My bedroom 1. 能用 there be 句型询问和描述物品的位置; 2. 运用名词和介词描述物品的位置和房间的摆设; 3. 感知字母(组合)sh,a-e,a,ar 和 ay 在单词中的发音; 4. 培养收拾房间的良好的生活习惯; 5. 了解不同年龄、国家的人的卧室摆设是不同的。	第一模块:People 1. 能在听说读写的语言活动中理解和运用描述人的单词、词组和句型; 2. 能用英语描述人物的外貌特征; 3. 能用英语描述人物的职业; 4. 知道字母 c 及字母组合 ck,ai,ay,as,au,aw,air 在单词中的发音,能拼读含有这些字母或字母组合的单音节词; 5. 用文明的语言描述人物的外貌和职业,尊重他人的性格特点。
第二模块:My house 1. 能在听说读写的活动中理解和运用日常交际用语; 2. 能运用动词词组和房间名词描述房子的居室和在不同居室的常见活动; 3. 感知字母(组合)ch,e-e,e,ee 和 ea 在单词中的发音; 4. 能在交际中表达欣赏和赞美,如夸赞美丽洁净的居室; 5. 了解自己的房子,了解世界各地的房子和居室。	第二模块:Daily routine 1. 能在听说读写的语言活动中理解和运用日常活动有关的单词、短语、句型; 2. 能用英语询问和讲述时间的表达; 3. 能用英语询问和描述何时做某事; 4. 知道字母 g,g(e),及字母组合 ea,ey,er,ew,ear,are 在单词中的发音,能拼读含有这些字母或字母组合的单音节词; 5. 能合理安排自己的时间,过健康的日常生活。

续　表

上学期课程目标	下学期课程目标
第三模块:My school 1. 能运用句型询问和表述学校场所及设备的数量; 2. 能运用方位介词和学校场所名词描述学校场所的位置; 3. 能运用动词短语和场所名词描述学校场所的常见活动和功能; 4. 感知字母(组合)l,ll,i-e,I,ir 和 igh 在单词中的发音; 5. 了解学校场所及其功能,爱护学校的设施,增强作为学校一员的自豪感。	第三模块:Days of the week 1. 能在听说读写的语言活动中理解和运用与星期有关的单词、短语和句型; 2. 能用英语问答今天是星期几; 3. 能用英语介绍自己一周七天的情况,表达自己最喜欢或不喜欢哪一天,并说出理由; 4. 了解字母 i 及字母组合 tr,dr,nk,ind,wr 在单词中的发音,能拼读含有这些字母或字母组合的单音节词; 5. 合理安排一周每天的生活,劳逸结合,提高学习效率。
第四模块:My class 1. 能运用数字和学习用品询问和描述与某人拥有物品的数量; 2. 能询问有关学校或班级的数量; 3. 能结合学科和词组讲述自己最喜欢的学科并给出理由; 4. 感知字母(组合)c,o-e,o,or,oa,ow 和 ou 在单词中的发音; 5. 能用英语表达喜爱的学科和原因,增强学习的兴趣; 6. 了解每个人的能力和学科优势。	第四模块:Activities 1. 能在听说读写的语言活动中理解和运用活动词汇、短语和句型; 2. 能用英语描述自己在空闲时间常做的事情; 3. 能用英语描述自己或他人正在做的事; 4. 了解字母 o 及字母组合 ou,oo,oy,old,oor 在单词中的发音,能拼读含有这些字母或字母组合的单音节词; 5. 培养自己的兴趣爱好,在空闲时间可以适当放松,但也要注意不可太贪玩影响学习。
第五模块:Clothes 1. 在听说读写的活动中理解和运用日常购物用语; 2. 学习百位数整数读法; 3. 复习巩固颜色单词,会用颜色具体描述一件衣服; 4. 感知字母(组合)wh,u-e,u 和 ur 在单词中的发音; 5. 将语言知识尽可能运用于真实自然的情景当中; 6. 了解英文购物用语和中文的异同,了解世界各地的服饰。	第五模块:Sports 1. 能在听说读写的语言活动中理解和运用运动词汇、短语和句型; 2. 能用正在进行时谈论正在进行的运动; 3. 能叙述自己喜欢的运动并说明理由; 4. 了解字母 u 和字母组合 ph,uy 在单词中的发音。能拼读含有这些字母或字母组合的符合发音规则的单音节词; 5. 培养自己的运动爱好,注重身体健康,多参加体育锻炼。

续 表

上学期课程目标	下学期课程目标
第六模块:Occupations 1. 能结合职业名词和动词短语表述职业及其职能; 2. 能结合职业名词和表达喜好的句子表述自己想从事的职业及理由; 3. 运用各种句式询问他人的职业或理想; 4. 感知字母(组合)j,th,ng 和 y 在单词中的发音; 5. 了解各职业并尊重各行业的人为自己的生活做出的贡献; 6. 了解各职业和从事该职业的人的能力和职能,了解一些职业需要特定的服饰。	第六模块:Celebrations 1. 能在听说读写的语言活动中理解和运用月份词汇、节日活动和相关句型; 2. 能说出自己的生日月份; 3. 能简单描述生日活动; 4. 知道春节、教师节、儿童节、妇女节等常见节日的月份,并能简单讲述这些节日的庆祝活动; 5. 了解字母 y 和字母组合 qu,ts,ds 在单词中的常见发音,能拼读含有这些字母或字母组合的符合发音规律的单词; 6. 了解中西方节日,深刻明白我们中华传统节日的意义,热爱中国节日,树立文化自信。

第三节　设计真实而丰富的语言课程

我校"缤纷英语"课程框架是架构在东荟花园小学"花园式课程"体系的总框架下，设立的"基础＋发展"英语课程群。分为基础性课程和发展性课程。基础性课程主要遵循《义务教育英语课程标准（2022年版）》的培养要求，以广州教科版小学英语教材为依据，培养儿童英语听说读写的基础性素养。发展课程主要结合儿童的个性化发展要求，把培养儿童英语核心素养同学校特色课程相结合，在激发儿童学习兴趣、提高儿童英语核心素养基础上，营造学校特色课程文化。基于此，我校英语科开设"缤纷英语"课程，课程框架如下：

一、学科课程结构

根据《义务教育英语课程标准（2022年版）》英语课程分为"听""说""读""写"。义务教育阶段的英语课程具有工具性和人文性双重性质。就工具性而言，英语课程承担着培养儿童基本英语素养和发展儿童思维能力的任务，即儿童通过英语课程掌握基本的英语语言知识，发展基本的英语听、说、读、写技能，初步形成用英语与他人交流的能力，进一步促进思维能力的发展，为今后继续学习英语和用英语学习其他相关科学文化知识奠定基础。我们将英语课程依次设计为"缤纷视听""缤纷说唱""缤纷阅读""缤纷写作""缤纷文化"五大类别（见图3-1）。

下图中，各板块课程具体描述如下：

（一）缤纷视听

内容为儿童耳熟能详的英语儿歌、课本会话、原声绘本音视频。开设的课程有"一起磨耳朵""神奇字母""拼读对对碰"等。在低年段开始设立字母的读音、韵律童谣视听课程有利于激发孩子学习英语的兴趣，初步奠定儿童听、说、读的基础，增加启蒙英语的学习乐趣，提升自然习得英语的能力。中年级开始进行自然拼读音素、音节听力训练，同时进行英语会话、语篇听力练习，教师根据每一节课的学习需求呈现相关的音频或视频，以视频和音频的视听冲击为导入，师生的互动练习为巩固，引导儿童有效视听，切实提高儿童的听力理解能力。

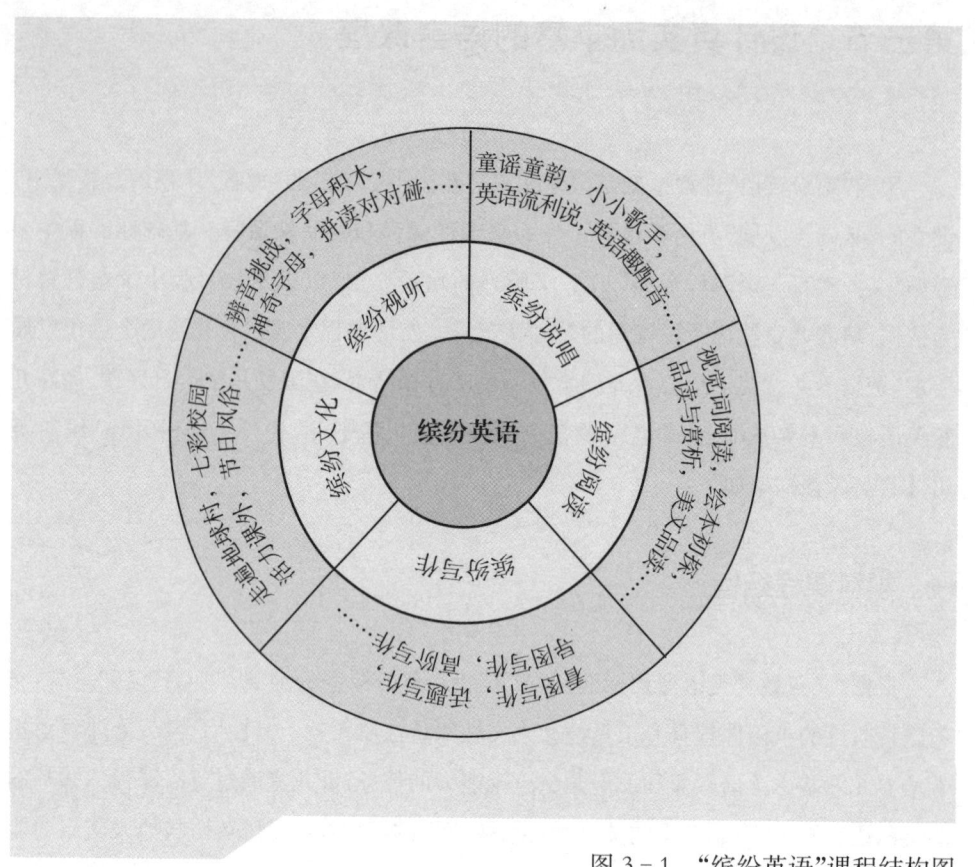

图 3-1 "缤纷英语"课程结构图

(二) 缤纷说唱

内容为儿童耳熟能详的英语儿歌、英语会话内容。学习英语的最终目的在于正确、恰当的表达,英语听说能力的培养对于儿童正确、得体地进行英语输出至关重要,培养儿童的语用意识,注重儿童正确恰当的表达,提高儿童的语用能力。开设的课程有"童谣童韵""小小歌手""你说我话"等。

教师对于英文儿歌、童谣采用边听边练、开火车轮唱、个别展示、小组演唱等相结合的形式,分成个体、小组合作和同伴互助合作来完成各项活动,学唱英文儿歌,做英语游戏,体会英语韵律之美。通过唱儿歌、英语会话练习来学习简单的拼读规律,单词的重音、句子的重读规律;英语中包括连读、节奏、停顿、语调、意群朗读等现象。

"语音与口语表达"是小学英语基础课程的重要领域,开设与之相关联的说唱拓展课程,旨在建立儿童的语感。英语课程标准指出:语音的教学为将来有效的口语交际打下良好基础;帮助儿童很好地掌握语音,注重孩子能正确地从声音方面来表达思想,在语音学习中推进词汇和语法的学习。让孩子们在"见词能读"的基础上,培养听读流利性和阅读理解力。

(三) 缤纷阅读

内容为英文童谣诗歌、英语读者剧场、各类绘本等。开设的课程有"视觉词绘本阅读""分级绘本阅读""美文品读"等。读者剧场课程以音频和课外读本为载体,分层次灌输,利用听读技能消化阅读材料,让儿童观察、思考、模仿,直至表达。绘本课程以绘本阅读为载体,结合音、视频和图片演示课件等媒介进行。让儿童学会阅读并欣赏英语故事,通过教师导读、儿童自读、音频朗读、视频欣赏、小组齐读、小组角色扮演及展示等形式进行,启发儿童思考,激发美读兴趣。

缤纷阅读中诵读相关课程利用英文韵律节奏进行诵读,提高儿童朗读能力,高年段的孩子在词汇、表达积累的基础之上,达到了阅读赏析、表达分享、演绎。各类阅读相关课程的开设丰富了儿童的英文表达,提升了人文美读素养,提高了儿童的英语实际运用能力。

(四) 缤纷写作

内容为字母、单词书写、词句书写、看图写作、主题写作、情景写作等。开设的课程有"看图写作""导图写作"等,写作课程深挖教材彩色情景、彩色绘图等学习素材,紧密结合儿童好奇、爱动、爱说、爱唱和善于模范的特点,让儿童创编英语童谣,启蒙儿童写作。情景化写作充满童趣,有力地帮助儿童理解语言材料,激发儿童的学习热情和表达欲望。多媒体拓展写作,多媒体的运用使写作内容更加直观,并能调动儿童多种感官参与学习,多渠道获取写作信息。

学习英语的最终目的在于正确、恰当地运用口语表达和书面表达。写作能力的培养对于儿童正确、得体地进行英语输出至关重要。开设"写作"相关的课程,注重儿童书面写作,提高儿童的语用能力。

(五) 缤纷文化

内容为人际交往礼仪,涉及学校、家庭生活,节庆风俗,国家与地理,名人与名胜等。开设的课程有"我爱我家""城市故事汇""节日风俗""走遍地球村"等。语言与文化是密不可分的,不了解英语的文化背景,就无法正确理解和运用英语。因此,在英语教学中,文化背景知识的传授有助于儿童集东西方文化于一身,提高文化修养。课程注重英语国家文化渗透,创造语言环境,培养儿童跨文化交际意识。

二、学科课程设置

我校英语学科开设了"神奇字母""小小歌手""导图写作""城市故事汇"等发展性课程。其中涵盖了英语听、说、读、写、文化五个方面。课程以多样化的形式满足不同孩子的需求,让孩子在英语学习中感受语言的多样性,感受语言的丰富与魅力。我们根据一至六年级儿童的不同年龄特点和知识特点,规划了英语基础五大块的不同主题。英语学科"缤纷英语"课程设置如下(见表3-2):

表3-2 "缤纷英语"课程设置表

年级/领域		缤纷视听	缤纷说唱	缤纷阅读	缤纷写作	缤纷文化
一年级	上	一起磨耳朵	童谣童韵	视觉词阅读	字母规范写	礼貌问候
	下	辨音挑战	简编歌谣	绘本初探	书写小能手	关于我
二年级	上	神奇字母	小小歌手	视觉词进阶阅读	单词规范写	七彩校园
	下	字母积木	Chant跟我来	视觉词流利阅读	句子规范写	活力课外
三年级	上	拼读对对碰	你说我话	解码绘本	看图写作	我爱我家
	下	Phonic Kids	"经"曲集锦	揭秘绘本	仿写训练	Family Album
四年级	上	绘听绘懂	英语流利说	阅读与欣赏	模仿创作	城市故事汇
	下	绘声绘话	英语对对碰	品读与赏析	自圆其说	城市知多点
五年级	上	电影视听	英语趣配音	分级绘本阅读	话题写作	节日风俗
	下	佳片有约	"声"临其境	绘本读与写	综合写作	寰宇杂谈
六年级	上	新闻视听	小小演说家	美文品读	导图写作	走遍地球村
	下	视听纵横	演说小能手	经典诵读	高阶写作	世界环游记

三、学科课程内容

根据一至六年级儿童的不同年龄特点和知识特点,结合《义务教育英语课程标准

(2022年版)》的培养要求,基于培养儿童英语听说读写的基础性英语核心素养,我们将"缤纷英语"课程在一至六年级听、说、读、写、文化五个方面设置了不同课程,其课程具体内容如下(见表3-3):

表3-3 "缤纷英语"学科课程内容表

年级	课程领域	课程名称	课程目标	课程主要内容	课程资源
一年级（上）	缤纷视听	一起磨耳朵	能根据听到的字母语音识别或者指认字母,能根据听到的词句识别图片或者实物。能听懂课堂简短指令做事情。	26个字母的认读,音素辨认,单词指认与分辨,音图方法。	语音绘本,英语童谣歌曲,自然拼读系列教材。
	缤纷说唱	童谣童韵	借助英语童曲童谣发展和提升儿童自然习得英语的能力。儿童在歌唱朗诵中感受语言韵律之美。	运用英语口语教材进行校本开发,辅以带有视频和音频的英文歌曲、童谣。	英语口语教材,经典英文儿童歌曲和童谣。
	缤纷阅读	视觉词阅读	有效巩固1—2册书中98个Sight words。能借助图片进行初步的单词认读,进而简单读懂故事梗概。儿童能在图片帮助下,以及Sight words的基础上读懂简单的小故事。	1. Dolch Sight Words List 多尔希视觉词预备级词。 2. 运用Sight words,结合图片进行简单的绘本阅读理解。	以课本生词为基础,辅以经典的分级进阶高频词汇,视觉词绘本。
	缤纷写作	字母规范写	能按照笔顺规范书写字母。	26个字母大小写书写规范及初步临摹字母书写。	描红本,教材中26个字母大小写书写规范部分。
	缤纷文化	礼貌问候	乐于接触外国文化,了解不同文化的异同,掌握国际交往的礼仪礼节,建立与国际友人自如沟通的文化自信,增强爱国意识。	人际交往中相互问候,认识及自我介绍。	人际交往相关视频,有关交往问候之英语儿歌。

73

续 表

年级	课程领域	课程名称	课程目标	课程主要内容	课程资源
一年级（下）	缤纷视听	辨音挑战	能分辨两个发音相似,仅一个音不同的单词。从首音替换、尾音替换逐步过渡到中音替换,儿童都能准确地分辨和指认单词。能听懂课堂简单的指令。	复习26个字母的认读,感知26个字母的发音。指认已改变其中一个音素的相似词汇,感知自然拼读音素的混合、替换。	语音绘本、英语童谣歌曲,自然拼读系列教材。
	缤纷说唱	简编歌谣	在感知英语音律之美,提升歌谣说唱的能力,提升英语朗读流利性的前提下,引导儿童开始简单地改编歌谣,提升对英文语音韵律的感知和理解。	借助英语口语教材的歌谣、英语绘本的歌谣和视觉词汇推进简编歌谣。	英语口语教材,经典英文儿童歌曲和童谣。
	缤纷阅读	绘本初探	能够认读常见视觉词,能准确流利地朗读英语口语教材和初级绘本的故事,懂得借助图片理解故事。	英语口语教材和分级绘本中含有的视觉词和小故事。	以课本生词为基础,辅以经典的分级进阶高频词汇,视觉词绘本。
	缤纷写作	书写小能手	能在字帖上工整漂亮地抄写单词。	单词的准确抄写,对单词的构成与书写规范有准确的认识。	描红本和字帖。
	缤纷文化	关于我	能够准确地运用小短句介绍自己的家人,表达个人喜好,增强家庭意识和集体意识,懂得关心他人。	人际交往中的互相了解,感情交流及培养集体意识。	英语口语教材、相关英文儿歌和小故事。
二年级（上）	缤纷视听	神奇字母	通过听小故事,学习和指认单词中字母和字母组合的发音。每一则小故事都会重复出现同一个元音音素或者辅音音素,儿童通过自主学习探究发现音素的存在,在教师的帮助下学会听音辨音。	听辨字母的元音发音、辅音发音、字母组合发音、连缀。	教材、攀登英语阅读系列——神奇字母、幼儿英语拼读Phonics Kids系列、StarFall

74

续 表

年级	课程领域	课程名称	课程目标	课程主要内容	课程资源
					——儿童语音教学网。
	缤纷说唱	小小歌手	通过视听唱模式,积累基本语言表达、基础交际用语,借助音视频等多媒体渠道歌唱表演,获取文本基础的语言知识,培养儿童学习英语的兴趣、积极情感和表演能力。	欢唱乐演。	英文儿歌、英文童谣等各种音频,视频,服装道具等。
	缤纷阅读	视觉词进阶阅读	通过反复朗读熟词,积累这个层次的视觉词熟词词汇。能通过词汇风暴扩充熟词词汇量,为接下来的英语视觉词进阶阅读打下基础,同时也在进阶阅读中巩固视觉词,增加阅读的流利度和理解准确度。	1. Sight words：level 2—3。 2. 视觉词进阶阅读绘本。	小学英语口语教材、StarFall——儿童语音教学网、Oxford Phonics World。
	缤纷写作	单词规范写	能规范书写字母和单词。	26个字母大小写及简单单词书写规范。	描红本,单词临摹描红本。
	缤纷文化	七彩校园	了解国内外文化,本校有代表性的校园文化,校园交往的礼仪礼节,校园生活的精彩活动,人文活动。开拓儿童的视野,通过了解多元校园文化,提高儿童的学习意识,增强学习动机。	你我的学校生活,趣闻乐见。	学校的"读书节""艺术节""体育节""科技节"四大节日新闻报道,视频记录。网络校园文化的视频。

续 表

年级	课程领域	课程名称	课程目标	课程主要内容	课程资源
二年级（下）	缤纷视听	字母积木	1. 能够认识26个字母的名字（name）和发音（sound）。 2. 能够结合元音和辅音进行各种组合发音。	26个字母的名字（name）和发音（sound），元音，辅音组合发音规则。	动画片《Alphablocks》前四季。
	缤纷说唱	Chant跟我来	利用短小精悍的chant降低小学英语课堂教学难度，活跃课堂气氛，提高儿童学习兴趣，培养语感。	字母，语音，单词记忆，句型教学，语法教学几个板块中综合运用。	广州教科版一、二年级口语教材。
	缤纷阅读	视觉词流利阅读	在有效巩固1—2册书中98个Sight words基础上进一步学习Sight words，能熟练借助图片进行单词认读，能顺利读懂简单的故事。儿童能在图片的帮助下，以及Sight words的基础上读懂故事。	1. Sight words: level 4。 2. 视觉词进阶阅读绘本。	以课本生词为基础，辅以经典的分级视觉词读物《我爱视觉词》。
	缤纷写作	句子规范写	能规范书写句子及标点符号。	单词及简单句子，标点符号书写规范。	教材配套临摹描红本。
	缤纷文化	活力课外	了解国内外、课外校外文化，社会生活礼仪礼节，日常生活的精彩活动，人文活动。开拓儿童的视野，通过了解多元校外文化，提高儿童的学习意识，增强学习动机。	你我不同的丰富的校外生活，趣闻乐见。	社会生活实践活动，研学活动。
三年级（上）	缤纷视听	拼读对对碰	在听力练习中，能感知语音规律，运用自然拼读规律辨别并能进一步拼读出单词，逐步形成拼读的能力。能结合视频、音频整体理解文本，能辨析指认听力材料中的细节单词意义。	听力中自然拼读规律探索及运用。	语音绘本、磨耳朵材料，自然拼读系列教材。

76

续 表

年级	课程领域	课程名称	课程目标	课程主要内容	课程资源
	缤纷说唱	你说我话	借助情景会话音频、视频提升儿童自然习得英语以及运用英语口语交际互动的能力。儿童在生活中感受和运用英语。	情景会话教材与生活常用话题交际语言。	英语口语教材,情景会话片段视频,与生活相关话题绘本。
	缤纷阅读	解码绘本	能在图片的帮助下自主解码绘本阅读,读懂简单小故事。有效巩固1—2册书中98个Sight words。能在字母、韵律意识已经建立的基础上利用自然拼读规律扩展词汇量,为解码绘本阅读打下基础。	1. 绘本解码策略。 2. Dolch Sight Words List 多尔希视觉词第2—3级词汇。	1. 分级进阶高频词汇。 2. 进阶视觉词绘本,自然拼读绘本。 3. 教材故事。
	缤纷写作	看图写作	能看图会话,能模仿范例写词句。	1. 句子书写规范。 2. 构建句子内容。	主题教材,情景多媒体材料。
	缤纷文化	我爱我家	儿童在生活中感受和运用英语。了解西方国家文化,了解国外家庭文化的异同,建立与国际友人自如沟通的文化自信,增强爱国意识。	中西家庭对比,感受西方家庭文化。	相关视频。
三年级(下)	缤纷视听	Phonic Kids	帮助孩子建立起英语的语音库,让孩子看图学习字母组合的英语读法,见词能读,看词能拆分音节,合成音节。	学习字母,辅音,短元音,元音组合,长元音,分离元音发音。	相关资料。
	缤纷说唱	"经"曲集锦	通过学习不同主题的经典英语儿歌,帮助儿童快速进入课堂。降低不同主题英语教学难度,让儿童在课堂高效率地记住单词及句子读音。	有关于"动物""天气""颜色""服装"等不同主题经典儿歌。	300首英语不同主题儿歌集锦。

77

续 表

年级	课程领域	课程名称	课程目标	课程主要内容	课程资源
	缤纷阅读	揭秘绘本	1. 通过教师阅读策略的指导，儿童学会寻找绘本作者，出版社，标题等相关绘本信息。2. 能初步借助图片自主阅读，持续阅读等阅读策略初步进行语篇阅读。	1. 绘本阅读策略。2. Dolch Sight Words List 多尔希视觉词第4级词汇。	1. 进阶视觉词绘本，自然拼读绘本。2. 教材故事。3. 相关绘本。
	缤纷写作	仿写训练	能模仿范例写词句。	1. 句子书写规范。2. 如何调整词序构建句子基础内容。	教材相关内容提炼范例仿写，连词成句相关练习。
	缤纷文化	Family Album	通过学习经典口语教学视频，儿童在真实的西方生活语境中感受和运用英语。了解西方国家文化，了解中外家庭文化的异同，建立与国际友人自如沟通的文化自信，增强爱国意识。	中西家庭及生活对比，感受西方家庭文化的不同。	精选相关资料和视频。
四年级（上）	缤纷视听	绘听绘懂	通过听绘本故事和看视频，积累视听频率和文化常识，增加英语学习趣味性。	绘本故事的听读和积累，故事观看和鉴赏。	精选绘本的音频材料和视频故事材料。
	缤纷说唱	英语流利说	通过泛读法注意句子的重读、弱读、连读，读出句子的升降调及节奏，能够富有情感地大声朗读出英语短语、句子及小语段的韵律美。提升儿童的语音语调水平，也增强儿童的朗读语感，能够流利说短语、句子及小语段。	短语、句子、小语段的重读、弱读、连读，语音语调训练。	教材、精选绘本、音频、动画视频、媒体平台等。
	缤纷阅读	阅读与欣赏	通过听读模式的训练，积累语言文字、声音符号，借助音视频等多媒体渠道模仿学习剧场精髓，获取文本丰富有趣的信息，培养儿童学习英语的积极情感和表演能力。	编排英文诗歌、新闻、故事、绘本、课本剧及戏剧等不同文学体裁的读者剧场。	准备相关资料。

续　表

年级	课程领域	课程名称	课程目标	课程主要内容	课程资源
	缤纷写作	模仿创作	通过学习和模仿训练,积累语言文字、写作技巧,先模仿写作后创作,初步形成写作技能。	模仿小短文的句型和格式,创作自己的小文段;看图说话,通过图片进行简单的介绍写作。	与课文相关的小短文,贴切的图片集,课外拓展。
	缤纷文化	城市故事汇	了解国外有代表性的城市文化,国际交往的礼仪礼节,了解世界城市人文历史知识,开拓儿童的国际视野。通过了解西方文化,提高民族的文化自信,增强爱国意识。	国外著名城市的生活与风俗习惯,了解城市与人文。	有关城市文化的音频、视频资源,有关城市的阅读素材。
四年级（下）	缤纷视听	绘声绘话	通过绘本的视听,体验和感受纯正的语音语调,积累语言知识和语用知识。	听读纯正的故事发音和对话。	精选纯正地道的音频视频作品。
	缤纷说唱	英语对对碰	根据之前积累的朗读方法和模式,继续加强英语的输出,进行对话模仿和练习。	完整句子和对话的模仿朗读。	经典对话绘本或者视频资源。
	缤纷阅读	品读与赏析	通过各种朗读模式品读英语作品,运用相关的方法赏析文本,感受阅读的美好和乐趣,欣赏英语的优美。	赏析资料。	相关资料。
	缤纷写作	自圆其说	通过学习模仿创作自己的文段,通过修改、完善形成自己的作品,进行写作和展示。	通过积累和练习,创作相关主题作品。	参考优美的文段或者文本,形成自己的作品。
	缤纷文化	城市知多点	了解外国有代表性的城市文化,挖掘有代表性的文化特色,开拓儿童的国际视野。	国外著名城市的特色文化与风俗习惯,了解城市与人文。	收集相关文本资源,介绍城市特色文化。

续 表

年级	课程领域	课程名称	课程目标	课程主要内容	课程资源
五年级（上）	缤纷视听	电影视听	能听懂日常用语、俚语，拓展常用词汇句式，从语言结构、讲话方式、异域文化等方面听懂原版电影的听力能力；能总结所例句型的使用语境，并且能熟练运用在日常生活中。	以电影经典对白为蓝本，用符号标注语音、语调、重音、停顿、特殊发音、变音、连续、失爆、弱化、浊化、节奏等。	电影经典对白为主要教学素材，以音视频的形式训练儿童的视听能力。
	缤纷说唱	英语趣配音	通过给英语视频配音的方式练习英语口语，增加儿童的词汇量，在身临其境的语言环境中调动儿童的积极性，提升口语交际能力；培养儿童语言思维习惯，学会说地道英语。	把配音视频的文本中的生词、每一句都单独列出来，引导儿童一句一句配音，最后能成段成篇配音。	健康向上的电影经典片段、英文歌曲等相关资料。
	缤纷阅读	分级绘本阅读	借助分级绘本故事提升儿童阅读语言的能力，通过阅读分级绘本，积累词汇量和学习阅读策略。	以分级阅读绘本读物为载体，进行绘本的朗读，小组演绎和表演。	经典绘本故事等音视频动画结合的资料。
	缤纷写作	话题写作	通过英语写作训练，儿童能写出相关话题的英语句子、流畅的篇章和符合文体规范的短文；运用写作技能和手段，写出符合逻辑的小文章；能初步用英语书面表达个人对相关话题的思想、情感和兴趣等。	系统了解英语话题写作的各种知识、技能和写作策略，学习相关话题的重要信息，用相关句式表达想法。	准备各类话题的图片素材、视频资源等。
	缤纷文化	节日风俗	了解外国文化，了解不同民族不同节日和风俗的异同，开拓国际视野，弘扬传统文化。	介绍传统中西方节日，了解其风俗文化。	相关视频赏析资源等。

续 表

年级	课程领域	课程名称	课程目标	课程主要内容	课程资源
五年级（下）	缤纷视听	佳片有约	从语言结构、地域文化等方面赏析原版经典电影；理解不同文化环境下思维方式的异同，并且能熟练将所学语言点运用在日常生活中。	以电影经典对白为蓝本，用符号标注语音、语调、重音、停顿、特殊发音、变音、连续、失爆、弱化、浊化、节奏等。	电影经典对白为主要教学素材，以音视频的形式提高儿童的鉴赏能力。
	缤纷说唱	"声"临其境	通过配音比赛的方式提升英语口语鉴赏水平，在身临其境的语言环境中调动儿童的积极性，提升口语交际能力，学会说地道英语。	以配音比赛的形式引导孩子。	相关资料。
	缤纷阅读	绘本读与写	在五（上）分级绘本阅读的基础之上，结合广州市"爱阅读，有创意"绘本阅读活动，鼓励儿童进行绘本的续写与改写。	以分级阅读绘本读物为载体，进行绘本续写与改写。	相关分级阅读资料。
	缤纷写作	综合写作	通过话题写作训练、文体写作训练，综合运用英语书面表达个人对相关话题的思想、情感和兴趣等。	系统了解英语话题写作的各种知识、技能和写作策略，学习相关话题的重要信息，用关键句型表达想法。	各类话题的相关素材、图片素材、视频资源等。
	缤纷文化	寰宇杂谈	了解外国文化，了解不同民族不同国家的社会生活趣闻，开阔眼界。	介绍传统西方风俗文化。	相关资料。
六年级（上）	缤纷视听	新闻视听	听英语新闻更好地认识当今社会生活，开拓儿童的视野，树立正确的新闻观和社会观。	教育、文化、旅游、生活等方面的相关简短新闻。	相关音视频素材。

81

续 表

年级	课程领域	课程名称	课程目标	课程主要内容	课程资源
	缤纷说唱	小小演说家	通过演说活动培养儿童的口才,锻炼和提高儿童的语言表达能力和口语能力,丰富儿童的知识,拓宽视野,提升儿童综合素质;从说话之道培养有自信、有勇气、会表达的小小英语演说家。	以个人成长、生活轶事、寓言故事、童话故事、热门话题、历史人物等为主题的演讲形式,情感表达和舞台气场,学习演说技能。	以某类主题的音视频、文本等为素材媒介,请专业教师指导演说技巧。
	缤纷阅读	美文品读	利用升降调、意群、气群、停顿规律朗读优美的词句语段,用带有丰富感情色彩的语音语调美美地读经典诗歌、短文。提升儿童的语音语调水平,也增强儿童的朗读语感,从而在美文美读的氛围中自信说,流利说,美美说。	段落、篇章及长文连读,重读、弱读、语音语调训练。	相关资料。
	缤纷写作	导图写作	借助思维导图工具发展儿童高阶的辩证思维能力、归纳整理信息能力、综合阅读与写作能力。	思维导图工具进行语言归纳、思维整理、辩证总结、高阶写作。	思维导图工具书,思维导图模型,故事类及非故事类课外阅读材料。
	缤纷文化	走遍地球村	了解外国文化,了解国外不同民族不同文化的异同,掌握国际交往的礼仪礼节,了解国外地理、历史、人文方面的常识,建立与国际友人自如沟通的文化自信,增强爱国意识。	国家与地理,国外生活常识与风俗习惯,名人与名胜。	相关资料。
六年级(下)	缤纷视听	视听纵横	能准确视听新闻的信息,通过了解世界各地新闻,更好地认识当今社会生活,开拓儿童的视野,树立正确的新闻观和社会观。	教育、文化、旅游、生活等方面的相关简短新闻。	相关资料。

续 表

年级	课程领域	课程名称	课程目标	课程主要内容	课程资源
	缤纷说唱	演说小能手	通过演说活动培养儿童的口才,锻炼和提高儿童的语言表达能力和口语发展能力,丰富儿童的知识,拓宽视野,提升儿童综合素质;从说话之道培养有自信、有勇气、会表达的英语演说能手。	以社会现象、热门话题、历史事件等为主题的演讲形式、情感表达和舞台气场,学习演说技能。	相关资料。
	缤纷阅读	经典诵读	利用升降调、意群、气群、停顿规律朗读优美的词句语段,用带有丰富感情色彩的语音语调美美地读经典诗歌、短文。提升儿童的语音语调水平,也增强儿童的朗读语感,从而在美文美读的氛围中自信说,流利说,美美说。	段落、篇章及长文连读,重读、弱读、语音语调训练。	相关资料。
	缤纷写作	高阶写作	借助思维导图工具发展儿童高阶的辩证思维能力、归纳整理信息能力、综合阅读与写作能力。	思维导图工具进行语言归纳、思维整理、辩证总结、高阶写作。	思维导图工具书,思维导图模型,故事类及非故事类课外阅读材料。
	缤纷文化	世界环游记	了解国外文化,了解国外不同民族不同文化的异同,掌握国际交往的礼仪礼节,熟知国外地理、历史、人文方面的常识,建立与国际友人自如沟通的文化自信,增强爱国意识。	国家与地理,国外生活常识与风俗习惯,名人与名胜。	相关资料。

第四节　英语学习如影随形伴你我

"缤纷英语"在不同的年级展现不同的风采,婀娜多姿,浓妆淡抹总相宜。从一年级的"趣味字母"到二年级的"童声童韵",从三年级的"趣味拼读"到四年级的"剧场达人",从五年级的"七彩绘本"到六年级的"美文美读",姿态万千,引人入胜。为此,根据"缤纷英语"的课程理念、学科性质、课程目标等方面的要求,从"缤纷课堂""缤纷课程""缤纷英语节""缤纷社团""缤纷学习"和"缤纷之旅"六个维度进行课程的实施和评价。

一、建构"缤纷课堂",提升英语课程品质

"缤纷课堂"即千姿百态的课堂,形态各异的课堂。例如,一年级的"趣味字母",二年级的"童声童韵",三年级的"趣味拼读",四年级的"剧场达人",五年级的"七彩绘本",六年级的"美文美读"。这些课程像春天里百花争艳一样,绽放着属于自己的独特魅力,让儿童畅游在一片片美丽的花海中。

(一)"缤纷课堂"的实践操作

为了打造缤纷多彩的学习体验,丰富儿童的学习方式,使儿童的英语学习更加活泼生动,发展英语学习的发散思维,提升英语学习的品质,我们开展了"缤纷课堂"。

首先,在教学内容上,开展"缤纷课堂"的教师需要深入研究各个年级的英语教材,根据课程标准的要求,给"缤纷课堂"各个年级的特色课程进行定位,制定"缤纷课堂"各个年级的教学内容和目标。比如:一年级的"趣味字母",二年级的"童声童韵",三年级的"趣味拼读",四年级的"剧场达人",五年级的"七彩绘本",六年级的"美文美读"。其次,根据课程标准的要求和"缤纷课堂"的年级特色,制定切实可实施的教学目标。最后,根据教学目标确定主要的教学内容。一至六年级"缤纷课堂"的具体实践操作,教学目标和主要内容如下(见表3-4):

表3-4 "缤纷课堂"实践操作表

年级	"缤纷课堂"	教学目标	主要内容
一年级	字母王国	能认读26个大小写英文字母,在图片中指认字母形状。能在描红本书写26个大小写字母,认读字母音素。	26个字母的认读,音素辨认,单词指认与分辨,音图方法。
二年级	童声童韵	积累日常的交际口语表达,掌握文本基础的语言知识,培养儿童学习英语的兴趣,感知英语的韵律,引导参与式学习和培养表演能力。	以主题歌曲和歌谣为载体的基础口语表达和语言知识,基本的表演技能。
三年级	趣味拼读	能感知音素和音节,能较熟练地运用自然拼读规律拼读单词,逐步提升见词能读的能力。	自然拼读的音素辨识,音素混合发音,音素拆分和音素替换。
四年级	剧场达人	通过看故事视频或者戏剧视频,听说演结合,培养儿童的口语表达能力,激发学习兴趣和培养表演能力。	与课本单元主题相关的故事视频,绘本故事或者戏剧故事。
五年级	七彩绘本	借助分级绘本或者百科绘本提升儿童的阅读解码能力,扩大词汇量,学会寻义,掌握精读和略读的阅读策略。	分级绘本或者百科绘本中的基础词汇,视觉词,阅读的基本技能。
六年级	美文美读	掌握升降调、意群、停顿规律,能带着丰富的感情色彩,用正确的语音语调流利地朗读文段。	段落、篇章及长文连读,重读、弱读、语音语调的学习和训练。

(二)"缤纷课堂"的评价标准

为了衡量"缤纷课堂"的实施效果,制定以下评价表,能够直观地反映课堂效果。"缤纷课堂"具体的评价表如下(见表3-5):

表3-5 "缤纷课堂"评价表

评价项目	分值	评价要点	评价等级 A B C D	小计
教学目标	12	课标与教材知识把握准确	4 3 2 1	

续 表

评价项目	分值	评价要点	评价等级 A	B	C	D	小计
		能力要求符合课表规定、切合儿童	4	3	2	1	
		关注儿童生活,注重情感陶冶,情感、态度、价值观与知识、能力的统一	4	3	2	1	
教学内容	15	关注学科知识的基础性	3	2	1	0	
		联系现实生活、儿童经验,注意实际应用	3	2	1	0	
		学科技能、方法与应用结合,注意探究	3	2	1	0	
		注重学习能力的培养	3	2	1	0	
		注意学科间的整合与综合	3	2	1	0	
教学过程	30	儿童主动参与,积极观察、操作、讨论、质疑、探究	5	4	3	2	
		师生、生生积极、有效互动,学会在教师引导下自主、合作、探究性学习	5	4	3	2	
		创设教学情境,教具具有开放性和动态生成性	5	4	3	2	
		关注课堂教学的情感性	5	4	3	2	
		关注儿童发展的差异性	5	4	3	2	
		注意儿童在教师引领下对知识的自主建构性	5	4	3	2	
教学方法	16	能激发儿童学习的兴趣	4	3	2	1	
		能调动儿童参与、合作、探究、体验的积极性	4	3	2	1	
		能发挥儿童的主体性、主动性	4	3	2	1	
		面向全体儿童、关注个性发展	4	3	2	1	
教学能力	12	教学语言和板书	3	2	1	0	
		应用现代教育技术	3	2	1	0	
		学科教学基本技能	3	2	1	0	
		组织教学、驾驭课堂	3	2	1	0	

续 表

评价项目	分值	评价要点	评价等级 A	B	C	D	小计
教学效果	13	知识、能力、情感态度价值观等多维教学目标的实现	4	3	2	1	
		儿童全体发展和差异发展的统一	3	2	1	0	
		课堂成为儿童活跃思维、交流情感、展示自我的场所	3	2	1	0	
		实现教师和儿童的共同发展	3	2	1	0	
教学特色	2	教学有不同于他人的特色和风格	2	1	0	0	
评价意见			总分				

二、拓展"缤纷课程",打造多维英语学习面

"缤纷课程"是"缤纷课堂"的拓展和延伸,提供更加立体的英语学科知识。"缤纷课程"的英语知识涵盖"英语百科""英语汉语大比拼""英语人文"等。

(一)"缤纷课程"的实践操作

"缤纷课程"给儿童提供了丰富的学习内容。"缤纷课程"的实践操作如下(见表3-6):

表3-6 "缤纷课程"实践操作表

"缤纷课程"	教学目标	主要内容	资源
英语百科	扩宽知识视野,掌握基础百科知识,激发好奇心。	百科绘本中的各种各样的百科知识。	来源于生活中的疑问和思考,在百科绘本中寻找答案。
英语汉语大比拼	发现英语汉语的不同之处及两种语言的魅力所在。	英语和汉语的语言知识。	来源于生活中的中英文广告设计,标识设计或者广告。

续 表

"缤纷课程"	教学目标	主要内容	资源
英语人文	感知中文和英文所承载的人文环境，感受两种语言的人文之美，惯用语言现象。	中国及以英语为母语的国家中的人文知识。	来源于电视剧等影视资源，或者明信片，儿童已有的旅游经验分享。

(二)"缤纷课程"的评价标准

以下表格用于评价"缤纷课程"的实施效果，反馈"缤纷课程"的真实效果。评价标准如下(见表3-7)：

表3-7 "缤纷课程"评价标准表

评价项目	评价要点	评价等级 A	B	C	D	小计
儿童	积极参与师生互动	4	3	2	1	
	积极尝试各个环节的活动	4	3	2	1	
	表现出感兴趣	4	3	2	1	
教师	教学手段因材施教	3	2	1	0	
	教学情感饱满	3	2	1	0	
	关注儿童个体差异	3	2	1	0	
	面向全体儿童	3	2	1	0	
	教学方法丰富	3	2	1	0	
教学	能发挥儿童的主体性、主动性	5	4	3	2	
	良好地运用教学媒介	5	4	3	2	
	良好的组织和协调能力	5	4	3	2	
	能激发儿童的积极性	5	4	3	2	
	能准确把握教学重点	5	4	3	2	
	课堂高效有序	5	4	3	2	
总计						

三、举办"缤纷英语节",展现学科魅力

为了充分展示英语学科魅力,举办一年一度的"缤纷英语节"。"缤纷英语节"是学校的四大节日之一。在英语节期间,各个年级积极开展丰富多彩的英语活动。

(一)"缤纷英语节"的活动设计

英语节期间系列活动多种多样,如读书节系列活动之"英文歌唱大赛""趣味拼读""英语趣配音""思维导图之头脑风'报'"以及"缤纷英语角"。

(1)"英文歌唱大赛",旨在激发一年级和二年级儿童的英语学习兴趣,丰富儿童的课余生活,增强学习英语的主动性与积极性,提高儿童的审美情趣和英语素养,为儿童提供展示才艺和英语水平的舞台。活动以班级为单位,儿童可以提交个人作品或者小组合作作品,教师在班级里挑选出最优作品进行上台展示,进入决赛。

(2)"趣味拼读",活动面向三年级至四年级儿童,激发学习英语的兴趣,丰富儿童的课余生活,增强学习英语的主动性与积极性,提高儿童的阅读能力与理解能力,为儿童展示和交流英语学习成果搭建新的平台。活动以班级为单位,要求儿童完成同一项拼读任务,教师在班级里筛选出前三名儿童进行上台展示,进入趣味拼读对对碰决赛。决赛分为以下几个小环节:听音填空,听音能写,见词能读,朗读句子。

(3)"英语趣配音",五年级和六年级儿童具备较好的英语基础,活动激发儿童学习英语的兴趣,丰富英语学习的形式,提高儿童的英语口语水平,给他们展示良好口语搭建一个舞台。活动以班级为单位,儿童自己挑选配音的视频作品,并提交配音视频作品给教师。教师在班级里筛选出表现优秀的前三名儿童进行上台展示,进入趣配音决赛。决赛采用现场配音的方式进行。

(4)"思维导图之头脑风'报'",是面向具备一定英语学习基础的三至六年级的儿童。活动目的在于激发儿童学习英语的兴趣,丰富儿童的英语学习形式,增强学习英语的趣味性,提高儿童的英语书写水平,为儿童展示和交流英语学习成果搭建新的平台。活动以班级为单位,全班同学自选主题词汇进行思维导图创作,交由教师筛选,在班级设置特等奖、一等奖及二等奖。作品在读书节进行展示。

(5)"缤纷英语角"是一项兼容性很强的活动,面向一至六年级的儿童,目的在于

激发学习英语的兴趣,提供儿童运用英语口语进行交际的渠道,增强学习英语的主动性与积极性,提高儿童的英语口语水平,为儿童展示和交流英语学习成果提供平台。每周三大课间以班级为单位,组织英语角活动。每班挑选两名活动主持人,教师为辅导员,在班级开展英语主题讨论(低年段为自我介绍、歌唱、头脑风暴等)。

(二)"缤纷英语节"的评价要求

这些活动的开展是基于儿童的英语学习基础以及阶段、身心发展规律设定的,评价的方式也是因活动而异。英语节系列活动的评价方式如下(见表3-8):

表3-8 "缤纷英语节"评价方式表

年级	活动	评 价 要 求
一至 二年级	英文 歌唱大赛	教师根据儿童的歌词发音、肢体语言、面部表情、肢体仪态、情感态度等进行评价打分。满分10分,设置特等奖、一等奖及二等奖。
三至 四年级	趣味 拼读	教师根据儿童的每一项答案进行打分,每一项满分10分。完全正确得10分,否则不得分。小组合作,最后每班得分最高的三名代表获得优胜,设置特等奖、一等奖及二等奖。
五至 六年级	英语 趣配音	教师根据儿童的发音清晰度、正确度、流利度和语速吻合度进行语音方面的打分,其次根据选手的仪表神态、肢体语言及自信方面进行打分。最终确定特等奖、一等奖及二等奖的选手。
三至 六年级	思维导图 之头脑风"报"	教师根据儿童作品的思路清晰度、版面创新度、美观度等进行评选,最终确定特等奖、一等奖及二等奖的选手。
一至 六年级	缤纷 英语角	教师根据儿童的参与度、英语表达流利度和准确度,对英语的喜爱程度进行反馈,分小组合作打分及个人表现记录,对表现积极活跃,口语进步等给予小礼物奖励。

四、创办"缤纷社团",开展交互式学习

创办"缤纷社团",开展丰富的社团活动。社团活动包括:"阳光英语角""趣配音俱乐部""有氧英语吧""英文KTV""拼读对对碰"等。目的在于提供英语环境,让儿童在

社团活动中开展交互式学习,在不知不觉中巩固和提升英语能力。

(一)"缤纷社团"的开展方式

"缤纷社团"各项活动的开展方式如下(见表3-9):

表3-9 "缤纷社团"活动方式表

面向年级	社团活动	活 动 实 施
三至六年级	阳光英语角	地点:阳光英语角大本营 主持人员:一名辅导老师,两名主持人,一名记录员。 活动形式:小组讨论、游戏闯关、演讲、最强英语大脑比拼、有奖竞答等。
三至六年级	趣配音俱乐部	地点:趣配音俱乐部大本营 主持人员:一名辅导老师,两名主持人。 活动开展:反复播放原声视频,所有成员模仿,然后播放消音视频,成员练习。邀请多人同台竞技,多人配音同一个视频,凡参与者得1学币,优秀者得双倍。配音结束后,辅导老师讲解配音技巧,重难点。
三至六年级	有氧英语吧	地点:有氧英语吧大本营 主持人员:四名管理员,一名指导员。 活动开展:有氧英语吧里提供各种各样的英语读物,英文背景音乐,提供舒适的阅读环境,有可以交流的讨论区。最后以阅读分享会结束活动。阅读技巧:对分阅读,两人共读,自读。
一至三年级	英文KTV	地点:英文KTV大本营 主持人员:两名主持人,四名管理员。 活动开展:主持人开场,管理员协助,以集体合唱热场,自愿独唱或者合唱的形式开展。
三至四年级	拼读对对碰	地点:拼读对对碰大本营 主持人员:两名主持人,一名辅导老师。 活动开展:主持人开场,宣读活动流程。活动有竞答题也有必答题。活动题目有难度梯度。儿童有选择地完成拼读任务,听音填空,听音能写,见词能读,朗读句子等。活动结束由辅导员总结分享技巧。

(二)"缤纷社团"的评价标准

"缤纷社团"各项活动的评价标准如下(见表3-10):

表3-10 "缤纷社团"活动评价标准表

面向年级	社团活动	评 价 标 准
三至六年级	阳光英语角	根据儿童的参与度、个体表现、综合表现、语言运用能力等进行活动记录,评出最佳成员、优秀成员、积极成员,进行表彰奖励。
三至六年级	趣配音俱乐部	教师根据儿童的发音清晰度、正确度、流利度和语速吻合度进行语音方面的打分,其次根据选手的仪表神态、肢体语言及自信方面进行打分,最终确定最优者。凡参与者得1学币,优秀者得双倍。学币累计兑换礼品。
三至六年级	有氧英语吧	指导员根据成员的阅读状态、阅读量、阅读有效度、活动参与度,阅读分享会表现选出最优成员5名,积极分子10名进行表彰奖励。
一至三年级	英文KTV	主持人根据儿童的参与度、歌唱流利度、发音准确度和综合表现进行评选。选出5人进行小礼品奖励,凡参与者得小小歌手币,累计兑换奖品。
三至四年级	拼读对对碰	教师根据儿童的参与度、正确率、发音准确度、语音语调、拼写正确率等进行打分,每项10分,进行学币奖励。累计学币兑换奖品。

五、推行"缤纷学习",培养英语核心素养

为了培养英语的核心素养,我们开展"缤纷学习",让儿童在各种学习渠道中提升自我核心素养。

(一)"缤纷学习"的实践操作

"缤纷学习"的主要学习形式有聊天式学习、圆桌式学习、项目式学习、问题化学习、导图式学习。"缤纷学习"的实践操作如下(见表3-11):

表3-11 "缤纷学习"的实践操作表

面向年级	开展方式	实 践 操 作
一至六年级	英语角	在指定的教室内布置好一定数量的圆桌,进行圆桌式学习。相同年级的儿童坐一起围绕一个问题进行讨论学习。随后,小组派代表发言。
	头脑风暴	以头脑风暴的形式开展问题化学习,由一个问题引发无数符合逻辑的答案,激发儿童的发散思维。
三至六年级	主题分享会	以一个主题为项目,进行项目式学习。项目的前期准备由教师引导,项目进行中由教师协助、监督,项目结束后儿童进行成果分享和总结。
	思维导图	以思维导图为载体,围绕某一个话题进行发散思维训练,制作思维导图,积极讨论制作思路,进行导图式学习。

(二)"缤纷学习"的评价标准

"缤纷学习"是否有效提升儿童的学习能力,培养儿童的英语核心素养。我们拟定"缤纷学习"的评价标准如下(见表3-12):

表3-12 "缤纷学习"评价表

面向年级	开展方式	评 价 标 准
一至六年级	英语角	1. 是否积极开口表达 2. 出席率 3. 讨论是否始终切合主题 4. 讨论内容是否具有知识性
	头脑风暴	1. 是否回答合理 2. 是否积极参与 3. 是否发生思维碰撞 4. 活动气氛如何 5. 问题是否具有启发性

续 表

面向年级	开展方式	评价标准
三至六年级	主题分享会	1. 出席率 2. 是否积极参与分享 3. 主题是否适合参与的儿童 4. 是否讨论激烈 5. 是否具备知识性 6. 是否激发好奇心
	思维导图	1. 制作是否符合逻辑 2. 版面设计是否美观 3. 是否积极参与 4. 是否具有知识性 5. 是否激发学习兴趣 6. 是否培养审美意识

六、踏上"缤纷之旅",拓宽儿童语言视野

英语学习是一趟放眼皆是风景的缤纷学习之旅,在多姿多彩的世界里感受语言的魅力,英语文化和汉语文化的有机结合。当前,我们推行国内外研学,亲身感受在真实情境中的学习之乐。

(一)"缤纷之旅"的实践操作

为了儿童能在实际的情境中去体验和学习英语,培养英语学习的兴趣和树立儿童的民族自信心,我们推行踏上"缤纷之旅",拓宽儿童的语言视野。"缤纷之旅"的实践操作如下(见表3-13):

表3-13 "缤纷之旅"的实践操作表

面向年级	开展方式	实践操作
一至六年级	假期活动	时间:寒假、暑假期间,为期12天 地点:国内英语夏令营、冬令营

续 表

面向年级	开展方式	实 践 操 作
		内容:根据儿童水平,分年段开展教学和活动 参与儿童:自愿报名
三至六年级	假期活动	时间:寒假、暑假期间,为期12天 地点:学校等相关场地 内容:根据儿童水平,分年段组织活动 参与儿童:自愿报名

(二)"缤纷之旅"的评价标准

儿童踏上"缤纷之旅",置身于各种各样的英语学习情景。为了得到一些儿童学习的信息反馈,我们拟定了"缤纷之旅"的评价标准。"缤纷之旅"的评价标准如下(见表3-14):

表3-14 "缤纷之旅"的评价标准表

面向年级	开展方式	评 价 标 准
一至六年级	假期活动	时间:研学活动结束当天组织知识大调查,过程中要求写绘本日记,结束后写研学总结,开学后上交研学总结。 标准细则: 1. 组织统一的研学知识大调查,研学是否有实质性的收获。 2. 查看绘本日记,儿童是否树立文化自信,提升文化素养。(一年级和二年级不参与) 3. 查看研学总结,儿童是否掌握研学内容,是否建立民族自信,是否将汉语文化和英语文化有机结合。(一年级和二年级不参与)
三至六年级	假期活动	时间:研学活动结束当天组织知识大调查,过程中要求写绘本日记,结束后写研学总结,开学后上交研学总结。 标准细则: 1. 组织统一的知识大调查,查看是否有实质性的收获。 2. 查看绘本日记,儿童是否树立文化自信,提升文化素养。 3. 总结,儿童是否掌握活动内容,是否建立民族自信,是否将汉语文化和英语文化有机结合。

综上所述,用"缤纷英语"理念引领课程建设,在校本课程中尝试实践,树立儿童的正确价值观,从培养兴趣、注重能力、促进思想等方面培养全面发展的现代化少年。在"缤纷英语"课程实践中,教师们带着儿童进入一个全新的世界,在对英语世界的接触过程中增强了儿童的心智,通过了解多元的文化观念,促进了世界观、人生观、价值观的完善;通过领略不同国度的风土人情,提高了思想的包容性和批判性。良好的课程以人为本,所以对"缤纷英语"课程群的管理也是从儿童对英语的兴趣、情感、态度出发,在传授知识的过程中,尽可能地激发儿童对英语学习的兴趣,使得英语这门课程不再是单向的传授,而是能得到儿童积极的反馈。

(执笔人:张颖　黄琼　陈思颖　刘倚天　刘姗姗　张雪)

第四章
"阳光体育"的魅力：建构平衡的课程内容

曼德拉曾说：体育拥有改变世界的力量。的确如此，体育的魅力超越了国界、民族与种族。体育不仅是一种运动，还是一种教育、一种精神，更是一种生活方式。参与体育锻炼能够促进身体全面发育、提高身体素质，同时提高运动能力、改善生活方式，从而提高生活质量与全面教育水平。而阳光总能给人一种温暖舒坦、积极向上、健康快乐的感觉，"阳光体育"的名字也因此而来，目的是要培养"健康、阳光、积极、运动"的未来栋梁。

我校体育科组由一群年轻且富有朝气的教师组成,他们生机勃勃、乐观向上、爱岗敬业、团结协作,是一个团结奋进、积极向上的团体。在组员们的不懈努力下,我校体育科组已逐渐成长为一个团结协作、能打硬仗的集体,并且还形成了自己的特色。

　　我校体育科组目前有在职教师17位,拥有广州市体育骨干教师1人,萝岗区十佳教师1人,黄埔区体育核心组成员2人,广州市体育中心组2人。体育科组不仅承担着全校所有学生的体育课和学生们的体育健康,还积极参与对外的竞赛活动,并且曾多次在教育部、省、市、区各级优秀课、教学基本功比拼中获得优异成绩。近年来,在学校领导的关怀和支持下,体育工作进行得井井有条,并逐步形成了自己的特色,在各种竞赛项目中的成绩也逐年提高。依据教育部《关于深化课程改革,落实立德树人根本任务的意见》《义务教育体育与健康课程标准(2022年版)》等文件精神,我校不断推进"阳光体育"课程建设,取得了显著效果。

第一节　让儿童沐浴在幸福的阳光体育之中

一、学科价值观

人类社会产生之时,体育便应运而生,体育对于人类而言具有极其重要的作用,不仅能提高身体素质,还能促进其他综合能力的提升。伴随着人类生活的发展,体育必将成为每个人一生的必修课。

《义务教育体育与健康课程标准(2022年版)》中明确指出:体育与健康课程是实现儿童青少年全面发展的重要途径;对实现中华民族伟大复兴具有重要的现实和长远的意义。本课程是以身体练习为主要手段,以学习体育与健康知识、技能和方法为主要学习内容,以发展学生核心素养和增进学生身心健康为主要目的的课程。同时,《义务教育体育与健康课程标准(2022年版)》在课程基本理念中提出:"坚持'健康第一'的教育理念,促进学生身体健康、体魄强健、全面发展""落实'教会、勤练、常赛'""激发学生的运动兴趣,培养学生体育锻炼的意识和习惯""以学生发展为中心,帮助学生理解和掌握体育与健康的知识技能""关注地区差异和个体差异,促进每一位学生产生良好的学练体验"等。这就意味着,体育课程应该是阳光的课程,课程内容应该是健康、向上的,同时还要符合儿童的实际情况:儿童是学习的主体,需要积极、勇敢地参与到课堂中,从而成为健康、阳光、活泼的儿童。

二、学科课程理念

结合以上学科价值观,我们提出"阳光体育"的课程理念。"阳光体育"是通过开展阳光体育运动的形式,改善校园体育锻炼氛围,培养全体师生共同参与的集体性体育锻炼风气,让更多的儿童放下手中的电子产品,奔向操场,在阳光下积极参与体育锻炼,对体育活动产生兴趣,培养体育健身意识,形成终生体育锻炼的习惯,有效地提高儿童体质健康水平。

"阳光体育"——是健康阳光的体育,让每一个孩子沐浴着阳光进行体育锻炼。为了能让每个儿童都感受到阳光体育锻炼，学校特别开设了"430课程"，包含羽毛球、篮球、田径、跳绳、武术等各种体育项目。让每个儿童根据自己的爱好进行选择，让每个儿童都能积极主动地参与进来，让儿童在阳光下肆意运动，感受阳光体育的魅力。

"阳光体育"——是儿童的体育，让每一个孩子切身感受到体育带来的乐趣。俗话说"兴趣是成功之母"，儿童有了兴趣后，就会由被动参与变为主动参与。我校为了提高儿童体育运动的乐趣，将原来单调、枯燥的广播体操大课间，改为了以游戏为主题的趣味阳光大课间。现在每到大课间，操场上就会呈现出五彩缤纷的场面，每个班级都会有不同的体育活动，教师和儿童一起互动，每个人都沉醉在体育的乐趣当中。

"阳光体育"——是积极向上的体育，让每一个孩子形成体育习惯。著名教育家叶圣陶曾说过"累千积万，不如有个好习惯"，习惯的重要性人尽皆知，要想形成良好的体育习惯，必须培养儿童终身体育的意识，就如我们学校的口号"每天锻炼一小时，健康工作五十年，幸福生活一辈子"。

总之，"阳光体育"是每个孩子都可以参与到其中的体育活动，俗话说"生命在于运动"，阳光体育不仅可以激发儿童的运动兴趣，还可以增强儿童体质、塑造儿童人格，让儿童在运动中健康快乐成长。

第二节　塑造阳光健康的儿童

《义务教育体育与健康课程标准(2022年版)》中指出:体育与健康课程围绕核心素养,体现课程性质,反映课程理念,确立课程目标。体育与健康课程要培养的核心素养,主要指学生通过体育与健康课程学习而逐步形成的正确价值观,必备品格和关键能力。包括运动能力、健康行为和体育品德等方面。

一、学科课程总体目标

《义务教育体育与健康课程标准(2022年版)》中大力倡导培养核心素养,让学生掌握与运用体能和运动技能,提高运动能力,在增强体能的同时,重视发展学生的学会运用健康与安全的知识和技能,形成健康的生活方式,培养学生积极参与体育活动,养成良好的体育品德。

结合我校实际情况提出以下体育学科课程目标:

(一) 培养体育意识,形成儿童良好的运动习惯

体育意识的培养有利于体育思维的形成,养成良好的运动习惯,还有助于加强身体素质。个人的体育意识和运动习惯一方面反映了他对体育的态度,另一方面也反映了他的体育水平。具备良好体育意识和运动习惯的人应当具有对运动的敏锐感受力和适应性,能够有意识地用体育知识去观察、解释和表现客观事物的关系,并善于发现生活中诸多问题所包含的潜在的运动特点。所以应将体育与生活紧密相连,让儿童深深感知到生活中时时处处都有体育,这样才能逐渐培养儿童的体育意识。

(二) 加强体育训练,形成体育探究能力

培养儿童的自我锻炼意识和能力,通过教师在体育课堂上的教学讲解,让儿童反复地练习,必然能够让他们正确掌握和熟练识记动作,并且在课堂中的侧重点是教会他们练习的技巧和窍门,而不是追求练习的时间和次数。只有肯在培养儿童的自我锻炼意识和自我锻炼能力上下功夫,才能更好地实现体育锻炼的目的,实现儿童全面素质的提高。

（三）注重体育运动，提高终身运动意识

我们学习体育的最终目的是能够从事体育运动，并形成终身运动的意识。初步学会从运动的角度发现运动和喜欢运动，综合运用体育知识提高兴趣，增强运动意识，提高实践能力，体验运动的多样性，形成创新意识，学会与他人多合作、多交流，形成终身运动的意识。

（四）挖掘体育价值，培养学习的情感态度

体育以其独特的科学、文化价值对儿童形成良好的体育情感态度，还具有潜在的陶冶作用，包括思想品德和情感体验两个方面。我们在体育学习中对儿童渗透体育学习目的，使其积极参与运动教育。提高儿童对体育、体育学习活动的兴趣，让儿童保持好奇心、求知欲，从而在体育学习活动中产生主动参与的效果等。在体育学习过程中，还要让儿童能够体验到获得成功的乐趣，锻炼他们克服困难的意志，建立耐心与自信心，培养学习体育的态度和习惯。

总之，我校将秉持"阳光体育"的理念，围绕以上四个课程目标，培养儿童的学科核心素养，培养具有应用意识和创新能力的儿童。

二、学科课程年段目标

以《义务教育体育与健康课程标准（2022年版）》为依托，紧密围绕广东省教育研究院教研室编制的《广东省小学教师教学用书——体育》这一核心，结合我校学科课程特点，制定"阳光体育"各学段的课程目标，孕育阳光健康的儿童。这里，我们以一年级的课程目标为例，来说明我校"阳光体育"的特色（见表4-1）：

表4-1 "阳光体育"一年级课程目标表

上学期	下学期
第一课： 1. 使儿童了解锻炼身体对健康的好处 2. 编好室外的队形 3. 使儿童清楚上体育课的形式和注意事项	第一课： 1. 让儿童了解体育知识，了解体育锻炼对身体的好处 2. 利用体育锻炼促进体格健壮，培养儿童良好的心理品质

续 表

上学期	下学期
第二课： 1. 听懂立正、稍息的口令，正确练习所教队列 2. 会做儿童广播（韵律）体操 1—3 节 3. 培养良好的组织纪律性	第二课： 1. 学会用各种方式自然走步，培养走的正确姿势 2. 加强组织纪律性和交通安全教育
第三课： 1. 会做儿童广播（韵律）体操 4—6 节 2. 培养思维能力和模仿能力 3. 培养韵律感和集体主义精神	第三课： 1. 初步掌握原地单脚交换跳、并脚跳的方法 2. 学会站立式起跑的动作，培养跑的正确姿势
第四课： 1. 会做韵律操 7—9 节 2. 培养学生良好的组织纪律性	第四课： 1. 培养跑的正确姿势，发展一般耐久力 2. 通过游戏培养学生对篮球的兴趣
第五课： 1. 基本掌握横队和纵队依次报数的方法 2. 会做儿童广播（韵律）体操 10—11 节	第五课： 1. 发展跑的能力 2. 通过游戏，培养投掷的准确性及增强手腕、手臂的力量
第六课： 1. 进一步掌握儿童广播体操的动作和各节之间的衔接 2. 培养学生对工作认真负责的精神，发展奔跑能力	第六课： 1. 培养跑的正确姿势，摆臂和腿部动作协调，发展一般耐久力 2. 通过游戏培养学生的灵敏反应和判断能力
第七课： 1. 培养走的正确姿势 2. 发展躲闪、追拍的能力和灵敏的反应力	第七课： 1. 通过对歌舞的学习，提高灵巧性，增强韵律感 2. 通过游戏培养学生集体主义精神，发展速度和奔跑能力
第八课： 1. 能按照队形队列进行横队和纵队的集合 2. 掌握韵律活动中手、脚的基本形态和位置 3. 通过游戏发展学生变向跑的能力和克服困难的精神	第八课： 1. 培养跑的正确姿势，发展跑的能力 2. 通过游戏，增强手腕力量，培养认真负责的学习态度

续 表

上学期	下学期
第九课： 1. 掌握向右转的队列动作 2. 锻炼头部的灵活性和颈部韧带的柔韧性 3. 增强学生前脚掌蹬地的力量	第九课： 1. 跑的完整练习，了解学生奔跑的能力 2. 通过游戏，培养学生良好的组织纪律性
第十课： 1. 初步掌握拍手操1—4节 2. 发展柔韧性、协调性 3. 通过游戏培养学生对乒乓球的兴趣，提高控球的能力和移动速度	第十课： 1. 复习连续单脚交换跳和并脚跳短绳的方法 2. 发展投掷能力，提高身体协调性和投掷的准确性
第十一课： 1. 初步掌握拍手操5—7节 2. 发展学生协调性和弹跳力	第十一课： 1. 初步学会攀爬方法，发展力量灵敏、协调性 2. 培养勇敢、果断和克服困难的优良品质
第十二课： 1. 熟练拍手操1—7节，发展腿部力量和跳跃能力 2. 培养学习精神	第十二课： 1. 掌握双脚用力蹬地的起跳动作 2. 通过游戏提高学生的投掷能力
第十三课： 1. 初步学会双腿用力蹬地起跳的动作，发展腿部力量 2. 通过游戏使学生初步熟悉球性，学习原地运球的基本动作	第十三课： 1. 熟练立定跳远的动作，改进起跳技术，提高跳跃能力 2. 通过游戏培养动作协调性，发展速度和弹跳力
第十四课： 1. 改进立定跳远的起跳动作，提高跳跃能力 2. 培养认真学习的精神	第十四课： 1. 了解儿童跳跃能力 2. 通过游戏提高投掷能力和兴趣
第十五课： 1. 发展灵巧和协调性 2. 培养勇于克服困难的精神	第十五课： 1. 通过练习，提高投掷的准确性，提高投掷能力 2. 培养学习足球的兴趣
第十六课： 1. 锻炼肩关节的灵活性和柔韧性，增强肩部肌肉的弹性 2. 通过游戏培养学生协同一致，团结战斗的精神，发展灵敏和奔跑能力	第十六课： 1. 发展投掷能力 2. 提高动作协调性，增强节奏感

续 表

上学期	下学期
第十七课： 1. 发展灵巧、协调能力 2. 培养机智、果断的品质和快速反应的能力	第十七课： 1. 掌握投轻物的出手角度，提高投掷能力 2. 通过游戏，发展奔跑能力，培养团结协作精神
第十八课： 1. 培养积极乐观、朝气蓬勃的精神 2. 培养投掷兴趣，发展投掷能力 3. 提高跳跃能力，增强下肢力量	第十八课： 1. 了解儿童"投远"的学习情况 2. 通过游戏提高灵敏反应
第十九课： 1. 前滚翻基本做到团身紧，翻滚后成蹲撑 2. 通过游戏，发展投掷能力	第十九课： 1. 学会一脚踏跳，双脚轻巧落地的跳跃方法，增强弹跳能力 2. 通过游戏，培养团结合作的集体主义精神
第二十课： 1. 通过舞蹈《娃哈哈》培养协调配合的能力和节奏感、韵律感 2. 通过游戏提高投掷动作的协调性	第二十课： 1. 发展柔韧性，学会简单的爬越障碍物的方法 2. 培养勇敢和克服困难的精神
第二十一课： 1. 比较熟练地掌握前滚翻 2. 发展灵巧、协调，发展弹跳力和腿部力量	第二十一课： 1. 发展柔韧性 2. 通过游戏培养圆圈跑和团结合作的精神
第二十二课： 1. 通过游戏培养儿童的奔跑能力和团结协作的精神 2. 检查前滚翻的教学效果	第二十二课： 1. 了解儿童学习纵叉的情况 2. 通过游戏，发展负重奔跑的能力，培养勇敢顽强的意志品质
第二十三课： 1. 进一步学习原地正面投小布球或小沙包的动作 2. 培养正确的挥臂动作，发展柔韧性	
第二十四课： 1. 了解儿童的投掷能力，发展上肢力量 2. 培养集体主义精神	

续 表

上学期	下学期
第二十五课： 1. 培养朝气蓬勃的精神 2. 培养跑的正确姿势	
第二十六课： 1. 发展跑的能力 2. 通过游戏，发展儿童上肢力量，培养团结协作能力	
第二十七课： 1. 学会单脚交换跳，初步掌握并脚跳 2. 通过歌曲与舞蹈，培养儿童的韵律节奏感	

第三节　促进儿童积极参加体育锻炼

为了实现上述课程目标,我校"阳光体育"课程设立为"1＋X"体育课程架构。其中的"1"指的是体育与健康基础性课程,主要目的是实施素质教育,培养儿童的爱国主义、集体主义精神,为儿童德、智、体、美、劳全面发展奠定重要基础。通过该课程的学习,儿童将掌握体育与健康的基础知识、基本技能与方法,增强体能。"X"是基础课程的拓展延伸课程,主要是培养儿童学会学习、学会锻炼,发展体育与健康实践能力和创新能力,在体验运动的乐趣中发展良好的心理品质,提高合作与交往能力,基本形成健康的生活方式与积极进取、乐观开朗的人生态度。

基于此,我校体育学科"阳光体育"课程框架为:

一、学科课程结构

依据《义务教育体育与健康课程标准(2022年版)》理论指导,体育学科课程内容涵盖"基本运动技能""体能""健康教育""专项运动技能"四个学习领域,同时结合我校实际情况与特色,最终将体育课程内容设计为"阳光参与""阳光运动""阳光健身""阳光适应"四大类别,促进儿童积极参加体育锻炼,切实提高儿童体质健康水平。

体育学科"阳光体育"课程结构如下(见图4-1):

各板块课程具体表述如下:

(一)阳光参与

"阳光参与"内容是体育趣味游戏与体能练习的结合。体能是体育运动的核心,体能练习能够充分地发展学生的运动素质,有利于儿童掌握复杂、先进的运动技术。把趣味游戏与体能训练相结合,不仅能够很好地提高儿童的运动兴趣,还能有针对性地发展儿童的各项体能指标,进一步开发儿童的运动潜能,提高儿童的身体素质。

(二)阳光运动

"阳光运动"内容是以小学体育学科的课程标准为基础,结合儿童年龄和身体发展的特点,开展小学各阶段所需要掌握的运动技能。开设的课程有"勇往直前""动感啦啦""活力篮球""金绳雅韵"等。特别是"金绳雅韵"是我校校本课程的重要部分,跳绳

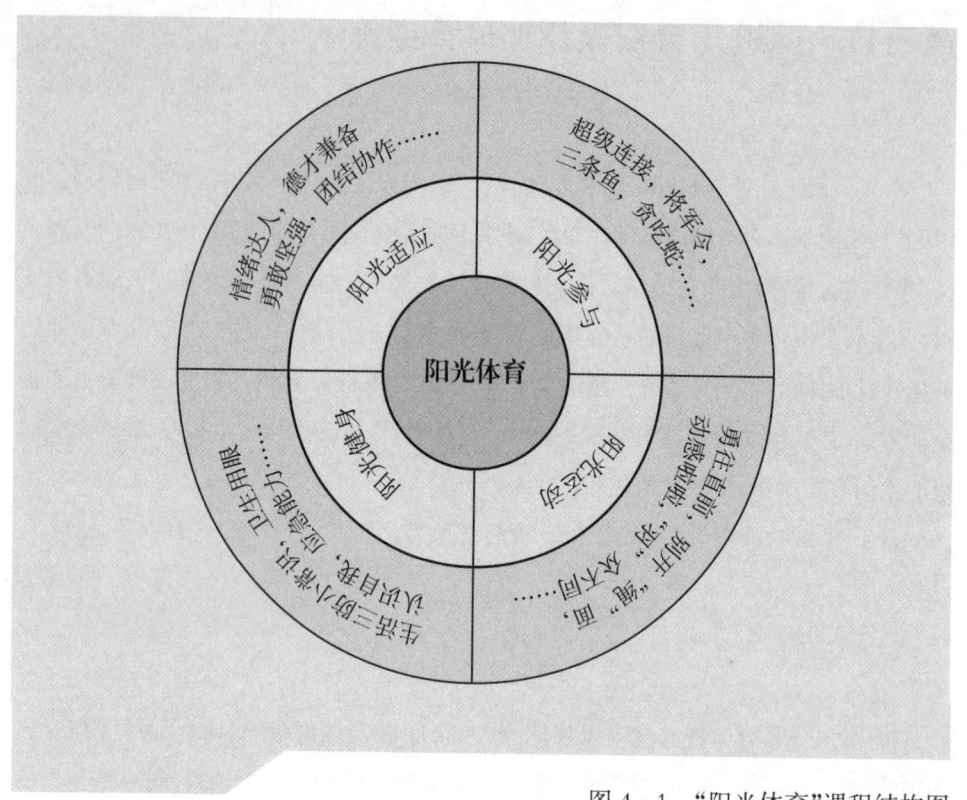

图 4-1 "阳光体育"课程结构图

课程的开展将贯穿整个六年的体育课程。通过年级特色进行体育课程的开展,有助于不同年龄段儿童掌握不同运动项目的练习方法和技巧。

(三)阳光健身

"阳光健身"内容主要是学习体育健康知识和生活中的安全常识,开设内容包括"坐立行我能行""阳光运动好身体""呼吸道感染病预防"和"心理与健康"等。本课程的开设能够有效地培养儿童对体育健康有关知识的了解,还可以学习生活中的安全常识,用于解决在生活中实际遇到的安全问题,累积儿童的体育健康知识和生活安全常识,提高学生解决问题的能力。

(四)阳光适应

"阳光适应"是带领学生们观看体育相关的动画、电影,体育教师提出相关问题,引导儿童去感受和回答,同时教师会定期对儿童的课堂表现情况进行打分与评价,还会不定时地发放调查问卷,让儿童对自己进行自我评价。本课程开设内容包括"勇敢坚强""团结协作""德才兼备"等。培养儿童在体育活动中克服困难的意志品质,正确认识和对待身体条件和运动能力的差异,同时在体育活动中学会调节自己的情绪,形成良好的体育道德与团结合作的精神。

二、学科课程设置

根据上述四个板块的设置,以"阳光体育"课程目标的达成和核心素养的落实为出发点,基于教材,为了质量,提升素养,围绕"阳光体育"的学科理念,体育学科"阳光体育"课程设置如下(表4-2):

表4-2 "阳光体育"课程设置表

年级(学期)		阳光参与	阳光运动	阳光健身	阳光适应
一年级	上学期	超级连接	勇往直前	坐立行我能行	勇敢坚强
	下学期	将军令	别开"绳"面	生活三防小常识	团结协作
二年级	上学期	如来神掌	动感啦啦	阳光运动好身体	德才兼备
	下学期	三条鱼	捷足先登	人身安全小知识	情绪达人
三年级	上学期	履带前进	"羽"众不同	呼吸道感染病预防	深思熟虑
	下学期	翻肉串	魅力地壶	心理与健康	大同小异
四年级	上学期	四面楚歌	活力篮球	卫生用眼	与众不同
	下学期	快快扶棒	武林盟主	应急能力	齐心协力
五年级	上学期	坐撑前进	水中蛟龙	营养不良与肥胖	赞不绝口
	下学期	象形追赶	青出于"篮"	认识自我	是非分明
六年级	上学期	猫鼠对对碰	你来我"网"	保持良好的情绪	自我认识
	下学期	贪吃蛇	金绳雅韵	了解自己	自我评价

第四节　让儿童在体育运动中快乐成长

依据《义务教育体育与健康课程标准（2022年版）》课程实施建议"在实施本标准的过程中，各地、各校应依据本标准的要求分别制订地方体育与健康课程实施方案和学校体育与健康课程实施计划。教师应根据实际情况合理设计并有效实施体育与健康课的教学，提高教学质量"，结合我校特色，"阳光体育"学科课程的实施主要从以下几方面入手，努力让儿童在体育运动中快乐成长。

一、建构"阳光课堂"，提升体育课程品质

"阳光课堂"是在我校"幸福像花儿一样"的办学理念下，以"阳光体育"为目标，在长期的教学实践中形成的一种课堂教学形态。"阳光课堂"是尊重儿童发展、尊重个体差异、相信每一位儿童自身的可能性而建立的开放的课堂教学格局，目的是拓展儿童的学习探究空间，使每位儿童能在轻松愉悦的环境中学习与运动。

（一）"阳光课堂"的实践操作

为了打造积极、阳光、健康、快乐的体育学习体验，丰富儿童的学习方式，激发儿童的运动兴趣，使儿童掌握体育与健康基础知识、基本技能和方法，增强儿童的体能，培养儿童坚强的意志品质和合作精神、交往能力等，为儿童形成终身体育锻炼意识奠定基础，促进儿童健康、全面发展，从而开展了"阳光课堂"。

首先，在教学内容上，开展"阳光课堂"的教师需要深入研究各个年级的体育教材，根据课程标准的要求，给"阳光课堂"各个年级的特色课程进行定位，制定"阳光课堂"各个年级的教学内容和目标。例如：一年级的"趣味田径"，二年级的"'绳'彩飞扬"，三年级的"'舞'法'舞'天"，四年级的"孜孜以'球'"，五年级的"体能达人"，六年级的"运动达人"等。其次是要根据课程标准的要求和"阳光课堂"的年级特色，制定切实可实施的教学目标。最后，根据教学目标确定主要的教学内容课。

东荟花园小学一至六年级"阳光课堂"具体实践操作，教学目标和主要内容见表4-3：

表4-3 一至六年级"阳光课堂"具体实践操作

年级	"阳光课堂"	教学目标	主要内容
一年级	趣味田径	能积极愉快地上体育课;课堂上能和同学共同完成趣味田径的游戏;能说出所学的动作技术名称以及玩的体育游戏名。	趣味田径游戏的学习与玩耍,简单运动项目的认识。
二年级	"绳"彩飞扬	校本跳绳项目的学习,掌握简单的并脚跳、交替跳、两人一绳、八字绳、全国花样跳绳大众等级一级动作以及自己简单编一套绳操。	校本跳绳项目的学习:并脚跳、交替跳、两人一绳、八字绳、全国花样跳绳大众等级一级动作。
三年级	"舞"法"舞"天	学习掌握几套简单的啦啦操、绳操、韵律操、武术操,能听得懂音乐节奏,能自己或小组编一套简单的舞蹈操。	啦啦操、绳操、韵律操、武术操的学习。
四年级	孜孜以"球"	学习掌握羽毛球、篮球、足球与排球的简单技术动作和规则,并能小组开展小游戏比赛。	羽毛球、篮球、足球与排球的简单技术动作和规则的学习。
五年级	体能达人	借助运动器材开展一系列体能游戏课、训练课,让学生掌握简单体能的方法,提升学生各项身体素质。	体能游戏、体能训练。
六年级	运动达人	课堂上开展体育运动的正规比赛,如班级篮球赛、班级田径比赛、班级趣味田径赛,以及开展体育知识竞赛。	体育运动比赛、体育知识竞赛。

(二)"阳光课堂"的评价标准

为了衡量"阳光课堂"的实施效果,激励儿童的学习热情,促进儿童的全面发展,制定以下评价表,能够直观地反映课堂效果。"阳光课堂"具体的课堂评价见表4-4:

表 4-4 "阳光课堂"评价表

评价项目	分值	评价要点	A	B	C	D	小计
教学目标	12	课标与知识把握准确,做到以生为本。	4	3	2	1	
		体现"阳光课堂"的特色。	4	3	2	1	
		关注儿童生活,注重情感陶冶,情感、态度、价值观与知识、能力的统一。	4	3	2	1	
教学内容	20	关注学科知识的基础性。	4	3	2	1	
		联系现实生活、学生经验,有利于培养儿童对体育的兴趣。	4	3	2	1	
		学科技能、方法与应用相结合,注重探究能力培养。	4	3	2	1	
		注重学习能力培养。	4	3	2	1	
		有利于全面提高儿童体育素养。	4	3	2	1	
教学过程	30	教学思路清晰,重点突出,层次清楚,结构合理。	5	4	3	2	
		儿童主动参与、积极观察、操作、讨论、质疑、探究。	5	4	3	2	
		关注课堂体育的情感性。	5	4	3	2	
		关注儿童的个体差异。	5	4	3	2	
		以儿童为主体,教师为主导。	5	4	3	2	
		注意儿童在教师引领下对知识技能的自主构建性。	5	4	3	2	
教学方法	12	能激发儿童学习的兴趣。	3	2	1	0	
		能调动儿童参与、合作、探究、体验的积极性。	3	2	1	0	
		能发挥儿童的主体性、主动性。	3	2	1	0	
		面向全体儿童,关注个性发展。	3	2	1	0	
教学效果	12	多维教学目标的实现。	3	2	1	0	
		儿童全体发展和差异发展的统一。	3	2	1	0	
		课堂成为学生活跃思想、情感交流、自我展示的场所。	3	2	1	0	
		实现了师生的共同发展。	3	2	1	0	

续 表

评价项目	分值	评价要点	评价等级 A	B	C	D	小计
教学特色	14	教学语言和仪态。	3	2	1	0	
		应用现代教育技术。	3	2	1	0	
		学科教学基本技能。	3	2	1	0	
		组织教学,驾驭课堂能力。	3	2	1	0	
		教学有不同于他人的明显特色与风格。	2	1	0	0	
评价意见			总分				

二、建设"阳光课程",丰富体育课程内涵

"阳光课程"是"阳光课堂"的延伸与补充,是以"阳光体育"思想为引领,以"健康、运动、阳光、未来"为口号的特色课程。"阳光课程"系列课程由"金绳计划"支撑,儿童从小学一年级开始练习跳绳,发展核心力量、腿部力量、身体的协调性,从而促进各项体育运动发展。同时学校借助校内外培训机构开展丰富的体育活动,如"校园足球、活力篮球、魅力地壶、水中英雄、网罗精彩、武林盟主、'羽'众不同、动感啦啦操、趣味田径"等项目,发展儿童的兴趣爱好,增强儿童体质健康,使儿童学有所长、学有所乐,幸福成长。创设"多元缤纷色彩教育体系",建立开放的课堂教学格局,拓展儿童的学习探究空间,使每一名儿童能在轻松愉悦的环境中学习与运动,力求让每一名儿童都得到关怀与发展。

(一)"阳光课程"的实践操作

"阳光课程"追求"积极阳光、健康快乐"的境界,强调实践性特征,突出学生的学习主体地位,使学生在互学、探究、共享的学习过程中提升体育学科素养,追求小学体育学习的真义,主要具有以下四大特点:

(1) 生活化。我校依据实际情况,结合我校特色,把"阳光课程"制定为年级大课教学,分组分层,因材施教,6年统一规划,课程生活化。

(2) 特色化。我校"阳光课程"特色化,体育课为"2+1"大课形式,分年级组授课,

每周有三节体育课,其中两节为体能特色课和校本特色跳绳课,体能课是为了培养学生体育能力,发展其身体素质,跳绳课为校本特色课程。

(3) 形式多样化。我校"阳光课程"的三节体育课中的一节设定为兴趣选修课,即6名体育教师每人开展一个专项,由学生自行选课,根据自己的兴趣爱好选修相应的体育技能,以学生为本,因材施教,培养体育兴趣和体育能力。体育教师编写体育知识手册、体育安全防护手册等作为校本教材,细化体育知识,旨在增强体育技能,贴近生活,增强社会适应能力。体育活动不仅有助于身体健康,也能增进心理健康。本课程十分重视通过体育活动来推动儿童自我意识的发展,培养良好的意志品质和社会适应能力,提高自信心和调节情绪的能力。

(4) 全面化。在"阳光课程"教学中,要减少只重视运动技能的传授,而忽视心理健康的现象;要致力于让儿童在体育活动过程中既掌握基本的运动技能,又发展其心理品质;还要注意结合心理团体辅导活动,让儿童在活动中健康运动,促进儿童心理健康水平的提高。

(二)"阳光课程"的评价标准

以下表格用于评价"阳光课程"的实施效果,反馈"阳光课程"的真实效果。评价标准见表4-5:

表4-5 "阳光课程"的评价标准

评价项目	评价要点	分值	评价标准
课程生活化	目标明确	5	符合小学体育育人目标,贴近生活
	符合生活	5	
活动设计合理化	方案丰盈有趣实用	15	内容符合学生现阶段能力,难易得当,循序渐进,运用多种方法
传授技能科学化	组织形式	5	符合学生的成长规律
	教学方法	5	方法得当,多样
	指导方法	5	指导适量,引导为主,高效
	活动要素	15	方案详细,组织得力,有安全性
	活动步骤	15	步骤详细,符合儿童实际,过程张弛有度

续 表

评价项目	评价要点	分值	评价标准
成果呈现体育化	儿童主动性	10	体现儿童的主观能动性,积极参与体育活动
	儿童个性化	10	开朗阳光、爱运动、勇敢、张扬自我
	成果展示	10	有相应的体育成果,儿童体质能力成果,儿童体育课状态情况

三、创设"阳光社团",发展体育课程兴趣

"阳光社团"是为进一步强化我校体育工作,推动我校儿童积极参与体育锻炼、培养体育特长,促进和谐校园的建设,全面推进素质教育,认真组织开展好我校"阳光体育"以及对"阳光课程"课外补充的活动。

(一)"阳光社团"的实践操作

"阳光社团"在体育科组骨干教师团队的带领下,根据我校实际情况,特设以下社团:

(1)"云荟跳绳"社团。我校"云荟跳绳"社团成立于2014年9月,最初是为了给儿童学习花样跳绳提供一个丰富的学习与实践机会的交流平台,进而打造跳绳校本特色、打造"金绳计划"。目前由郭云海校长,李晓宇、圣畅、高琳雅三名教练,200多名学生组成。自成立以来每天下午放学后都在礼堂进行学习训练,儿童特长技能突飞猛进,学习氛围越来越好,社团影响力逐日扩大。其中"云荟跳绳队"的队员就是从社团中选拔出来的,他们不仅在国内跳绳大赛中取得了佳绩,并且还连续两年代表国家出征世界杯跳绳比赛,收获了一百多枚奖牌,取得了打破两个赛会纪录的傲人成绩。跳绳队先后登上新华社、人民日报、共青团中央等诸多媒体,受到社会各界的关注和好评。

(2)"云跃田径"社团。田径是运动之母,"云跃田径"社团的前身是校田径队。在校领导的指导下,于2014年成立社团,以"学习、拼搏、进步、和谐"的团队精神作为团队的思想方针,主要为众多有田径爱好的学生提供展示才华、提高体育意识和运动能力的平台。并且进入此社团的方式也比较多样化,体育教师会在平时发掘有田径天赋

的学生,对于有田径天赋的儿童,会发一张田径社团选拔通知书给他,待他和他们父母同意才能成为正式队员;对于一些有兴趣的儿童,只需提交入团申请,社团负责人根据学生综合评定进行考核,考核过关的就能够成为社团成员。社团队员训练积极性很高,每天早上上课前与下午放学后各用课余的一个小时进行训练,在2018年和2019年的黄埔区中小学生田径运动会中获得团体总分第一名的优异成绩,并打破多项赛会纪录。社团现在已步入稳定轨道,规模不断扩大,总人数已达80余人,各个年级均有学生社员,社团内的训练计划安排得清晰有条理,学生训练兴趣十分浓厚,高年级的社员会主动带低年级的社员练习。

(3)"云萃啦啦操"社团。我校"云萃啦啦操"社团的建立目的是促进学生多元发展,丰富校园文化生活,充分挖掘儿童潜能,不断提高儿童在体育、艺术、音乐等方面的修养。社团成立于2015年,秉承"幸福像花儿一样"的办学理念和"仁爱、博学、崇真、尚美"的校训,从最初的1名指导教师与10多名队员发展到现在近80名成员,学校场地、设施一应俱全,在学校的大力支持下每年的艺术节都会有"全校啦啦操"的内容,此时全校会掀起啦啦操热潮——午休和下午放学后校园各个角落都会有队伍在教练的带领下进行啦啦操的训练,其目的就是想在艺术节的啦啦操比赛中获得好名次,争取代表学校参加黄埔区中小学生啦啦操比赛。社团成立以来每年都会参加全国的啦啦操比赛,也取得了优异的成绩:2018年参加全国中小学生啦啦操比赛(海口站),8个项目全部获得冠军;2018年全国啦啦操(深圳冠军赛)获得6个第一名;2018年和2019年黄埔区啦啦操比赛均获得团体总分第一名。啦啦操社团是一个具有很好的价值导向功能的社团,能够让学生在丰富多彩、积极向上的环境里,得到平等的锻炼机会和培养自身综合素质的机会。只要符合以下几点就可以到社团报名:①能够克服困难,不怕吃苦;②能够保证每天训练两次;③有自信心、积极向上;④学习成绩在285分以上。

(4)"云铮篮球"社团。本社团以推动校园篮球文化的建设,丰富学生课余活动,建设学校校园文化为宗旨。社团会发放招生宣传单,对有兴趣的儿童会安排一个时间段统一进行一个简单的测试,过关的儿童就成为正式成员。篮球社团利用课余时间,通过广泛地开展篮球活动丰富儿童的课余文化生活,缓解儿童学习上或生活上的压力。同时社团里面有各年级的篮球级队,他们会接受学校篮球队教练的专业性训练,为有篮球特长的学生提供更专业的平台,也侧面推动社团成员的积极性。

除了以上四个社团，学校还跟校外体育俱乐部进行合作，成立了足球、羽毛球、游泳、地壶球、围棋等社团，以弥补学校体育教师个别项目专业水平不足的问题。各社团会发出倡议向全体学生进行宣传招收社团成员，儿童可根据自己的兴趣爱好参加校内的兴趣小组和校外的一些体育俱乐部，培养他们的体育能力，成为全面发展的人。

每个社团都会安排一名指导教师负责，并由该社团的成员推选出一名小干部，社团活动由儿童组织，指导教师负责指导儿童训练。对于社团里面的成员，只要能力达到学校训练队的水平，就能够提出申请或者被教师选拔进入校队进行系统训练，这样有助于学校训练队的人员补充，也提高了儿童参与社团活动的积极性。

（二）"阳光社团"的评价标准

"阳光社团"由体育组骨干教师团队、社团小干部和社团成员组成评价小组，因此我们改变传统的评价方式，提倡发展性评价理念，更关注儿童的学习过程和个体差异。阳光社团的评价内容包括社团组织和社团成员参与两个方面，同时每个社团的指导教师会生成记录表，记录各成员的成长情况，定期给成员发放调查问卷，了解儿童对社团活动的期望与自己参与社团的目标，便于体育教师指导社团开展活动以及设置各年龄段的体育课程。东荟花园小学"阳光社团"评价标准的具体内容见表4-6：

表4-6 "阳光社团"评价标准

评价项目	评价标准	评价
社团组织	主题的选择有创意，贴近体育学科知识	
	资料的查找方式多样	
	方案的设计合理	
	活动过程中小组成员的分工明确	
	活动的成果展示形式丰富新颖	
组员参与	参与活动的主动性高	
	在活动中是否贡献有价值的思考	
	会与其他组员合作解决问题	
	会倾听别人的意见或建议	

四、举办"阳光赛事",提升学生身体各项指标

体育比赛是学校体育中不可缺少的重要部分,它丰富了学校活动,让儿童能在竞赛中展示个人风采,从而使他们身心得到成长。"阳光赛事"就是结合我校具体情况而开展的体育赛事的总称。"阳光赛事"主要包括:"云荟杯"跳绳视频比赛、"云萃"校园啦啦操比赛、体育节。

(一)"阳光赛事"的实践操作

(1)"云荟杯"跳绳视频比赛。东荟花园小学在2018年荣获广州市传统体育特色(跳绳)学校,鉴于此,我校每月都会举行一次跳绳视频比赛。比赛的规则要求是:比赛以班级为单位进行,班级中的各位儿童选取一个光线充足的地方,录制一段三十秒跳绳的视频,所拍摄视频必须配有学校发的三十秒跳绳口令音乐,口令为"运动员准备——预备——跳(或哨音)——10——20——停(或哨音)"。为了防止在上交视频中用往期视频顶包的事情发生,每次比赛跳绳选手在开始之前说出该次跳绳的日期和姓名,然后家长放音,准备开始。如果在上交视频内没有这些内容,该生的视频将被视为无效。最后由班主任和家长代表将学生的全部跳绳视频收集起来并统计好每位儿童的跳绳个数,一同将这些文件放入U盘内,交给体育教师。教师会根据收集到的数据进行审查和统计,并评选出每个年级平均跳绳个数最多的班级。特别要注意的是班级中不能参与比赛的儿童须向班主任请假说明理由;学校会根据上交的视频挑选出适合进入学校跳绳队的儿童,以加强跳绳队梯队的建设。

(2)"云萃"校园啦啦操比赛。每年春季的艺术节,"云萃"校园啦啦操比赛会成为艺术节的一个体育比赛板块,推动艺术与体育的结合。在备战啦啦操比赛的这两个月,学校各个角落都会看到教练带着队伍在积极训练,这段时间是学校啦啦操氛围最浓的时候,到处洋溢着青春的气息。啦啦操比赛规则:各年级派出不超过三支的队伍进行参赛,比赛的项目与全国啦啦操比赛一样,表现出色的队伍还将有机会代表学校参加区啦啦操比赛。

(3)体育节。每年下半年开学后,学校体育节就开始了各个板块的赛事活动。体育节包括:大课间比赛、队形队列比赛、校运会。大课间、队形队列比赛都是以班级为单位进行,目的是让每一位小学生都学会遵守规则,增强他们的集体意识,从小养成良

好的习惯。校运会是体育节中最主要的赛事活动，各个班都会排出精彩的节目进行汇演，有些家长也会投入到校运会中，做后勤工作。每个儿童利用自己的特长与其他同学竞争校运会的名额，最终获得名额的儿童会代表本班跟其他班级进行比赛。其他比赛项目结束的儿童也会聚集到现场为他们加油、递水、写加油稿等。

（二）"阳光赛事"的评价标准

丰富多彩、充满乐趣的体育比赛构成了阳光赛事的课程内容，对于比赛的评价，我校是从如下方面展开的。

（1）遵循多元化评奖模式原则。改变传统的评奖方式，关注儿童比赛的过程，构建符合儿童综合素质发展的多元化评奖体系，发挥评价的引领作用和激励功能。对于啦啦操这些团体性表演比赛项目采用"积＋优＋最＋特＋1＋2"的评奖模式，即积极参与奖、优秀组织奖、最佳创意奖、特等奖、一等奖、二等奖。对于低年级的儿童，要适当提高比赛的获奖率，激发儿童参与的积极性，以激励原则为主。在中高年级注意评奖的多样性，从多角度、多方面、分层次来发掘儿童的优点。

（2）面向全体儿童，培养儿童的全面发展。各项赛事在全校展开，鼓励全体儿童积极主动参与，改变传统的推优、唯优的指向性选择模式，充分发挥儿童的特长，培养儿童的自信心。重点关注儿童的参与感、体验感及赛后收获，校级活动共欣赏、同进步，避免形式化、无意义的赛事活动。

（3）遵循公平公正的比赛原则。每项赛事，都要建立完备的赛事方案，其中比赛的评价机制要详细且完备。①以同一年级为单位组织开展比赛；②比赛内容、规则、办法要明确具体，避免规则不明影响比赛的开展及评价。

五、打造"阳光文化"，引领学校体育和谐发展

"阳光文化"是为了传承和发展我校体育特色项目——跳绳，同时发扬东荟花园小学"永争第一""永保第一""勇创第一"精神而打造的一种东荟体育文化。其包括："跃"文化、"学"文化、"健"文化、"智"文化、"互"文化。

（一）"阳光文化"的实践操作

1. "跃"文化

突出跳绳校本特色，打造"金绳计划"，促进学校体育发展，增加儿童兴趣爱好。

以跳绳校本为特色,打造"金绳计划",学校每人一根跳绳,课间跳、课上跳、课后跳、回家带动家人一起跳,全面发展儿童的身体素质,增强耐力、灵活性、协调性和上下肢的力量,使儿童拥有良好的身体素质基础。学校的特色体育社团使师生在活动中,一起探究体育运动、一起增强身体素质、一起健康成长。同时,儿童可根据自己的兴趣爱好参加校内的兴趣小组和校外的一些体育俱乐部,如轮滑、武术、跆拳道、足球、篮球等,培养体育能力,促进全面发展。

2. "学"文化

年级大课教学,分组分层,因材施教,6年统一规划,让课程更加生活化。

体育课为"2+1"大课形式,分年级组授课,每周安排三节体育课。两节为体能课和校本跳绳课,体能课是培养体育能力,提高身体素质,跳绳课为校本课程。另外一节为兴趣选修课,即6名体育教师,每人开展一个专项,由儿童自行选课,根据自己的兴趣爱好选修相应的体育技能,以儿童为本,因材施教,培养体育兴趣和体育能力。体育教师编写体育知识手册、体育安全防护手册等作为校本教材,细化了解体育知识,增强体育技能,贴近生活,增强社会适应能力。

体育活动不仅有助于身体健康,也能增进心理健康。本课程十分重视通过体育活动来推动儿童自我意识的发展,培养良好的意志品质和社会适应能力,提高自信心和调节情绪的能力。在教学中,要防止只重视运动技能的传授,而忽视心理健康目标达成的现象;要努力使儿童在体育活动过程中既掌握基本的运动技能,又发展心理品质;要注意结合心理团体辅导活动,让儿童在活动中运动和体验,促进儿童心理健康水平的提高。

3. "健"文化

校外培训和校内训练相结合,打造金牌训练队,培养特长,强身健体。

由"金绳计划"支持,借助校内外的培训,开展丰富的校园体育活动,如:足球、篮球、网球、游泳、羽毛球等项目,通过形式多样的教学手段、丰富多彩的活动内容,培养儿童参与体育活动的兴趣和爱好,形成坚持锻炼的习惯和终身体育的意识。在促使儿童积极参与体育活动的基础上,还应教他们懂得科学锻炼身体的方法。校内校外的训练相结合,打造金牌训练队,培养特长,强身健体。此外,为了我校教职工的身心健康,也给学校教师每人发一根跳绳,每天早晨的大课间,教师陪伴儿童一起运动,形成良好的运动氛围,同时,教师每月也进行"云荟杯"跳绳比赛,学校工会奖励每次平均成绩最高的年级组。每周二的下午放学后为我校教职工工会活动时间,利用这个时间,学校教师进行选修篮球、跳绳、瑜伽等体育活动,增强教师身体素质,提高免疫力,给幸福的工作和学习添姿添彩。

4. "智"文化

利用互联网教学,把技术动作上传网站,线上线下随时学习。

互联网发达时代,体育课不止局限于课堂之上,还可以渗透到平时的生活中去,教师可以在网上开通自媒体,在网络上上传运动技能的视频、微课、小短片,儿童在家可以自主地预习、学习,父母也可以进行指导,使得体育活动变成亲子活动,丰富课余生活。网络上的视频不止在家可以学习,在学校的课上也可以直观地讲解分析和模仿,儿童在下课后还可以在多媒体平台上对知识进行复习和消化。课余时间,儿童和教师也能进行探讨、深化技能。

5. "互"文化

丰富校园生活校内比赛多样化,在校互学互赛互助互提高。

"互"体现在相互学习、相互对比。根据学校的"金绳计划"指引,学校每个月都会进行以班级为单位的跳绳比赛,云荟奖杯在冠军班级流动,激发儿童集体荣誉感和团结协作的精神,同时也奖励30秒速度单摇的最高纪录者。学校每年11月会举行盛大的体育节活动,活动内容丰富多样,如:田径比赛、趣味体育比赛、跳绳比赛、队形队列比赛等,增强儿童的体育兴趣,丰富校内的活动。同时,比赛也可以在互联网上"云"进行,如跳绳比赛,可以在家录制视频,上传比赛视频,教师在校评奖。

(二)"阳光文化"的评价标准

以下表格用于评价"阳光文化"的实施效果,反馈"阳光文化"的真实效果。评价标准见表4-7:

表4-7 "阳光文化"评价表

评价项目	评价标准	评价
精神方面	1. 阳光文化理念是否先进明确,特色鲜明。	
	2. 阳光文化建设情况,师生风貌、行为习惯情况。	

续 表

评价项目	评价标准	评价
	3. 阳光文化宣传是否具有艺术性和时代性。	
	4. 是否在阳光文化的熏陶下,师生之间关系平等;儿童团结友爱、和睦相处;弱势群体帮扶有措施、有落实。学生是否得到个性展示。	
管理方面	1. 阳光文化开展是否丰富多样,管理制度是否完整、科学、规范。	
	2. 阳光文化管理是否民主、和谐,师生是否参与管理。	
	3. 阳光文化是否建立各类检查、考核、奖励。	
活动方面	1. "阳光文化"开展的活动开展是否规范、有品位、有特色。	
	2. "阳光文化"开展的活动是否符合儿童身心发展规律,在活动中是否贡献有价值的思考。	
	3. "阳光文化"开展的活动中是否儿童参与活动的主动性高,是否能促进儿童对体育活动的热情。	
	4. "阳光文化"开展活动是否内容丰富、形式多样、针对性与教育性强。	

综上所述,"阳光体育"课程是一个让儿童主动参与的课程,不仅锻炼了儿童积极思考的能力,还培养了其体育意识、加强了体育训练、挖掘了体育的潜在价值,展示了儿童的能力、魅力,让儿童在轻松愉悦的体育运动中感受体育学科的魅力,提高体育素养,丰富儿童的精神生活。

(执笔人:冯嘉成　李晓宇　黄强　高琳雅　谢冰　张振林　圣畅　钟华新)

第五章
"磁性科学"的张力：走进平衡的课程世界

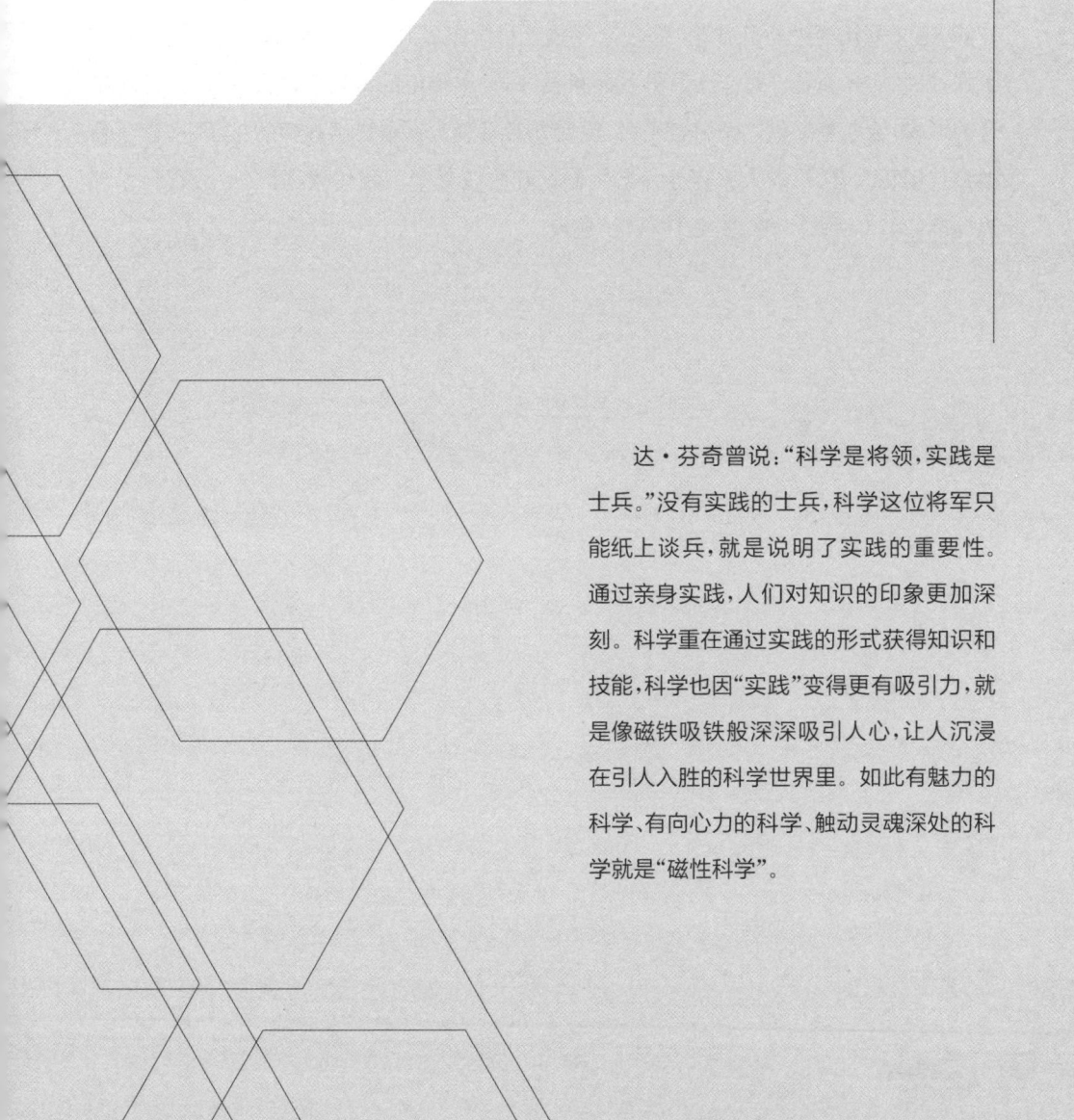

达·芬奇曾说："科学是将领，实践是士兵。"没有实践的士兵，科学这位将军只能纸上谈兵，就是说明了实践的重要性。通过亲身实践，人们对知识的印象更加深刻。科学重在通过实践的形式获得知识和技能，科学也因"实践"变得更有吸引力，就是像磁铁吸铁般深深吸引人心，让人沉浸在引人入胜的科学世界里。如此有魅力的科学、有向心力的科学、触动灵魂深处的科学就是"磁性科学"。

广州市黄埔区东荟花园小学现有教学班 69 个,科学学科专职教师有 8 人,均是本科学历及以上,专业涉及生物、化学、物理、科学教育等,教师多次在各类教育教师教学技能、论文等比赛中斩获佳绩,综合素养强。科学组教师平均年龄不超过 30 岁,年富力强、发展后劲充足。每年十月的校园科技节,在本科组的策划下,通过校内校外相结合的形式,给儿童提供一个科普平台,深受儿童喜爱。在本科组教师的带领下,学生参加科技创新大赛、机器人比赛等各类科普竞赛收获颇丰。我校依据《义务教育科学课程标准(2022 年版)》,推进"磁性科学"建设。

第一节　科学是富有魅力的

一、学科价值观

科学，在定义上是指发现、积累并公认的普遍真理或普遍定理的运用，是已系统化和公式化了的知识。科学是对已知世界通过大众可理解的数据计算、文字解释、语言说明、形象展示的一种总结、归纳和认证；科学不是认识世界的唯一渠道，可其具有公允性与一致性，是探索客观世界最可靠的实践方法。《义务教育科学课程标准（2022年版）》指出科学课程是一门体现科学本质的综合性基础课程，具有实践性。

基础性课程体现在科学课程对一个人早期的科学素养的形成具有十分重要的作用。通过小学科学课程的学习，能够使儿童体验科学探究的过程，初步了解与儿童认知水平相适应的一些基本的科学知识；培养提问的习惯，初步学习观察、调查、比较、分类、分析资料、得出结论等方法，利用科学方法和科学知识初步理解身边的自然现象和解决某些简单的实际问题；培养对自然的好奇心，形成批判和创新意识、环境保护意识、合作意识和社会责任感，为今后的学习、生活以及终身发展奠定良好的基础。

实践性课程体现在儿童主要以探究活动的方式进行科学学习。小学科学课程把探究活动作为儿童学习科学的重要方式，强调从儿童熟悉的日常生活出发，通过儿童亲身经历动手动脑等实践活动，了解科学探究的具体方法和技能，理解基本的科学知识，发现和提出生活实际中的简单科学问题，并尝试用科学方法和科学知识予以解决，在实践中体验和积累认知世界的经验，提高科学能力，培养科学态度，学习与同伴的交流、交往与合作。

综合性课程体现在理解自然现象和解决实际问题需要综合运用不同领域的知识和方法。小学科学课程针对儿童身边的现象，聚焦核心概念，设计相应的系列活动，综合呈现科学知识和科学方法，强调跨学科知识之间的相互渗透和相互联系，注重自然世界的整体性，发挥不同知识领域的教育功能和思维培养功能；注重学习内容与已有经验的结合、动手与动脑的结合、书本知识学习与社会实践的结合、理解自然与解决问题的结合，着力提高儿童的综合能力；强调科学课程与并行开设的语文、数学等课程相互渗透,促进儿童的全面发展。

　　基于以上观点,我们认为小学科学课程的核心是让儿童以参与实践探究的学习方式提升科学素养。从儿童熟悉的日常生活出发,通过儿童亲身经历动手动脑等实践活动,了解科学探究的具体方法和技能,理解基本的科学知识,发现和提出生活实际中的简单科学问题,并尝试用科学方法和科学知识予以解决,在实践中体验和积累认知世界的经验。因此我们提出提高科学能力,培养科学态度,学习与同伴的交流、交往与合作的学科价值观。

二、学科课程理念

　　科学重在通过实践的形式获得知识和技能,因此在课程设置上,就要创设有利于引起儿童主动探究的学习环境,让儿童自由、自主、合作,共同分析问题、解决问题。儿童学习获得感增强,有利于不同层次儿童发挥自身的潜力。

　　自然观察课、实验解疑课、小课题探究等课型灵活而多变,将符合儿童学习发展规律的教学模式运用到科学课堂中,凸显出科学课的教与学自由而又有规律的特点。

　　依据《义务教育科学课程标准(2022年版)》文件精神,结合我校科学学科实际情况,提出我校科学学科的核心概念为"磁性科学"。

　　所谓"磁性科学",就是像"磁铁吸铁"般深深吸引人心的科学,让人沉浸在引人入胜的科学世界里,是有魅力的科学、有向心力的科学、能触动灵魂深处的科学。

　　——"磁性科学"是有魅力的科学。居里夫人在《我的信念》一文中谈到:"一位从事研究工作的科学家,不仅是一个技术人员,而且是一个小孩儿,在大自然的景色中,好像迷醉于神话故事一般。这种魅力,就是使我终生能够在实验室里埋头工作的主要原因。"科学,她凭借人类对大千世界所产生的好奇,引导人们揭开浩瀚宇宙中的种种秘密。人类在解决许多问题的同时发现了更多的问题,使人深深地沉浸在她的魅力世界里,并不断为之付出努力。

　　——"磁性科学"是有向心力的科学。凡是能使物体运动方向对准另一个物体中心的力,都叫作向心力。科学能让孩子们向着它、围绕它,因为科学的向心力在于其公正。每一个人都可以在科学的殿堂畅所欲言,发表自己的观点。即使你的观点错了,也无人会怪罪你。因为在科学的世界里,人人都是平等的。

——"磁性科学"是直抵灵魂深处的科学。灵魂,我们可以理解为它是精神、思想、感情、情感等的代名词。正因为科学的魅力和向心力,使得孩子们在意识、精神上都深深地被吸引了,甚至在心里早已埋下了学科学、爱科学的种子,直抵心灵深处、直抵灵魂深处。

从古至今,人类从未停止追求科学、探索真理的步伐。虽然人们探索科学的方式在不断改变,但对科学的热爱、对真理的膜拜从未减少。科学代表着真理,代表着求真求实的追求。为了激发儿童爱科学、学科学、用科学的志趣,培养儿童勤于思考、敢于提问、不惧权威、勇于创新的科学精神,基于此目标,"磁性科学"的教学内容在选材上更关注儿童已有的日常生活体验,在教学方法方面改变了传统的讲解式课堂教学模式,在科学课堂中开展以儿童探究活动为主的各种实践活动、"探究—研讨"活动等。

第二节　培养儿童探究的热情

《义务教育科学课程标准（2022年版）》指出：科学课程目标是立足学生核心素养的发展，依据核心素养的内涵及学段特征，体现课程性质，反映课程理念。科学课程要培养的学生核心素养，主要是指学生在学习科学课程的过程中，逐步形成的适应个人终身发展和社会发展所需要的正确价值观、必备品格和关键能力，是科学课程育人价值的集中体现，包括科学观念、科学思维、科学实践、态度责任等方面。

一、学科课程总体目标

"磁性科学"的课堂重视实践教学，努力创设适宜的学习环境，促进儿童积极参与、主动探究，引导儿童做好每一次的探索和发现；注重引导儿童在动手操作的同时善于观察思考，增强儿童善于提出问题的意识，培养儿童的创新精神和实践探索能力，将儿童培养成能用创造的眼光看世界、改造世界的创新型儿童。小学科学作为一门国家基础教育课程，更应该落实早期的科学启蒙。为了更好地在教学中落实课程标准目标，提高儿童的科学核心素养，基于《义务教育科学课程标准（2022年版）》，小学科学课程的总目标是培养学生的核心素养，为学生的终身发展奠定基础，我校提出以下"磁性科学"学科课程目标：

（一）"科学知识"目标

了解物质的基本性质和基本运动形式；了解生物体的主要特征，知道生物体的生命活动和生命周期；了解太阳系和一些星座，认识地球的面貌，了解地球的运动，认识人类与环境的关系，知道地球是人类应当珍惜的家园；了解技术是人类能力的延伸，技术是改变世界的力量，技术推动着人类社会的发展和文明进程。

（二）"科学思维"目标

以经验事实为基础，对客观事物进行抽象和概括，进而建构模型；运用模型分析、解释现象和数据，描述系统的结构、关系及变化过程。能基于证据与逻辑，运用分析与综合、比较与分类、归纳与演绎等思维方法，建立证据与解释之间的关系并提出合理见解。能从不同角度分析、思考问题，提出新颖而有价值的观点和解决问题的方法。

（三）"探究实践"目标

了解和探索自然、获得科学知识、解决科学问题，以及技术与工程实践过程中，形成的科学探究能力、技术与工程实践能力和自主学习能力。理解科学探究的过程和方法，提出问题、猜想与假设、制订计划、搜集证据、分析证据、得出结论、解释评估、总结反思等；具有良好的自主学习能力。了解技术与工程实践的一般过程和方法，针对实际需要明确问题，提出有创意的方案；实施计划，利用工具和材料进行加工制作；根据实际效果进行修改迭代等。

（四）"态度责任"目标

保持好奇心和探究热情，乐于探究和实践；有基于证据和逻辑发表自己见解的意识，严谨求实；不迷信权威，敢于大胆质疑，追求创新；尊重他人的情感和态度，善于合作，乐于分享。珍爱生命，践行科学、健康的生活方式；热爱自然，具有节约资源、保护环境、推动生态文明建设和可持续发展的责任感；对与科学技术相关的社会热点问题作出正确的价值判断，遵守科学技术应用中的公共规范、法律法规和伦理道德，维护自身和他人的合法权益，捍卫国家利益。

二、学科课程年段目标

以《义务教育科学课程标准（2022年版）》为依托，紧密围绕小学科学学科核心素养，结合我校学科课程特点，制定"磁性科学"各年段的课程目标，让儿童发展对自然的探究热情。以下是各年段的课程目标（见表5-1）。

表5-1 "磁性科学"各学段的课程目标表

学段	科学观念	科学思维	探究实践	态度责任
1—2年级	认识常见物体的基本外部特征，认识生活中常见的材料。知道生活中常见的力，认识力可以改变物体的形状。	能在教师指导下，观察具体事物的构成要素，通过口述、画图等方式描述事物的外在特征；能利用材料和工具，通过口	能在教师指导下，通过对具体现象与事物的观察和比较，提出感兴趣的问题，作出简单猜想，并了解科学探究需要制订计	在好奇心驱使下，对常见自然现象或生活现象表现出直觉兴趣；能如实记录观察到的信息；知道可以有依据地

续 表

学段	科学观念	科学思维	探究实践	态度责任
	认识周边常见的植物和动物。说出天气变化及其对人类生活的影响;知道地球是人类和动植物的共同家园。知道自然物和人造物存在区别。知道常见简单科技产品的结构决定了其功能。	述、绘画、画图等方式表达自己的想法。能在教师指导下,比较事物之间外在特征的不同点和相同点;根据事物的外在特征,对常见事物进行分类;初步分清观点与事实,根据问题提出假设,具有提供证据的意识。初步具有从不同角度提出观点的意识,能突破对常见物品功能的思维定式,利用发散思维、重组思维等方法,提出不同想法。	划。具有初步的提出问题和制订计划的意识。能利用多种感官或简单的工具,观察对象的外部形态特征及现象,并能对这些特征和现象进行简单的比较、分类等。具有初步的收集信息和得出结论的意识。具有简单交流、评价探究过程和结果的意识。知道简单工具的功能和使用方法,能利用身边的材料和简单工具动手完成简单的任务,能发现作品中存在的问题并尝试提出解决方案。能在教师的指导下完成学习任务,进行总结反思,初步养成良好的学习习惯。	质疑别人的观点,尝试从不同角度、以不同方式认识事物;愿意倾听他人的想法,乐于分享和表达自己的想法。了解生活中常见的科技产品能给人类生活带来的便利,知道科技产品有利也有弊;树立珍爱生命、节约资源和保护环境的意识。
3—4年级	认识常见物体的某些特征和常见材料的某些性能;认识物体有多种运动形式;运动的物体具有能量。能区分植物和动物的主要特征,并能对	能在教师引导下,观察并描述具体事物的构成要素,分析并表达要素之间的关系,找到它们之间重要的、共同的特征;利用模型解释简单的科学现象。	能在教师引导下,通过具体现象与事物的观察和比较,提出可探究的科学问题,制订简单的探究计划,初步具有根据具体现象与事物提出探究问题,制订简	在好奇心驱使下,乐于动手操作感兴趣的事物;知道科学学科的学习与实践要实事求是,能如实记录和报告观察与实验的信息,具有基于事实表达

130

续 表

学段	科学观念	科学思维	探究实践	态度责任
	植物和动物进行简单分类；认识植物的某些结构、动物的某些结构与行为具有维持自身生存的功能。 认识太阳、地球和月球，知道它们之间的空间关系；知道大气、水、土壤都是地球系统的基本要素；知道人类生活离不开自然资源，能认识到节约自然资源和保护环境的重要性。 知道生活中的天然材料和人造材料存在区别；知道简单的设计问题存在限制条件，并有多种设计方案。	能在教师引导下，比较事物的某些本质特征，根据不同的目的进行分类，基于事物之间的功能相似性进行类比；分析事物的特征及结构，建立事实与观点之间的联系；根据问题提出假设，能提供支撑性的证据。 初步掌握重组思维、发散思维、突破定式等创造性思维的基本方法，能基于具体事物外在特征展开想象，突破生活中常见问题的思维定势，提出有一定新颖性和合理性的观点，针对事物的外在特征进行设计，并对方案进行初步的科学分析。	单探究计划的能力。 能运用感官和选择恰当的工具、仪器，观察并描述对象的外部形态特征及现象，用较准确的科学词汇、统计图表等记录和整理信息，并运用分析、比较、推理、概括等方法，分析结果，得出结论。 能准确讲述并反思自己的探究过程和结果，作出自我评价与调整。 掌握常见工具的使用方法；制作某种产品的简化实物模型并反映其中的部分科学原理；能发现作品的不足并进行改进。初步具有参与技术与工程实践的意识及使用常见工具的技能。	观点的意识；能有依据地质疑别人的观点，尝试运用不同思路和方法完成探究和实践；愿意分享自己的想法，乐于倾听他人观点，改进和完善探究活动。 了解科学技术对人类生活方式和生产方式有影响，人类的生活和生产可能对环境造成破坏；知道节约资源和保护环境的重要性。
5—6年级	初步认识常见物质的变化，知道物体变化时构成物体的物质可能改变也可能不改变；知道自然界存在多种形式的能，不同形式的能可以相互转化。 认识细胞是生物体结构的基本单位；简	通过分析、比较、抽象、概括等方法，抓住简单事物的本质特征，展示对事物的系统、结构、关系、过程及循环的理解，能使用或建构模型，解释有关的科学现象和过程。 能形成事物动态变	能基于所学知识，从事物的结构、功能、变化及相互关系等角度提出可探究的科学问题和研究假设，制订比较完整的探究计划，设计控制变量的实验方案。 能运用观察、实验、查阅资料、实地调查、	在好奇心驱使下，表现出对现象发生原因的因果兴趣；不盲从，不迷信权威，能以事实为依据作出独立判断，面对有说服力的证据，愿意调整自己的想法；善于有依据地质疑别人的观

续 表

学段	科学观念	科学思维	探究实践	态度责任
	单描述生物与生物、生物与环境之间相互依存的关系。知道太阳、地球和月球的周期性运动以及相关的自然现象。知道利用技术与工程能提高生产效率和工作效率，知道技术与工程对科学发展有促进作用，知道简单工程存在一定约束条件及验收标准。	化的图景，掌握比较的方法和分类的基本要求，理解归纳推理和演绎推理的基本方法并用于解决真实情境中的简单问题；针对具体问题提出假设，基于交流情境提出观点，建立证据与假设或观点之间的联系。具有基于事物的结构、功能等展开想象的能力，能运用重组思维、发散思维、突破定势等创造性思维的基本方法，基于科学原理提出有一定新颖性和合理性的观点；能进行初步的创意设计，并利用影像、文字或实物表达自己的创意。	案例分析等方式获取信息，用科学语言、概念图、统计图表等记录整理信息，表述探究结果，并运用分析、比较、推理、概括等方法得出科学探究的结论，判断结论与假设是否一致。采用不同方式呈现探究的过程与结果，尝试运用科学原理进行解释，对探究活动进行过程性反思和总结性评价，完善探究报告。能利用相关仪器设备进行观察并记录；应用所学科学原理设计并制作简单的装置，能进行模拟演示并简要解释；能根据证据改进实物模型的设计和制作。具有初步的构思、设计、实施、验证与改进的能力。	点，乐于尝试运用多种思路和方法完成探究和实践，初步具有创新的兴趣；就科学问题在认识上的分歧，乐于与他人进行沟通交流和辩论，基于证据反思和调整探究活动。了解科学、技术、社会、环境之间的相互影响，以及科学研究和技术应用中需要考虑伦理道德；愿意采取行动保护环境、节约资源。

第三节 设计有趣的科学课程

为了实现上述课程目标,我们建立起学科课程框架,旨在培养儿童热爱科学、勤于探究、勇于实践的科学技能、科学素养和科学精神。

一、学科课程结构

《义务教育科学课程标准(2022年版)》提到"通过对学科核心概念的学习,理解物质与能量、结构与功能、系统与模型、稳定与变化4个跨学科概念将科学观念、科学思维、探究实践、态度责任等核心素养的培养有机融入学科核心概念的学习过程中"。结合我校教师、儿童以及其他实际因素的影响,我校"磁性科学"课程分为"磁性物质""磁性生命""磁性宇宙""磁性技术"四大类别(图5-1所示)。

具体描述如下:

(一) 磁性物质

"磁性物质"的课程内容是与物质科学领域相关的实验探究。开设的课程有"科学家的故事""科学幻想画""材料世界""认识磁铁""空气和水""溶解与分离""有趣的声音""简单电路""奇妙的光""热的传递""物质属性探秘""物质的变化"等。人们的日常生活与物质息息相关,"物质科学"是小学科学的重要学习内容,开设与之相关联的拓展课程,旨在认识和感受自然界及社会生活中发生的物质变化,培养儿童探究物质变化的好奇心和求知欲。

(二) 磁性生命

"磁性生命"的课程内容主要是对自然界中的植物、动物和微生物进行探究性学习。开设的课程有"认识植物""认识动物""季节的变化""我们的身体""生命周期""养蚕达人""食物的营养""身体健康之秘""园林之美""神奇百草""发酵食品""显微世界"等。"生命科学"是小学科学的重要学习内容,开设与之相关联的拓展课程,旨在引导儿童认识相关的生命科学知识,培养儿童掌握科学的观察及探究方法,增强儿童热爱生命、保护生命的意识。

(三) 磁性宇宙

"磁性宇宙"的课程内容为地球及宇宙的自然科学现象。开设的课程有"小小气象

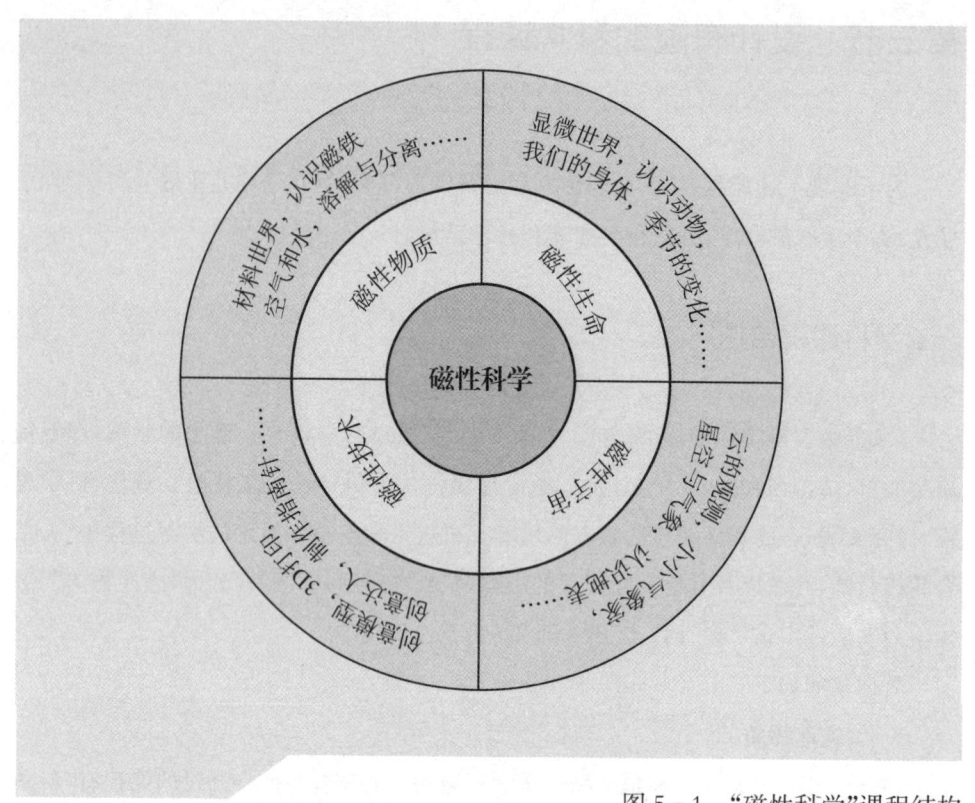

图 5-1 "磁性科学"课程结构

家""天气播报员""农业与气象""气象和我们的生活""敬畏自然""探秘自然""云的观测""认识岩石""认识地表""奇妙的地球运动""星空与星象""神奇的宇宙"等。"地球与宇宙科学"是小学科学基础课程的重要学习内容,开设相关联的拓展课程,旨在促进儿童认识太阳、地球、月球的运动状况及地球资源能源的状况,培养儿童敏锐的观察力,提高儿童的环境保护意识。

(四) 磁性技术

"磁性技术"的课程内容主要是技术与工程实践的相关知识。开设的课程有"制作航空模型""给动物建个智能'家'""用合适的材料做一顶帽子""制作指南针""建筑模型制作""创意模型""气象仪的制作""无线电测向""3D打印""制作一分钟计时器""创客达人""造一座纸桥"等。人类正处于科学技术飞速发展的时代,科技改变人们的生活,作为这个时代的青少年儿童,学习与"技术与工程"相关联的拓展课程,认识身边的人工智能技术,了解常见的工具以及工具使用,利用身边的材料设计加工完成简单的任务,了解科学技术推动着人类社会的发展进程。

二、学科课程设置

根据"磁性科学"课程目标和学科理念,以及儿童的发展阶段,设置了"磁性科学"课程(见表5-2)。

表5-2 "磁性科学"课程设置表

年级/学期		磁性物质	磁性生命	磁性宇宙	磁性技术
一年级	上学期	科学家的故事	认识植物	小小气象家	制作航空模型
	下学期	科学幻想画	认识动物	天气播报员	给动物建个智能的"家"
二年级	上学期	材料世界	季节的变化	农业与气象	用合适的材料做一顶帽子
	下学期	认识磁铁	我们的身体	气象和我们的生活	制作指南针
三年级	上学期	空气和水	生命周期	敬畏自然	建筑模型制作
	下学期	溶解与分离	养蚕达人	探秘自然	创意模型
四年级	上学期	有趣的声音	食物的营养	云的观测	气象仪器的制作
	下学期	简单电路	身体健康之秘	认识岩石	无线电测向
五年级	上学期	奇妙的光	园林之美	认识地表	3D打印
	下学期	热的传递	神奇百草	奇妙的地球运动	制作一分钟计时器
六年级	上学期	物质属性探秘	发酵食品	星空与星象	创客达人
	下学期	物质的变化	显微世界	神奇的宇宙	造一座纸桥

三、学科课程内容

根据科学学科特点,在尊重儿童认知规律,课程内容遵循从易到难、由浅入深、循序渐进原则的基础上,设计有趣的"磁性科学"课程内容。

(一)一年级"磁性科学"内容(见表5-3)

表5-3 "磁性科学"一年级课程内容安排表

课程领域	课程名称	课程目标	课程内容	课程资源
磁性物质	科学家的故事	通过了解科学家的故事,让儿童知道现代科学的来龙去脉,培养儿童学科学、爱科学的兴趣。	知道一些科学家的故事,并能表达出来。	学校图书馆科普资料及网络相关资料
	科学幻想画	通过科幻画,发展科学想象力。	根据课程内容进行科幻画创作。	学校图书馆科普资料及网络相关资料
磁性生命	认识植物	初步了解植物体的主要组成部分,学习观察记录的基本方法。	从自然观察和数据记录出发,探究植物的属性。	基于教科版小学科学一年级课本,在校园中进行自然观察
	认识动物	初步了解动物体的主要组成部分,学习观察记录的基本方法。	通过相关资料认识动物,探究动物的属性。	基于教科版小学科学一年级课本,在校园中进行自然观察
磁性宇宙	小小气象家	让儿童懂得看气象,辨认基本天气,提高应对某种天气的能力。	了解简单的气象信息。	VR课堂模拟学习及校园内的实际观察
	天气播报员	通过天气知识载体,培养儿童的表达能力和自信心。	学习如何辨认天气和表达天气。	网络资源
磁性技术	制作航空模型	培养儿童的动手能力,激发儿童对机械学习的好奇心和求知欲。	让儿童通过动手实践,学习简单航空模型设计与制作。	儿童自行准备航模材料
	给动物建个智能的"家"	培养儿童的思维能力,设计能力。	通过画设计图,表达创意,给动物建一个"家"。	网络资源

(二) 二年级"磁性科学"内容(见表5-4)

表 5-4 "磁性科学"二年级课程内容安排表

课程领域	课程名称	课程目标	课程内容	课程资源
磁性物质	材料世界	认识材料的种类和特点。	通过给物体分类,认识身边常见材料的特点。	学校实验室相关实验材料及儿童常见日用品
	认识磁铁	了解磁铁的特性。	通过实验,探究磁铁的特性。	学校实验室相关实验材料及儿童常见日用品
磁性生命	季节的变化	认识季节的变化规律。	认识不同季节的特点,了解动植物在四季的变化特点。	以自然界中常见的客观生命现象作为学习的素材
	我们的身体	认识身体的构造,关注身体的成长,懂得健康生活。	观察身体,学习描绘简易身体构造图。	基于教科版小学科学二年级课本,利用教学材料进行教学
磁性宇宙	农业与气象	学习观察和记录气象的方法。	结合学校"云耕园"进行气象和农业的关系探究。	学校"云耕园"
	气象和我们的生活	了解气象和我们生活中的密切联系。	通过网络搜集相关资料,小组讨论与汇报。	网络资源
磁性技术	用合适的材料做一顶帽子	能选择身边的材料设计和制作出一些科学作品,提高动手能力。	让儿童通过动手实践,学会选择合适的材料制作物品。	儿童自行准备相关材料
	制作指南针	能根据所学磁铁的特性,制作出指南针,提高动手能力。	让儿童通过动手实践,制作出简易的指南针。	儿童自行准备相关材料

（三）三年级"磁性科学"内容（见表5-5）

表5-5 "磁性科学"三年级课程内容安排表

课程领域	课程名称	课程目标	课程内容	课程资源
磁性物质	空气和水	了解空气、水的特征，知道水的三态变化特点，学会用对比的方法观察实验现象，增强环保意识。	通过开展相关实验认识空气的特点及成分，学习水的三态变化，认识保护环境和水资源的意义。	学校实验室相关实验材料
磁性物质	溶解与分离	认识溶解现象，学习关于溶解实验操作的基本技能，培养对实验数据的记录和整理分析能力。	进行关于溶解的实验操作，撰写简单的实验报告。	学校实验室相关实验材料
磁性生命	生命周期	认识动物的生命周期，提高对动物的保护意识。	通过实践，得出动物的生命周期相关知识。	校内学习与课外观察活动相结合
磁性生命	养蚕达人	了解蚕的一生所经历的阶段，能够用科学的方法对蚕的身体变化进行比较和测量，领悟生命的可贵。	养蚕并对蚕的一生形态变化进行观察，并进行记录和描述。	校内学习与家庭活动相结合
磁性宇宙	敬畏自然	通过认识常见的自然灾害，培养儿童敬畏自然、保护自然的意识。	学习常见的地质地貌特点，了解常见的自然灾害。	VR实验室情景模拟及相关视频资料
磁性宇宙	探秘自然	认识常见的自然现象，增强对大自然的了解，形成热爱自然、保护自然的意识。	学习常见及有趣的自然现象，探究这些自然现象形成的原因。	VR实验室情景模拟及相关视频资料
磁性技术	建筑模型制作	了解建筑的特点，能利用身边材料制作简单的建筑模型，提高审美能力和统筹规划能力。	通过动手实践，让儿童学习建筑结构特点及规划布局。	儿童自备相关模型材料

续 表

课程领域	课程名称	课程目标	课程内容	课程资源
	创意模型	能利用身边的材料设计和制作出一些创意科学模型,提高动手能力和创新能力。	通过思考并动手实践,设计并制作有创意的模型。	儿童自备相关模型材料

(四) 四年级"磁性科学"内容(见表5-6)

表5-6 "磁性科学"四年级课程内容安排表

课程领域	课程名称	课程目标	课程内容	课程资源
磁性物质	有趣的声音	知道声音产生及传递的原理,会用音高和音量描述声音,了解人能听到声音的原理。	让儿童通过一系列的实验探究声音的特点,观察比较不同声音的音高和音量,通过阅读获得更多有关声音、听力及声带的知识。	学校实验室相关实验材料及相关文字阅读材料
磁性物质	简单电路	了解电路的基本原理,提高实践操作能力。	通过实践组装,学习电路的相关知识。	电路实验材料
磁性生命	食物的营养	知道人的生长与活动所需要的营养是从食物中得到的,了解食物中六大营养物质的种类及作用,养成合理膳食的好习惯。	通过简单实验辨识食物中的脂肪、淀粉等基本营养物质,通过对自己一天的食物进行记录、分类整理,认识到挑食的弊端并有意识地进行合理配餐、均衡营养。	生活中常见的食物及学校实验室相关实验材料
磁性生命	身体健康之秘	了解身体结构,知道运动需要氧气和营养,了解保持身体健康的方法和意义。	了解有关人体外部和内部结构及其功能的知识,认识适当运动及膳食营养对身体健康的意义。	学校实验室人体结构模型、VR实验室及相关视频和文字资料

139

续 表

课程领域	课程名称	课程目标	课程内容	课程资源
磁性宇宙	云的观测	学会观测云的种类，能够根据云来预测天气状况。	根据云的多少区分晴、多云和阴，根据云的高度和多少给云分类。	VR实验室情景模拟及小学科学课本
	认识岩石	认识岩石的形成，学会分辨常见岩石和矿物的种类，了解岩石和矿物的作用，从而增进对地球宝贵资源的认识。	认识常见的岩石和矿物，获得一些关于岩石和矿物的简单知识。	岩石及矿物标本、相关视频及文字资料、小学科学课本
磁性技术	气象仪器的制作	学会自制一些简单的气象仪器，会用自制的风向标测量风，知道降水量的多少可以用雨量器测量。	制作简易的风向标测量风向和风速，制作简易雨量器测量降水量，并制作天气日历。	实验室及日常相关材料、VR实验室情景模拟
	无线电测向	了解无线电测向原理及使用方法，能够进行简单操作。	学习测向机的构成和使用。	无线电测向机

（五）五年级"磁性科学"内容（见表5－7）

表5－7 "磁性科学"五年级课程内容安排表

课程领域	课程名称	课程目标	课程内容	课程资源
磁性物质	奇妙的光	认识光和热的特点，从而更好地认识生活中的与光相关现象。	通过光和热的一系列实验，探究光的性质。	学校实验室相关实验材料

续 表

课程领域	课程名称	课程目标	课程内容	课程资源
	热的传递	通过实验探究知道热总会从温度较高的一端（物体）传递到温度较低的一端（物体）；知道热传导传热方法。	通过加热金属，探究热在金属条中的传递，热在金属片中的传递。	学校实验室相关实验材料
磁性生命	园林之美	通过沙盘学习园林布局，知道一般园林构成，知道植物群落的搭配。	通过欣赏园林设计，动手制作模型，从而学习园林的知识。	学校百花园及沙盘
	神奇百草	通过学习常见中药种类，学会辨认以及知道一些中药的相关知识。	带领儿童在学校百草园种植具有观赏性和药用性的中草药植物，学习中草药的相关知识。	学校百草园及沙盘
磁性宇宙	认识地表	知道地球表面的主要地形以及形成原因。	通过视频、模型和亲身观察，获得地球表面的相关知识。	VR实验室，相关视频及文字资料
	奇妙的地球运动	能够更好地认识地球，了解地球的发展历程，提高儿童相关的知识素养，激发儿童的求知欲和探索欲。	认识地球的形成与发展，地质的变化，以及地质灾害。	VR实验室及相关视频及文字资料，相关地质模型
磁性技术	3D打印	让儿童了解日常生活中的前沿技术，培养儿童的创新能力。	通过软件建模及打印，学习3D打印技术。	学校创客室及3D打印机
	制作一分钟计时器	让儿童知道科学技术的最后是要应用到工程与设计中，学习如何运用知识解决实际问题。	通过制作一分钟计时器的过程，了解制作的依据和原理。	学校创客室的材料资源

(六) 六年级"磁性科学"内容(见表5-8)

表5-8 "磁性科学"六年级课程内容安排表

课程领域	课程名称	课程目标	课程内容	课程资源
磁性物质	物质属性探秘	认识物质的各种性质。	通过实验,探索物质的基本属性。	学校实验室相关实验材料
	物质的变化	认识物质的物理变化和化学变化。	通过实验,探索物质的物理变化和化学变化。	学校实验室相关实验材料
磁性生命	发酵食品	了解发酵的原理,知道微生物能发酵食品的原因。	通过实践进行酒的酿制,酸奶的制作等,从而了解发酵食品。	学校实验室相关实验材料
	显微世界	学会使用显微镜,初步认识微观世界。	用显微镜观察细微物体。	学校实验室相关实验材料
磁性宇宙	星空与星象	知道太阳系及宇宙中一些星座的基本概况。	通过视频、模型和亲身观察,获得宇宙科学的相关知识。	学校实验室相关实验材料,如天文望远镜、地球仪、VR技术等
	神奇的宇宙	知道太阳系及宇宙中一些星座的基本概况。	通过视频、模型和亲身观察,获得宇宙科学的相关知识。	学校实验室相关实验材料,如天文望远镜、地球仪、VR技术等
磁性技术	创客达人	了解技术是人们改造周围环境的方法。	通过运用多种材料进行创作科学作品。	学校创客室实验材料
	造一座纸桥	认识身边常见的梁、拱形、框架等形状结构,通过研究认识不同的形状和结构承受力的特点不同,能满足不同的需要。	用纸张制作纸桥。	学校实验室相关实验材料

第四节　让儿童在丰富的活动中发展

科学课程是一门以培养儿童科学素质为宗旨的义务教育阶段的核心课程,在小学课程设置中与其他学科一样,具有十分重要的位置。同时,科学课程也是一门综合课程,能够最有效地综合自然科学各个领域最基础的知识和技能,是一门具有活动性质的课程,能够最大限度地呈现科学探究活动的详细过程。因此,我们开展丰富多彩的科学学习活动,激发儿童的好奇心和探究欲望,拓展儿童的视野,从而提高儿童的创新能力和综合素质。

一、建构"磁性课堂",彰显科学课程的魅力

"磁性课堂"的教师来自不同的专业,他们通过自己的专业知识共同打造能吸引儿童的课堂,建构起多彩的课堂,彰显出课堂的魅力。"磁性科学"的课堂并不仅仅限于书本上的知识,更着重于由基础的科学知识来训练儿童的科学思维,让儿童能够体会到科学之美,在儿童心中深深地种下科学的种子。

(一)"磁性课堂"的实践操作

在"磁性课堂"实施过程中,以丰富多彩的儿童探究活动为主要学习形式,设计的课堂教学活动是儿童熟悉的、能直接引起学习兴趣且具有典型科学教育意义的内容。课堂由提出问题、做出猜想、设计实验、进行操作、观察现象、得出结论等主要环节构成。

在课堂起始阶段,以儿童熟悉的生活常识或现象导入,引发儿童对现象的思考,在教师的引导下自主提出本节课要探究的问题。教学中应注意对儿童进行发散性提问的训练,在探究活动的起始阶段,鼓励儿童大胆猜想,对一个问题的结果作多种假设和预测。接着,让儿童在着手解决问题时思考并制订计划,包括选择合适的方法、制定探究步骤及预设安全措施等。开展任何活动时,都离不开儿童观察、实验、记录、分析等几个步骤,教师指导儿童从结果中发现问题、得出结论,做好后期探究讨论,学会评价与改进。

(二)"磁性课堂"的评价

小学科学课程的学习方式是多种多样的,探究式学习是儿童学习科学的重要方

式。探究式学习是指在教师的指导、组织和支持下，让儿童主动参与、动手动脑、积极体验、经历科学探究的过程，以获取科学知识、领悟科学思想、学习科学方法为目的的学习方式。

因此，"磁性课堂"的评价可以从多个维度展开，分为科学知识达人、最佳动手能人、最佳科普人、最佳实验操作员等。教师在评价过程中从知识的掌握、探究能力的获得及团队合作精神等角度对学生做出恰当的评价。评价以问卷和课堂实验活动两种方式展开。教师可以平时表现为主，期末问卷调查为辅，进行综合评价。

二、渗透"磁性探究"，拓展科学学习视野

"磁性探究"秉承"从生活中来，到生活中去"的科学理念，让科学现象走进儿童的视野，让科学理论融入儿童的生活实际，让科学变得生动、有趣和易于理解；同时让儿童切身感受到科学知识就蕴含在日常生活之中，体会到科学在生活中的价值。生活的事件中大多蕴含了丰富的科学道理。陶行知先生曾经说道："教育的根本意义是生活之变化。生活无时不变即生活无时不含有教育的意义。"科学学习发生于我们日常的一切生活实践中，它无处不在。

（一）"磁性探究"的实践操作

鼓励家庭开展亲子科学学习活动。家庭教育是一个人接受最早、时间最长、影响最深的教育。通过家长带动孩子参与亲子科学学习活动，能更有效影响儿童的科学学习能力，培养儿童的科学学习意识。比如，可以开展一些家庭亲子小实验、小制作活动，也可以让家长陪同孩子参与户外各种各样的科学实践活动，营造良好的家庭共同学习氛围，在儿童的日常生活中潜移默化加强科学学习的观念，培养儿童的科学学习意识。

亲子科学学习活动的评价可以从家庭开展科学学习的次数、完成科学作品的数量等方面进行，也可以由孩子自评以及家长评价完成。

开展走进社会、社区等科学性质的综合实践活动，让儿童充分运用科学知识发现问题，解决问题，拓宽儿童视野，调动儿童的科学学习热情。

根据我校的实际情况，考察周边的社区环境，开展一些科技综合实践性质的活动。我校位于黄埔区的科学城附近，周边集聚了众多高精尖科技创新平台以及大量的高科技企业，有非常可贵的科普资源，非常雄厚的科普基础。通过依托学校的各方面资源，

开发周边企业的科普资源,组织儿童参观企业或者参加企业组织的科教活动,学习企业的先进科技文化,可以开拓视野,提高儿童自身的科技素养和意识。也可以让儿童走进大自然、气象站等场所,开展科学综合实践活动,让儿童充分运用科学知识发现问题、解决问题,调动儿童学习科学的热情。

(二)"磁性探究"的评价

"磁性探究"的评价可以从儿童参加社会、社区综合实践活动的次数,提交活动心得数量等方面进行量化评价,也可以根据儿童在参加活动中的积极性、合作性等方面进行过程性评价(见表5-9)。

表5-9 "磁性探究"评价表

评价项目	分值	评价要点	A	B	C	D	小计
活动组织	20	活动的选择有意义,贴近生活、贴近儿童。	8	6	4	2	
		体现"磁性探究"的特色。	7	5	3	1	
		每学年至少参加3次"磁铁探究"活动。	5	4	3	2	
活动过程	30	主动积极参与活动。	6	4	3	2	
		具有团队合作精神。	6	4	3	2	
		热爱思考,积极解决活动中出现的问题。	6	4	3	2	
		有毅力,能吃苦耐劳。	6	4	3	2	
		能创造性地完成实践活动。	6	4	3	2	
活动成果	30	活动成果按时提交。	10	8	6	4	
		活动成果质量高。	10	8	6	4	
		能把活动中所得经验运用到生活中去。	10	8	6	4	
儿童自我评价	20	热爱参加实践活动。	5	4	3	2	
		积极主动地参与实践活动。	5	4	3	2	
		实践活动中收获了经验、锻炼了能力。	5	4	3	2	
		实践活动中能很好地与他人沟通合作。	5	4	3	2	
评价意见			总分				

三、创设"磁性科技节",营造科学课程氛围

"磁性科技节"是以科技活动为载体,广泛开展科学和科技活动,促进儿童参与,营造良好的科学校园氛围,培养儿童的实践意识。

(一)"磁性科技节"的实践操作

通过以科技节为载体开展缤纷多彩的科技活动,例如:家庭实验大比拼、科技小制作、制作并发射模型火箭、无人机表演、四驱车组装及竞速、牙签高塔、电子制作竞赛等活动,倡导儿童以一个参与者的身份,发挥各自的特长,用聪明和才智在科技的舞台上尽情演绎;以睿智的科学思维和敏锐的科学眼光,积极地实践,大胆地想象,勇敢地创造。在这种学科学的氛围的影响下,提升儿童学习科学的热情。

(二)"磁性科技节"的评价

"磁性科技节"有多种活动形式,具体评价依据活动的开展形式而设定。如"实验大比拼"活动以实验视频的播放量多少作为评价标准,而"科技小制作"则以创新程度为评价标准等。"磁性科技节"评价标准如下(见表 5-10):

表 5-10 "磁性科技节"评价标准

评价项目	分值	评价要点	A	B	C	D	小计
活动组织	50	活动的选择有创意,贴近科学的学科特性。	10	8	6	4	
		比赛的评价方式合理,以激励为主。	10	8	6	4	
		方案的设计合理。	10	8	6	4	
		活动过程组织有序、高效。	10	8	6	4	
		活动前、后的宣传度高,效果好。	10	8	6	4	
儿童参与	50	参与活动的主动性高。	10	8	6	4	
		在活动中能培养科学素养。	10	8	6	4	
		活动后能输出高质量的活动成果,如心得、手抄报等。	30	25	20	15	
评价意见			总分				

四、设立"磁性社团",发展科学兴趣爱好

"磁性社团"是以科学实践为主的一种兴趣社团,极大地丰富了儿童的课后学习。社团的实施类型包括:科普类的如科普讲堂、植物探究小组等,竞赛类的如航模社团、建模社团等。

(一)"磁性社团"的实践操作

组织社团积极参加各项科学类活动,在科学实践中体验成功的乐趣,体验科学学习的快乐。

成立科技校队。注重日常训练,培养队员的各类科学素养,接触各类竞赛的培训,从中选拔不同类型的人才。

组建赛季临时队。青少年科技赛事非常多,种类涉猎也非常广。每到赛季,要选择有一定基础的儿童进行进一步的针对性训练,才能达到训练效果。

青少年各项国家、省市区科学比赛非常多,根据学校的实际情况,选择合适的比赛带动儿童参赛。"以赛促学",在备赛的过程中激发学生的科学学习兴趣,促进良好的学风形成,提高儿童的科学学习能力。"以赛促练、以赛促教",通过比赛促使儿童动手操练、实践、创新,让儿童喜欢上科学实践的活动,能进一步提升儿童的学习科学的意识,在各项比赛中体验成功的乐趣,感受科学学习的快乐。

(二)"磁性社团"的评价

"磁性社团"的评价主要以社团成果呈现,根据社团的不同有不同的评价方式。如科普讲堂社团的评价以"科普宣传服务"的多少和受众评价为主,而航模社团的评价以参赛获奖成果的多少进行评价,具体评价标准如下(见表5-11):

表5-11 "磁性社团"评价标准

评价项目	评价标准	评价
根据社团性质而定	受众评价,以及打分、评星(受欢迎的程度等)	量化评价为主
	参赛获奖数目的多少	量化评价为主
	参赛选手自评(参赛发挥、准备是否充分等)	定性评价为主

续表

评价项目	评价标准	评 价
根据社团性质而定	组队参赛选手互评(团队合作度、配合度)	量化评价为主
	教师对社团活动、竞赛选手综合评价(指导提升)	定性分析为主

五、发展"磁性空间",推动科技创新模式

"磁性空间"是信息技术的创新教育实践场,用于培养儿童的创新能力,把新奇的创意想法变为现实,分享新鲜富有创意的技术知识和理念的新型开放性创新实验室。

(一)"磁性空间"的实践操作

让创客教学大众化,让每一个儿童都能参与进来,争取做到"进得来、听得懂、学得会、用得上"的最终目标。针对有兴趣能力有想法的儿童,可以分年龄段组成创客小社团,定期召开头脑风暴,开展个性化创作学习。

在创客教育的感召下,让各学科有形无形地交叉在一起。让信息技术、科学课、综合实践课等学科在一定程度上得到实践和发展,反向促进了例如数学、物理、生物、化学等学科的发展。只有强有力的基础建筑才能支撑创客教育的上层建筑。

(二)"磁性空间"的评价

(1)展示搭建作品。儿童在搭建作品的时候,必须解释为了达到最终结果,他们所经历的思考过程。在这个过程中,儿童会向他们的同伴传达重要的知识。在观看和欣赏其他人项目的时候,儿童会创造性地激发对方。所以,在作品展示的过程中,评价者和被评价者均可以从中有所收获。

(2)建立电子档案袋。在创客学习中,将儿童的学习和作品看作一种形成性评价的形式,它们可以帮助教师更深入地了解儿童的项目、作品、过程以及学习的情况。利用电子档案袋,教师可帮助儿童将照片和项目视频等数字作品纳入和存储在一个地方。

(3)做好简报、日志。在创客教学中,引导儿童反思他们自己发现了什么,做了什么或没做什么,并且提出新的理论,说明他们下一次怎么样才可以做得更好。如记录自己的思考过程:①如何思考如何看待这个问题的?②如何排除故障解决问题的?

③他们的调查技巧有多强？④投入到设计和动手创作的时候,创造性如何？

在"磁性科学"的课堂中,基于学科核心素养,期望从课堂的最开端深深地吸引学生的注意力,真正投入科学的学习中,并在解决问题的过程中发展其思维能力,切实地提高学生的科学素养。毕竟,科学素养是关于学生知识、技能、情感、态度、价值观等多方面的综合表现,其发展是一个持续终身的过程,是一个不断完善的过程。只有真正产生内驱力,才能发掘自身的学习潜力,发展自身的科学素养。科学学科如果想发挥其真正价值,应该明确科学学科的教学追求,深刻认识到实践才是赋予学科生命力的灵魂,科学是在不断地探索实践中建立起来的,并因"实践"变得更有吸引力,不断寻找实践价值策略。

"磁性科学"是我们共同的教学追求。在"磁性科学"的引领下,我们让科学教学充满生命的激情与活力,力求形成自主学习、小组协作、师生配合等学习模式,促成实践并创新的教学特色。我们倡导"亲身下河知深浅"的教研风气,确立"独立思考,合作攻关,实践验证猜测"的实践价值策略,以期更加充分地展示科学的魅力、培养儿童更大的探究热情、设计更加有趣的科学课程,引领更多的儿童走进引人入胜的科学世界。

(执笔人:何健强　李莹莹　蔡欣媛　刘惠敏　徐南南)

第六章
"七彩美术"的路径:维护平衡的课程实施

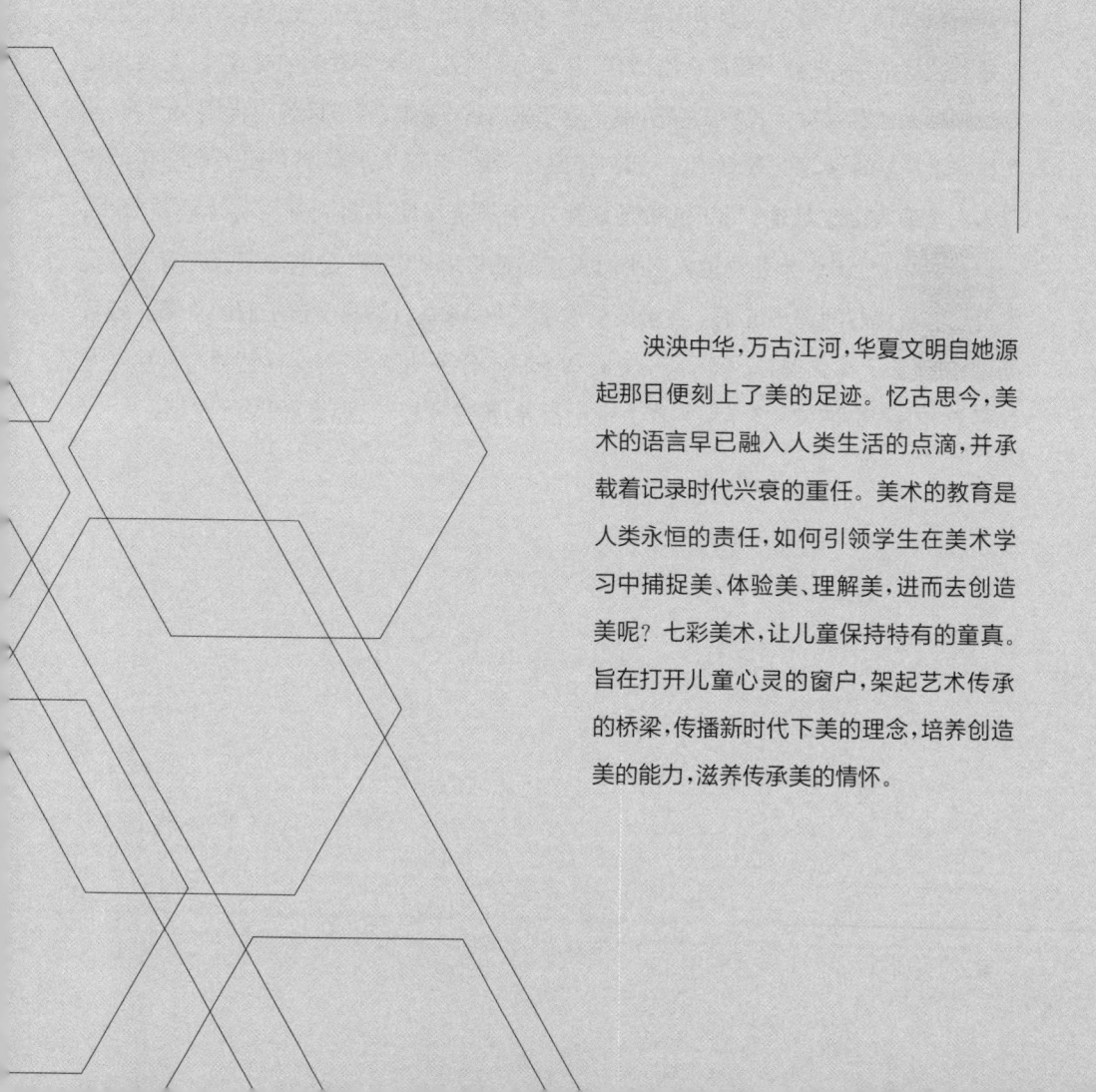

泱泱中华,万古江河,华夏文明自她源起那日便刻上了美的足迹。忆古思今,美术的语言早已融入人类生活的点滴,并承载着记录时代兴衰的重任。美术的教育是人类永恒的责任,如何引领学生在美术学习中捕捉美、体验美、理解美,进而去创造美呢?七彩美术,让儿童保持特有的童真。旨在打开儿童心灵的窗户,架起艺术传承的桥梁,传播新时代下美的理念,培养创造美的能力,滋养传承美的情怀。

广州市黄埔区东荟花园小学美术备课组是一个团结和谐、奋发有为、朝气蓬勃的集体。现有美术教师共8人，平均年龄30岁。其中副高级教师1人，广州市、区美术教研中心组成员3人，广州市骨干教师2人，区十佳教师1人，广州市高旦名师工作室成员2人，广州市黄埔区高旦名师工作室2人。一直以来，美术备课组秉持"立言立人，做有品质的美术教育"的美术课程理念，积极参加广州市黄埔区教学研究中心组织的各类教研活动，充分发挥团队合力作用，努力研究提高课堂教学的时效性，有效地提升教师个人比赛及学生比赛的获奖率。近年来，在国家级、省市区各级优质课大赛、绘画比赛上屡获殊荣，如：教育部"一师一优课、一课一优师"活动中，科组教师报送的优课多次被评为市级优课；每年的黄埔区中小学规范汉字书写大赛中奖项收获颇丰；2018年12月全国少年儿童世界和平海报作品征集活动中，17位同学荣获一等奖。美术科组的每位教师都形成了个性鲜明的教学特色，课堂教学深受孩子们的喜爱。现依据教育部《关于深化课程改革，落实立德树人根本任务的意见》等文件精神，并以《义务教育艺术课程标准（2022年版）》作为理论指导，推进我校"七彩美术"课程建设。

第一节　美术学习是多姿多彩的

一、学科价值观

艺术是人类精神文明的重要组成部分,是运用特定的媒介、语言、形式和技艺等塑造艺术形象,反映自然社会及人的创造性活动。美术素养融入生活,是现代社会每一个公民应具备的基本素养。《义务教育艺术课程标准(2022年版)》中明确指出:义务教育艺术课程以立德树人为根本任务,培育和践行社会主义核心价值观,着力加强社会主义先进文化、革命文化、中华优秀传统文化的教育,坚持以美育人,以美化人,以美润心,以美培元,引领学生在健康向上的审美实践中感知、体验与理解艺术,逐步提高感受美、欣赏美、表现美、创造美的能力,抵制低俗、庸俗、媚俗倾向;引导学生树立正确的历史观、民族观、国家观、文化观,增强爱党、爱国、爱社会主义的情感,坚定文化自信,提升人文素养,树立人类命运共同体意识,为实现中华民族伟大复兴而不懈奋斗。

二、学科课程理念

结合以上学科价值观,结合我校历史、文化、美术学科的实际情况,提出我校美术学科的核心概念为"七彩美术"。

"七彩美术"意为美术学科的学习是多元、多姿且多彩的,如同天上的七彩虹(赤、橙、黄、绿、青、蓝、紫)般孕育出绚烂多彩、变幻无穷的颜色,如此便充满变换且生生不息。

"七彩美术"是融入生活的美术。美术是人类文化的一个重要组成部分,与社会生活的方方面面有着千丝万缕的联系。艺术家的艺术创作也常来源于生活并高于生活。"七彩美术"树立生本位的思想,从儿童的角度观察生活点滴,尊重每个孩子最原始的感受,引导儿童自由发展属于自己的童真与个性,帮助他们提高精神和生活品质,让孩子们在实际生活中领悟美术学习的独特价值。

"七彩美术"是灵动而有趣的美术。兴趣是学习美术的最佳内驱动力。"七彩美术"课程设置丰富多变的教学内容,强调通过发挥美术教学特有的魅力,使课程内容与不同年龄阶段的学生的情意和认知特征相适应,以灵活多样的教学方法激发儿童的学习兴趣,并使这种兴趣转化为持久的情感态度。

"七彩美术"是多学科融合的美术。新时代下学科融合的趋势愈加明显,它对于改变学科本位的现状,增强学生的创新意识,培养学生的核心素养有着重要的意义。"七彩美术"课程特别重视保持儿童特有的童真,创设基于特定教学主题的学科融合课程,通过综合学习和探究学习,引导学生在具体情境中探究与发现,找到不同知识之间的关联,发展综合实践能力,创造性地解决问题。

"七彩美术"是贯穿终身的美术。实施义务教育阶段的美术教育,必须坚信每个孩子都具有学习美术的潜能,他们不同的潜质能获得不同程度的发展。"七彩美术"课程适应素质教育的要求,面向全体学生,选择基础的、有利于学生发展的美术知识和技能,结合过程和方法,组成课程的基本内容,通过有效的学习方式,帮助学生逐步体会美术学习的特征,形成基本的美术素养,为终身学习奠定基础。

总而言之,"七彩美术"立足儿童美术学习的发展规律与心理需求,保持儿童特有的童真。顺应儿童的天性,让教育回归生活;尊重儿童间的个性差异,做到因材施教;丰富儿童的情感与精神生活,从而沁润心灵;提升儿童的美术素养,展现新时代少年儿童健康阳光、向上向善、敢于有梦、奋发向上的美好品质。

第二节　美术活动润育七彩童真

《义务教育艺术课程标准(2022年版)》指出:核心素养是课程育人价值的集中体现,是学生通过课程学习逐步形成的适应个人终身发展和社会发展需要的正确价值观,必备品格和关键能力,艺术课程要培养的核心素养主要包括审美感知、艺术表现、创意实践、文化理解等。

一、学科课程总体目标

《义务教育艺术课程标准(2022年版)》指出:通过义务教育艺术课程的学习,学生应达到以下目标:感知、发现、体验和欣赏艺术美、自然美、生活美、社会美,提升审美感知能力;丰富想象力,运用媒介、技术和独特的艺术语言进行表达与交流,运用形象思维创作情景生动、意蕴健康的艺术作品,提高艺术表现能力;发展创新思维,积极参与创作,表演展示,制作等艺术实践活动,学会发现并解决问题,提升创意实践能力;感受和理解我国深厚的文化底蕴和党的百年奋斗重大成就,传承和弘扬中华优秀传统文化,革命文化,社会主义先进文化,坚定文化自信,铸牢中华民族共同体意识;了解不同地区、民族和国家的历史与文化传统,理解文化与构建人类命运共同体的关系,学会尊重,理解和包容。

紧密围绕小学美术学科核心素养,结合我校学科课程特点,"七彩美术"的课程目标从"陶冶儿童的情操,提高审美能力""引导儿童参与文化的传承和交流""绘画能力的培养""手工制作能力的培养""美术基础知识的掌握"五个方面进行阐述。

1. 陶冶学生的情操,提高审美能力

现代社会科学技术的高速发展,需要人的丰富而高尚的情感与之平衡。因为情感性是美术的一个基本品质,也是美术学习活动的一个基本特征,所以美术课程能陶冶儿童的高尚情操,提高其审美能力,增强他们对自然和生活的热爱及责任感,并培养他们尊重和保护自然环境的态度以及创造美好生活的愿望与能力。

2. 引导学生参与文化的传承和交流

美术是人类文化最早和最重要的载体之一,运用美术形式传递情感和思想是整个人类历史中的一种重要的文化行为。在现代社会中，随着信息化进程的加快，图像作为一种有效而生动的信息载体，越来越广泛地出现在人们的生活中。通过对美术课程的学习，有助于儿童熟悉美术的媒材和形式，理解和运用视觉语言，更多地介入信息交流，共享人类社会的文化资源，积极参与文化的传承，并对文化的发展作出自己的贡献。

3. 绘画能力的培养

儿童绘画创作有一个认识的过程。著名的教育理论家布鲁纳指出，儿童认识的发展进程是儿童依次掌握"动作性模式""映象性模式"和"象征性模式"这三种表象模式的过程，它适应儿童思维发展的一般规律。同时，儿童绘画创作也有个人兴趣的制约，教师要从孩子们"学什么""怎样学"的问题入手来激发其学习兴趣，让孩子们由"被动"变"主动"。

4. 手工制作能力的培养

手工制作课作为小学美术课的教学内容之一，它的直观性、形象性、灵活性都比较强，特别是手工课的动手，更符合少年儿童好动的天性，手工制作的目的主要在于提高儿童的动手能力和立体、抽象思维能力，让儿童在动手的过程中积极思考，达到手脑互动。

5. 美术基础知识的掌握

随着儿童年龄的增长，他们知识结构也随之变化，教师有责任讲清楚这些相关知识，在儿童描绘事物、认识事物方面起到正确导向作用，让他们在实践中有理可依，这样利于小学美术教学与中学美术教学的衔接。

二、学科课程年段目标

以《义务教育艺术课程标准（2022年版）》为依托，紧密围绕小学美术学科核心素养，结合我校学科课程特点，制定"七彩美术"各学段的课程目标，让儿童形成基本的美术素养。下面，我们以四年级为例（见表6-1）。

表6-1 "七彩美术"四年级目标表

上学期	下学期
第一单元:走进民间美术 认识民间美术的分类、制作方法、造型、色彩、纹饰、材质、寓意。充分利用本地文化资源,让学生关注民间美术与传统民俗的关系,在文化情境中理解美术作品的含义与寓意,能用美术术语大胆准确地表达。帮助学生树立对民间美术文化的审美观和价值观。	第一单元:大地与江海的乐章 欣赏以"优美"和"崇高"为主题的各种美术作品的形式、材质和内容特征,能用口头或书面语言对音乐情境中的欣赏对象进行视觉描述,说出其特色,表达自己感受。
第二单元:美妙的泥纹饰 了解泥的可塑性,通过"揉、搓、捏、压、刻、贴"等泥塑技法表现植物、动物,学会对具象的自然形体进行夸张变形、概括表达,学会小组合作,丰富作品的表现力,促进学生动手操作、创意表达的能力,培养学生热爱大自然、热爱生活、关注他人的行为品质。	第二单元:学习的好朋友 以学生熟悉的日常学习用品为观察和创作的对象,培养学生观察基本几何形体构成物件的方式与特点,并学会以手绘和手工艺制作的方式加以表现。
第三单元:厨房交响曲 引导学生观察生活,利用厨房的各种再生资源,进行平面或立体的想象创作与装饰美化。培养学生的创新思维、想象能力和动手能力。	第三单元:神气的小画家 认识多种美术作品的艺术风格、表现形式、造型特点及处理方法,学习模仿其表现方法和风格特点进行再创作。
第四单元:我们的大自然 学习水墨技法,并以其来表现荷花、黑天鹅和大自然的树木。掌握水墨技法的运用,观察动物和植物的外形和结构特征,思考如何运用水墨画技法进行表现。	第四单元:我们的版画乐园 让学生体验版面、颜料、印纸、画面之间的关系。学生掌握几种简易版画(刮蜡画、拓印版画、弹涂孔版画)技法,培养动手能力和创造能力。
第五单元:我的图画日记 认识与理解线条、形状、色彩、空间等基本造型元素,让学生了解图画日记的表现形式、结构特点,学习用画面与文字大胆表现自我以及对生活、社会、自然的感受。	第五单元:有趣的地球村 以中外艺术家的优秀剪纸作品引入,使学生理解剪纸的艺术语言,感知多元的剪纸艺术魅力,激发学生对剪纸艺术的热爱。

第三节　巧设丰富多彩的美术课程

"七彩美术"课程框架是架构在我校"花园式课程"体系的总框架下，设立的"1+X"美术课程群。其中的"1"指的是国家基础性课程，为学生未来生活、工作和学习奠定重要的基础；"X"是依托基础课程的学科特点，以及学校特色需要，延伸开发的拓展课程，主要满足儿童的个性化学习需要，让孩子们通过实践操作、自主探究与合作交流等学习形式，培养他们的创新艺术与应用意识。基于此，我校美术学科"七彩美术"课程框架如下：

一、学科课程结构

依照《义务教育艺术课程标准（2022年版）》理论指导，美术学科课程结构涵盖"造型·表现""设计·应用""欣赏·评述""综合·探索"四个学习领域，分为"七彩造型""七彩设计""七彩欣赏""七彩探索"四大板块，是学生学习艺术、提升艺术素养必须经历的活动和过程（见图6-1）。

各板块课程具体表述如下：

（一）七彩造型

通过"造型·表现"，学生掌握美术知识、技能和思维方式，围绕题材，提炼主题，采用平面、立体或动态等多种表现形式表达思想和情感。

（二）七彩设计

通过"设计·应用"学生结合生活和社会情境，运用设计与工艺的知识技能和思维方式，开展基于问题的学习，基于项目的学习，进行传承和创造。

（三）七彩欣赏

通过"欣赏·评述"，学生学会解读美术作品，理解美术及其发展概况。

（四）七彩探索

通过"综合·探索"，学生将所掌握的美术知识、技能和思维方式，与自然、社会、科技、人文相结合，进行综合探索，与学习迁移，提升核心素养。

图6-1 "七彩美术"课程结构图

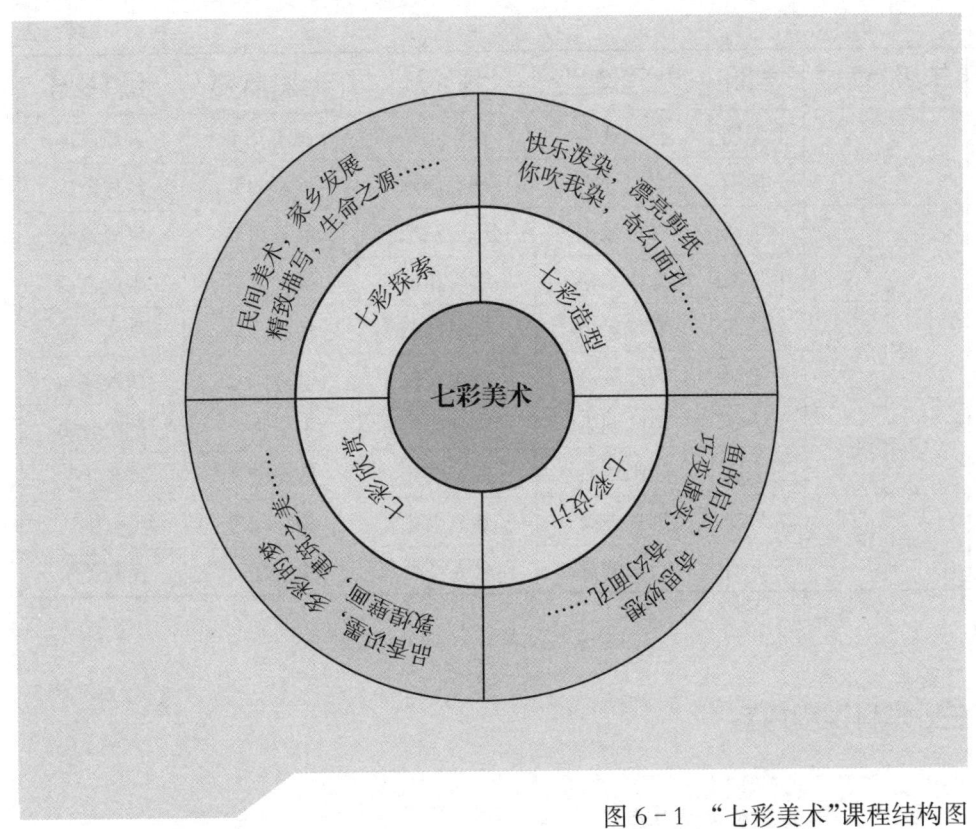

二、学科课程设置

根据上述四个板块的设置,我校以"七彩美术"课程目标的达成和核心素养的落实为出发点,围绕"七彩美术"的学科理念,将"七彩美术"课程设置如下(见表6-2):

表6-2 "七彩美术"课程表

年级/领域	学期	七彩造型	七彩设计	七彩欣赏	七彩探索
一年级	上学期	快乐泼染	鱼的启示	画中识趣	紧密相连
	下学期	漂亮剪纸	奇异海怪	奇妙海底	你家我家

续表

年级/领域	学期	七彩造型	七彩设计	七彩欣赏	七彩探索
二年级	上学期	你吹我染	快乐小鸟	画不释手	编织成网
	下学期	奇幻面孔	创意添画	多彩的梦	纹样陶罐
三年级	上学期	揉纸成画	分享花衣裳	品香识墨	纸碟缠绕
	下学期	童味水墨	缤纷相框	灵动色彩	生命之源
四年级	上学期	有趣蜡染	奇思妙想	悦画分享	纸碟飞舞
	下学期	印迹版痕	巧用对称	认识凡·高	精致描写
五年级	上学期	趣味刷染	巧变虚实	染法临习	层次分明
	下学期	绘唱戏曲	标志设计	敦煌壁画	家乡发展
六年级	上学期	创意夹染	妙笔生花	趣味临习	妆点生活
	下学期	石头创意	名人漫画	建筑之美	民间美术

三、学科课程内容

(一) 一年级美术课程内容

尝试不同工具,用纸以及身边容易找到的各种媒材,通过看一看、画一画、做一做等方法大胆、自由地把所见所闻、所感所想的事物表现出来,体验造型活动的乐趣。具体内容设置如下(见表6-3):

表6-3 "七彩美术"一年级课程内容

年级学期	课程领域	课程名称	课程目标	课程主要内容	课程资源
一年级(上)	七彩造型	快乐泼染	能学会用泼染的形式变换造型;能有意识地变换造型。	通过造型训练发现存在的问题,巧设方法。	校本教材

续 表

年级学期	课程领域	课程名称	课程目标	课程主要内容	课程资源
	七彩设计	鱼的启示	通过学习,让学生借鉴鱼类自身优势进行发明创造。	受鱼儿的启示,进行仿生产品的设计,发挥学生的创造力,观察、比较不同类型的鱼儿,进行仿生设计展示。	由学生自我兴趣入手,教师提供图片等
	七彩欣赏	画中识趣	通过学习,了解中国建筑的源远流长,激发学生对中国传统建筑的兴趣,表达自己的感受和体验,倾听其他小朋友的看法,通过此次欣赏活动提高其对美术的兴趣。	下载一些中外经典的建筑物的图片(长城、天坛、故宫、白宫、卢浮宫等);有关建筑背景方面的材料或有趣的故事。	校本课程
	七彩探索	紧密相连	欣赏、感受生活中各种各样有趣的线条。大胆尝试用线条和色块组合创作,体验美术活动的乐趣。	通过寻找发现不仅彩带能舞出美丽的线条,生活中也充满了各种各样的线条,对线条进行缠绕组合。	创设生活情境,选择贴近生活的话题
一年级(下)	七彩造型	漂亮剪纸	了解剪纸的表现方法和技能,知道其种类。培养学生的动手能力和对祖国传统文化的热爱。	欣赏剪纸作品,认识剪纸材料和掌握剪刀的使用方法,学习技能。	校本课程
	七彩设计	奇异海怪	画出海怪形象,学习线条的疏密组织,学习用线条装饰海怪,乐于分享,培养保护大自然的意识。	了解不同海洋生物,根据其形态特征进行创意组合,画出海怪形象。	岭南版美术教材
	七彩欣赏	奇妙海底	借助多种数学图形表现各种形态的海洋生物。	通过欣赏海底世界让学生了解更多有关海底的课外知识,培养学生热爱自然,保护自然的情感与意识。	利用多媒体资源进行演示和示范讲解
	七彩探索	你家我家	记忆创造,感受生活情趣,培养初步社区意识。了解各种房屋形状、结构,掌握基本画法。	用记忆、想象来表现自己居住的建筑物的形状、结构,用色彩进行装饰。	利用多媒体进行欣赏导入

161

(二) 二年级美术课程内容

尝试不同工具,用身边容易找到的各种媒材,通过看一看、想一想、画一画、做一做等方法进行简单组合和装饰,体验设计制作活动的乐趣。观赏自然和各类美术作品的形与色,能用简短的话语大胆表达自己的感受。采用造型游戏的方式进行无主题或有主题的想象、创作、表演和展示。具体内容设置如下(见表6-4):

表6-4 "七彩美术"二年级课程内容

年级学期	课程领域	课程名称	课程目标	课程主要内容	课程资源
二年级（上）	七彩造型	你吹我染	培养学生的动手能力,发展学生的思维能力,熟练后有助于创作,且便于在日常生活中应用。	熟练吹染技巧,让学生感受动手的乐趣。	岭南版美术教材
	七彩设计	快乐小鸟	拓宽学生知识面,将美术与生活联系在一起,在活动中培养动手能力,加强创新创作能力。	学会观察身边的事物,通过画、剪等方法,用美术的语言把事物表现出来。	校本课程
	七彩欣赏	画不释手	通过观察日常生活的情景,学会初步对环境作画,培养学生的写生意识。	创设生活情境,选择贴近生活的场景,学会用简单线条表达画面。	校本课程
	七彩探索	编织成网	拓宽学生的美术知识面,真正做到学以致用,体会编织的趣妙之处。	以教材中的一些栏目,如"你知道吗?",寻找有趣奇妙的编织图形和编织方法,让学生在课后拓展练习。	以课本知识为基础,进行拓展延伸,寻找并发掘生活中有趣奇妙的艺术编织元素,让学生走出校园,进行实践

162

续　表

年级学期	课程领域	课程名称	课程目标	课程主要内容	课程资源
二年级（下）	七彩造型	奇幻面孔	了解撕纸造型艺术，感受不同造型带给人的不同美感。培养学生的想象力、创造力和动手能力。	掌握撕纸的技巧方法，自己创造一个夸张变形而独特的人物头像。	人教版美术教材
	七彩设计	创意添画	学习创意方法，掌握添画方法和注意事项。利用传统文化引发学生的学习兴趣。	学习简单的添画方法，表现出具有个性的画面，想——画——剪——贴。	人美版美术教材
	七彩欣赏	多彩的梦	指导学生了解刮画的表现特点，提高学生的造型表现能力，引导学生利用刮画的形式创作甜蜜的梦。感受创作的乐趣。	享受色彩的美，感受梦境的美，用竹笔刮出肌理的效果。进行合理的构图，来表现自己的梦境。	创设生活情境，选择更贴近生活的话题
	七彩探索	纹样陶罐	了解陶罐的起源和发展，通过观察、讨论、归纳，初步感受陶罐造型的丰富，设计喜欢的陶罐，用线条形式进行装饰，体验创作的快乐。	欣赏陶罐的起源和发展，了解丰富的纹样和造型知识。进行自主绘画和装饰填色。	校本教材

（三）三年级美术课程内容

初步认识形、色与肌理等美术语言，学习使用各种工具，体验不同媒材的效果，通过看一看、画一画、做一做等方法表现所见所闻、所感所想的事物，激发丰富的想象力与创造愿望。具体内容设置如下（见表6-5）：

表6-5 "七彩美术"三年级课程内容

年级学期	课程领域	课程名称	课程目标	课程主要内容	课程资源
三年级（上）	七彩造型	揉纸成画	掌握揉纸的方法，培养动手能力、思维能力和画面意识，体会动手创作的乐趣。	用揉纸的方式表达画面。	岭南版美术教材
	七彩设计	分享花衣裳	了解各种动植物自带的图案，掌握点线面的组成方法，培养学生的构成观念，体会到美术与生活的紧密联系。	将动植物身上的花纹以点线面的方式表达出来。	岭南版美术教材
	七彩欣赏	品香识墨	认识中国画的工具，了解墨的不同表达效果，欣赏国画的魅力。	运用毛笔表现不同的墨色来创造画面的黑、白、灰层次关系。	校本课程
	七彩探索	纸碟缠绕	了解纸张和笔以外的各种工具作画的不同，认识毛线的缠绕方法，培养学生对美术的兴趣。	在纸碟上用毛线缠绕出各具特色的图案。	校本课程
三年级（下）	七彩造型	童味水墨	接触传统水墨画的工具材料，对水墨画基本用笔、用墨有一定的了解，并完成一幅水墨画，感受传统水墨画的韵味。	认识水墨画材料，玩水墨，观察墨色变化，体验运笔的方法，一起创作一幅水墨画。	校本课程
	七彩设计	缤纷相框	了解相框有关的知识及设计内涵，尝试制作相框，体验手工活动带来的乐趣。	通过学习，了解相框的有关知识和制作方法。利用收集来的材料，变废为宝，制作新颖、美观、实用的小相框。	以课本的相关知识点作为学习资源
	七彩欣赏	灵动色彩	了解色彩的冷暖知识点，感受不同的色彩带来的美。	通过色彩小实验，了解色彩的冷暖和明度变化，设计两幅不同冷暖对比的色彩画。	以课本的相关知识点作为学习资源，利用实验和多媒体资源进行演示

续 表

年级学期	课程领域	课程名称	课程目标	课程主要内容	课程资源
	七彩探索	生命之源	培养学生制作队报的能力，让大家对水资源有一个更深刻的认识，同时号召大家珍惜水和节约用水。	通过收集相关图案、版面设计资料，学习有主题宣传小海报的设计及制作方法。	人美版美术教材

（四）四年级美术课程内容

学习对比与和谐、对称与均衡等组合原理，了解一些简易的创意和手工制作的方法，进行简单的设计和装饰，感受设计制作与其他美术活动的区别。观赏自然和各种美术作品的形、色与质感，能用口头或书面语言对欣赏对象进行描述，说出其特色，表达自己的感受。采用造型游戏的方式，结合语文、音乐等课程内容，进行美术创作、表演和展示，发表自己的创作意图。具体内容设置如下（见表6-6）：

表6-6 "七彩美术"四年级课程内容

年级学期	课程领域	课程名称	课程目标	课程主要内容	课程资源
四年级（上）	七彩造型	有趣蜡染	初步了解和感受蜡染工艺，了解蜡笔水彩的不相容特性，在制作作品时懂得深浅色的合理搭配，体会蜡染的乐趣。	认识蜡染，掌握蜡染的方法，创作体验。	岭南版美术教材
	七彩设计	奇思妙想	运用所学美术知识，创新创作方式和画面的表达能力，培养学生的创新意识和想象力。	用自己的方式创作一幅富有想象力的美术作品。	校本课程
	七彩欣赏	悦画分享	互评或自评的方式，对分享出来的画面给出欣赏建议。	选取学生分享的画作，自评或者其他同学对其给出欣赏建议。	校本课程

续表

年级学期	课程领域	课程名称	课程目标	课程主要内容	课程资源
四年级（下）	七彩探索	纸碟飞舞	学会将创作的纸碟串成一串，锻炼学生动手能力。	在纸碟上作画，用毛线等工具将纸碟连接起来。	以课本相关的知识点作为学习资源
	七彩造型	印迹版痕	学习探究粉印版画的相关知识，能运用粉印版画的技法创造粉印纸版画，培养学生的兴趣爱好和动手能力。	刻制粉印版画的内容，将水粉颜料涂在吹塑纸底版上，依次将颜色转印到黑纸上，完成一幅粉印版画。	校本教程
	七彩设计	巧用对称	设计对称的花纹，设计出美观的对称生活，从而提高学生的设计制作与审美能力。	观察、记忆生活中的对称，以及在自然和生活中的体现。了解结构，掌握制作方法，设计对称形作品。	人美版美术教材
	七彩欣赏	认识凡·高	了解画家凡·高的一生，以及他生平的作品。提高学生的欣赏能力和审美能力，培养学生学习凡·高对绘画、对艺术的一种执着精神。	了解凡·高一生及部分代表性作品。根据色彩内容、笔触等选一幅印象深刻的作品，进行临摹创编。	进行知识拓展，利用多媒体资源进行演示和示范讲解
	七彩探索	精致描写	通过学习发现静物线的美感，培养学生的观察力，线条造型能力及画面组织能力。引导学生在小组学习讨论中培养合作与探究意识。	学习写生及用线进行精细描写的方法，通过学习活动，培养学生对美术学习的兴趣与正确的观察习惯。	校本教程

（五）五年级美术课程内容

运用形、色、肌理和空间等美术语言，以描绘和立体造型的方法，选择适合于自己的工具、材料，记录与表现所见所闻，发展美术构思与创作的能力，表达自己的思想和情感。运用对比与和谐、对称与均衡、节奏与韵律等组合原理，了解一些简单的创意、设计方法和媒材的加工方法，从而进行设计和装饰，美化身边的环境。具体内容设置如下（见表6-7）：

表6-7 "七彩美术"五年级课程内容

年级学期	课程领域	课程名称	课程目标	课程主要内容	课程资源
五年级（上）	七彩造型	趣味刷染	认识刷染技法，体会中国工艺美术，体验动手乐趣。	掌握刷染技法后体验刷染过程。	利用多媒体资源进行演示和示范讲解
	七彩设计	巧变虚实	学习一些常用的美术表达方式，了解一些常见的美术场景，初步掌握虚实，增加画面层次表达方式，开拓思维。	利用虚实表达方式分出画面层次和表现的主体物。	介绍各类虚实的表现手法，利用多媒体资源进行演示
	七彩欣赏	染法临习	实践和应用课堂上所学到的染法知识，去解决课堂上遇到的问题；拓展和延伸教材中的美术知识，掌握一些基本的染法，形成一定的美术技能及特长。	对不同染法进行临习，总结问题解决问题。	根据学生疑问合理利用教具和多媒体资源进行演示
	七彩探索	层次分明	经历生活问题的发现、提取和分析过程，学会用美术的语言解决画面问题，学会分析画面的主次和优缺点，对画面进行整改。	依托教材，联系实际，分析主要层次问题。	挑选教材中所提出的问题，进行知识拓展，利用教具和多媒体资源进行演示和示范讲解
五年级（下）	七彩造型	绘唱戏曲	了解中国戏曲文化，特别是粤剧文化、历史和艺术特色。通过艺术活动，表达对民族艺术和美好生活的热爱之情。	大胆用绘画的语言表达对戏曲人物的理解，选择合适的材料，绘画戏曲中人物的妆容和服饰造型。	校本课程
	七彩设计	标志设计	识别生活中的标志，了解标志的文化，初步学习标志的作用和特点以及构思和设计要领。	通过对标志的识别、欣赏、研究，启发学生设计、创作校园中所需要的标志。	创设生活情境，选择贴近生活的话题

167

续 表

年级学期	课程领域	课程名称	课程目标	课程主要内容	课程资源
	七彩欣赏	敦煌壁画	初步了解和认识敦煌壁画的艺术成就，体会中国文化的博大精深。领略敦煌壁画的魅力，激发学生对中国传统文化的自豪感，培养学生的爱国热情。	引导学生欣赏敦煌壁画，让学生了解和感悟敦煌壁画。	校本教程
	七彩探索	家乡发展	了解自己家乡的历史与发展概况，对家乡的过去与现在有比较深入的认识。通过了解家乡的历史与发展，进一步认识家乡。	知道家乡的标志性景观，并能作简单介绍。激发学生热爱家乡的情感和建设家乡的责任感。	创设生活情境，选择贴近生活的话题

（六）六年级美术课程内容

欣赏、认识自然美及美术作品的材料、形式与内容等特征，通过描述、分析与讨论等方式，了解美术表现的多样性，能用一些简单的美术术语，表达自己对美术作品的感受和理解。结合学校和社区的活动，以美术与科学课程和其他课程的知识、技能相结合的方式，进行策划、制作、表演与展示，体会美术与环境及传统文化的关系。具体内容设置如下（见表6-8）：

表6-8 "七彩美术"六年级课程内容

年级学期	课程领域	课程名称	课程目标	课程主要内容	课程资源
六年级（上）	七彩造型	创意夹染	通过拓展和延伸课堂上的美术知识，学生能够融会贯通，灵活运用。通过观察、制作，培养孩子的创造性思维。	布料制作折叠组合彩色四方连续图案的夹染，制作出变化丰富的夹染图案。	教师利用织物被夹固以后，染液难以渗入的特点而产生花纹，与学生共同制作出变化多端的图案

续 表

年级学期	课程领域	课程名称	课程目标	课程主要内容	课程资源
	七彩设计	妙笔生花	感受并了解中国画的形式美,表达学生对我国传统艺术绘画的热爱,学习掌握中国画的笔墨技巧,提高学生对中国传统绘画的热爱。	初步了解中国画的表现方法和绘画技巧。	根据学生疑问合理利用教具和多媒体资源进行演示
	七彩欣赏	趣味临习	通过教学,帮助学生掌握美术鉴赏的基本方法,重在理解、贯通,养成独立分析的能力。	了解美术史的相关知识,并对相关作品进行赏析。	校本课程
	七彩探索	妆点生活	感受综合纸版画的美感,了解纸版画知识,运用生活中随手可得的材料,制作有趣的纸版画。	引导学生有效地利用各种材料去表现内容,凭自己的感受和对材料的认识进行探索。	利用多媒体资源进行演示和示范讲解
六年级（下）	七彩造型	石头创意	能大胆想象,多方位观察,根据石头的形态联想相应物品,体验在石头上作画的乐趣。	对石头的形态进行创意联想,用水粉体验在石头上作画。相互交流,进行自我评价。	多媒体资源进行演示
	七彩设计	名人漫画	认识肖像漫画的多种表现形式,了解漫画的特点与表现手法,抓住人物外貌特征进行漫画创作,体验漫画艺术的魅力,感受名人的奋斗精神和人格魅力。	运用夸张和变形的线描人物漫画肖像,给名人画一幅肖像漫画。	岭南版美术教材
	七彩欣赏	建筑之美	通过欣赏、比较,初步了解中国与西方建筑的不同风格,认识不同文化对建筑的影响。激发学生对建筑进一步了解、认识的兴趣,及对多元文化的尊重与包容。	讲授与学生自主探究相结合的学习方式开展教学活动。小组学习过程中资源共享,相互启发,完善对建筑的了解和认识。	人美版美术教材

169

续　表

年级学期	课程领域	课程名称	课程目标	课程主要内容	课程资源
	七彩探索	民间美术	了解中国民间美术的概念、种类及其造型特点。培养对民间美术作品的欣赏能力,激发学生对我国丰富多彩的民间美术的喜爱。	掌握欣赏民间美术作品的基本知识,培养欣赏能力,弘扬中国传统文化。	利用多媒体资源进行演示和示范讲解

第四节　引领儿童走进多彩的美术世界

《义务教育艺术课程标准(2022年版)》指出,美术课程以对视觉形象的感知、理解和创造为特征,是学校进行美育的主要途径。课程实施中坚持积极探索有效教学的方法、营造有利于激发创新精神的学习氛围、重视对学生学习方法的研究、培养学生健康乐观的心态和持之以恒的学习精神等原则。课程评价中坚持依据美术课程标准,注重美术学习表现,采用多种方式和鼓励运用多种手段相结合的评价方法。

结合我校课程特色,"七彩美术"学科课程的实施通过建设"七彩课堂",提升美术课程品质;构建"七彩课程",丰富美术课程内涵;组织"七彩竞赛",课内课外相结合;积极探索儿童有效学习的方法,让每一个孩子创设"七彩旅行",感悟美术真迹;开展"七彩创作",拓宽想象视野。

一、建设"七彩课堂",提升美术课程品质

"七彩课堂"是指教师在美术课堂教学过程中尊重个体差异、赏识个性发展,让每个儿童的艺术创作充满生机,艺术表现多姿多彩。"七彩课堂"课程的建设和开发围绕师生综合能力的培养和个性化发展来开展。

(一)"七彩课堂"的实践操作

在线课堂致力于打造精品课程、趣味课程,教师借助"在线学习"新形式,构建学生美术学习新方式,让孩子们通过线上学习启迪创造能力和自主学习能力。在线学习已经成为一种趋势,具有不受时空限制、快速及时、可重复、个性化、交互协作等特点。新的学习方式需要改变新的学习习惯,从传统学习转型到在线学习,让孩子们在鲜明的时代特色和网络特色下学习艺术。我们主要从以下三个方面探索"七彩课堂":

(1)艺术传播立体化。我们在交互平台的建设上走多元化的道路,通过多媒体技术手段,探索美术学习的新时空。提议构建美术课程基地网。争取网站构建、上线开通和日常维护,拥有自己的"网上家园";有更广阔的平台,有更高的起点,为学生自主学习和教师专业化发展提供物质化的载体。

(2)网络学习自主化。让技术推动学习,让课堂发生变革。结合当前形势和已有

的探索，我校将网络学习在美术课堂上的应用推向纵深，并形成一定可操作、符合学科特色、有前瞻性的艺术网络学习课堂教学模式。

(3) 微课专题系列化。提议根据美术课程校本化实施方案，提炼学生艺术素养的发展元素，形成系列化的专题，再针对相应的专题，开发"微赏析""微作画""微体验""微剧场"等不同类型的微课程，充实美术教育资源库。

(二)"七彩课堂"的评价标准

为了衡量"七彩课堂"的实施效果，激励学生的学习热情，促进学生的全面发展，制定以下评价表，直观地反映课堂效果(见表6-9)。

表6-9 "七彩课堂"评价表

评价项目	分值	评价要点	A	B	C	D	小计
教学目标	12	课标与知识把握准确，做到以生为本。	4	3	2	1	
		体现"七彩美术"的特色。	4	3	2	1	
		关注学生生活，注重情感陶冶，情感、态度、价值观与知识、能力的统一。	4	3	2	1	
教学内容	15	关注学科知识的基础性。	3	2	1	0	
		联系现实生活、学生经验，有利于培养学生对美术的兴趣。	3	2	1	0	
		学科技能、方法与应用相结合，注重探究能力培养。	3	2	1	0	
		注重学习能力培养。	3	2	1	0	
		有利于全面提高学生美术素养。	3	2	1	0	
教学过程	30	教学思路清晰，重点突出，层次清楚，结构合理。	5	4	3	2	
		学生主动参与，积极观察、操作、讨论、质疑、探究。	5	4	3	2	
		关注课堂教学的情感性。	5	4	3	2	
		关注学生的个体差异。	5	4	3	2	
		以学生为主体，教师为主导。	5	4	3	2	
		注意学生在教师引领下对知识的自主构建性。	5	4	3	2	

续表

评价项目	分值	评价要点	评价等级 A	B	C	D	小计
教学方法	16	能激发学生学习的兴趣。	4	3	2	1	
		能调动学生参与、合作、探究、体验的积极性。	4	3	2	1	
		能发挥学生的主体性、主动性。	4	3	2	1	
		面向全体学生、关注个性发展。	4	3	2	1	
教学效果	13	多维教学目标的实现。	3	2	1	0	
		学生全体发展和差异发展的统一。	3	2	1	0	
		课堂成为学生活跃思想、情感交流、自我展示的场所。	3	2	1	0	
		实现了师生的共同发展。	4	3	2	1	
教学特色	14	教学语言和板书。	3	2	1	0	
		应用现代教育技术。	3	2	1	0	
		学科教学基本技能。	3	2	1	0	
		组织教学，驾驭课堂能力。	3	2	1	0	
		教学有不同于他人的明显特色与风格。	2	1	0	0	
评价意见			总分				

二、开发"七彩课程"，丰富美术课程内涵

"七彩课程"是寓教于乐、生动形象的课程，是集创造性、多样性、丰富性、趣味性为一体的美术课程构建体系。通过创设"七彩环境"、丰富"七彩教材"、注重"七彩创意"、联系"七彩生活"4个方向进行改革实践。

（一）"七彩课程"的实施路径

（1）创设"七彩环境"。根据皮亚杰"儿童是在与环境的相互作用中发展起来的"的认识理论，以创设具有开放、新形态、充满创意艺术氛围的教育环境作为开展"七彩课程"的切入点，结合每位教师美术功能室的特色，在每个功能室精心布置学生的七彩

作品及环创装置，使美术功能室别具一格，创设七彩环境。

（2）丰富"七彩教材"。美术课程在选用岭南版教材统编课程的基础上，增设校本课程，将七彩元素融入建筑、服装、陶泥、国画、剪纸、拓印等领域，进一步提高教材内容的多样性，形成多元丰富的教材。加深学生对美术各领域的认识，感受美术七彩般的魅力。

（3）注重"七彩创意"。以儿童为本，设计不同的创意课程，让孩子们在"七彩美术"中运用不同材料、不同表现手段和不同艺术形式，创作有趣味性和创意性的艺术作品，激发他们的创新思维和创作热情。

（4）联系"七彩生活"。充分发掘"七彩美术"课程与社会生活方方面面的联系。选择符合学生年龄特点的欣赏内容，采用各种教学手段，丰富学生的形象储存，使学生认识美术的特征。将实践活动融入"七彩课程"，带领学生参观美术馆、博物馆、画室工作坊，欣赏优秀影视、范画作品，访问画家等活动，引导学生增加直观形象感受，提升审美能力。培养学生对事物敏锐的观察能力，让学生学会欣赏自然、欣赏生活，养成在自然和生活中寻找美、发现美的习惯。

（二）"七彩课程"的评价要点

"七彩课程"是最主要的学校教学方式，依据《义务教育艺术课程标准（2022年版）》美术评价的多维性和多级性要求，建立"全程式"评价。所谓"全程式"评价，即是把教学评价贯穿于课堂教学的全过程，对整个教学过程中学生的兴趣表现、构想创意、课堂作业作全面评价。评价主要分为三个阶段。①兴趣评价。在"七彩课程"的教学当中，应注重及时评价，对儿童的回答或者反馈进行及时评价，以加快深入引导"七彩课程"的进程。②创意评价。在这一过程中，通过教师的引导，儿童将浓厚的兴趣、好奇心转化为创造性思维。③总结性评价。"七彩课程"的最后阶段，这里主要是作业评价阶段。教师一定要把握好审美尺度，从作品中发现儿童的创造性思维，把它作为衡量好差的一个重要标准，这样儿童的主体地位才能得以落实，创造意识才能得以增强。

三、组织"七彩竞赛"，课内课外相结合

在美术学习的过程中，课堂要形成你追我赶的热烈氛围，有对比、有成长才能有进

步,这是艺术竞赛的初衷。让孩子参加比赛是一种很好的锻炼机会,比赛有输赢,孩子知道了努力的结果;比赛有团队,孩子懂得了团结和付出;比赛有困难,孩子收获了解决问题的勇气;比赛有情绪,孩子释放了最真实的自己;比赛有运气,孩子还能了解生活的真相。

(一)"七彩竞赛"的实践操作

教师鼓励孩子参与全国、省、市、区、校级各类艺术活动与比赛,收获各项比赛荣誉,提升儿童的信心与热情,促进学生全面发展。

(二)"七彩竞赛"的评价标准

"七彩竞赛"的实施可以说是对学生最好的强化,依据美术课程标准进行评价,区分竞赛的等级,如班级、校级、区级、市级、省级、全国级等等,根据等级对学生给予荣誉奖励与评价,如全校性的表扬等。

四、创设"七彩旅行",感悟美术真迹

读万卷书,行万里路,走出书斋,游畅天下。我校已进行两次毕业生研学旅行,孩子们去到湖南、贵州两省,参观学习,身临其境。"七彩旅行"让孩子们领略自然山水,感悟历史古迹,在行走中感悟自然,在行走中了解历史。

(一)"七彩旅行"的实践操作

学校组织孩子们到各地名胜古迹与美术馆博物馆参观,进行研学活动。教师引导孩子们通过观察、体验、分析、比较、联想、鉴别、判断等方法,积极开展艺术探讨,鼓励他们分享知识与表达感受,努力提高他们的审美能力。

具体课程设计可从儿童视角出发,采取"我欣赏、我感悟、我描绘"等板块设计,让孩子们不论行走到哪里,"行"前都要先做查阅资料、了解景点、调查路线等准备工作;"行"中要做好观看、欣赏、拍照、绘画的工作;"行"后要绘出自己的独特感受,与人分享。

(二)"七彩旅行"的评价标准

"七彩旅行"可以根据美术课程标准,利用美术档案袋的形式去记录整个旅行的过程,资料收集,包括旅行研习记录、旅行构想方案、旅行过程记录、自我评价及自我反思(如对自己旅行研学过程与记录的描述、评价、改进想法)、他人(如同学、家人、老师)的

评价等。旅行结束后，举办以评价为目的的旅行研学分享会，下面几点可作为评价标准：①旅行研学的收获学习性。②途中旅行研学的笔记整理分享的优质性。③整个旅程的欣赏性与感悟性。

五、开展"七彩创作"，拓宽想象视野

"七彩创作"是依托学校丰富多样的功能教室，运用系统全面的美术教学设备，有效支撑师生美术教学活动。教师根据每个孩子的兴趣爱好和特长，有针对性地进行国画、陶艺、剪纸及创意美术等创作活动，培养孩子的创新能力、审美意识和合作精神，孩子在完成创作的同时自身想象能力和视野得到拓宽。

（一）"七彩创作"的实践操作

设置"七彩创作"教室，培养儿童美术创造能力。教师应充分发挥学校功能教室特色鲜明、内容丰富的优势，以活泼多样的课程内容和教学手段，激发儿童学习兴趣，努力将这种兴趣转化为持久的情感态度，实现儿童的个性发展和创造能力的培养。

运用"七彩创作"教室，建设美术兴趣小组。针对儿童的兴趣爱好及特长，组织每位孩子选择1至2个创作兴趣小组参加活动，提升其美术创作能力。

依托"七彩创作"教室，培养学生团队合作精神。"七彩教室"开设的重要目的之一是让学生亲身参与到实践活动中去，同时利用教学活动，适当开展团队协作内容的教学，使儿童在美术学习过程中学习互助、交流和协作。

（二）"七彩创作"的评价标准

"七彩创作"可以根据美术课程标准，从儿童创作的态度、体验、协作、效果四个方面进行评价。①态度。根据在美术创作活动中孩子们的态度表现来判断，如：是否能按要求做好课前准备，在学习活动中是否投入、认真，学习过程中是否能集中注意力、自控能力是否强等。②体验。根据孩子们对美术学习的兴趣与反应来判断，如：是否有兴趣参与美术的各种活动等。③协作。通过孩子们参与小组和集体活动的态度以及与他人的交流合作来判断，如：是否能与他人协调合作，是否能与他人沟通交流，是否能对他人进行客观评价等。④效果。通过孩子在学习活动中的参与、表现情况来判断，如：是否能掌握基本的美术知识与技能等。

综上所述，我们着力体现"七彩美术"的课程理念，按照课程的内容设置，加强儿童

学习活动的综合性和探索性，注重美术课程与儿童生活经验紧密相连，使儿童在积极的情感体验中发展观察能力、想象力和创造能力，让美术成为儿童自由表达认知和情感的一种语言，让儿童保持特有的"七彩童真"。

(执笔者：吴慧　郭葳　马咏怡　谢燕)

第七章

"魅力音乐"的智慧：享受平衡的课程情愫

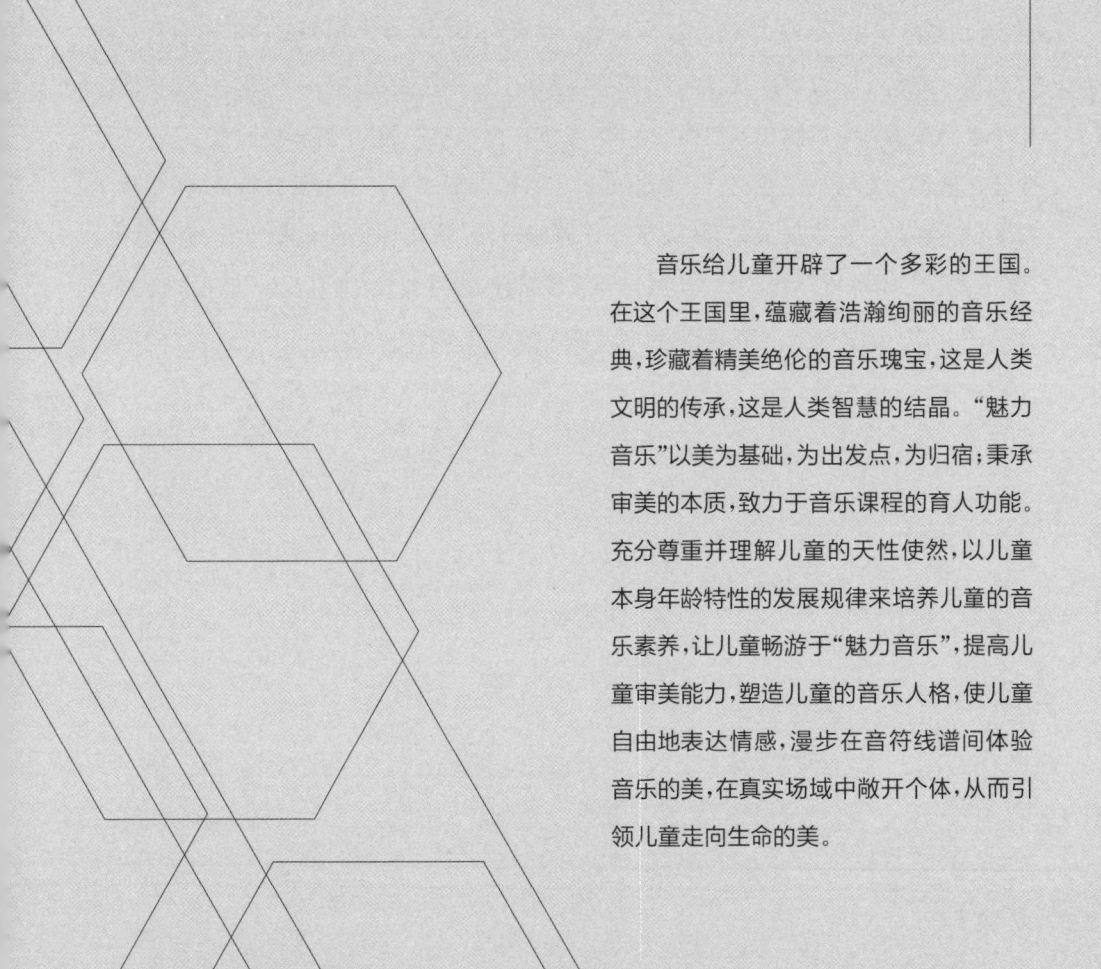

音乐给儿童开辟了一个多彩的王国。在这个王国里，蕴藏着浩瀚绚丽的音乐经典，珍藏着精美绝伦的音乐瑰宝，这是人类文明的传承，这是人类智慧的结晶。"魅力音乐"以美为基础，为出发点，为归宿；秉承审美的本质，致力于音乐课程的育人功能。充分尊重并理解儿童的天性使然，以儿童本身年龄特性的发展规律来培养儿童的音乐素养，让儿童畅游于"魅力音乐"，提高儿童审美能力，塑造儿童的音乐人格，使儿童自由地表达情感，漫步在音符线谱间体验音乐的美，在真实场域中敞开个体，从而引领儿童走向生命的美。

广州市黄埔区东荟花园小学音乐组现有教师6人,其中高级教师1人,广州市音乐骨干教师1人,区优秀音乐教师1人,广州市中小学音乐特约教研员1人,广州市中小学音乐中心组成员1人,黄埔区音乐中心组片区组长2人,研究生学历1人。组内教师多次获得省、市、区赛优秀指导教师称号。校内设有合唱团、舞蹈团,学校舞蹈团连续6年被广州电视台邀请参加新年跨年晚会演出,并多次参加大型比赛屡获佳绩。学校合唱团参加台北国际合唱大赛获得银奖;参加广州市中小学学校合唱节获得二等奖;参加黄埔区中小学合唱节获得一等奖。学校的中国鼓队参加黄埔区中小学器乐比赛获得一等奖。学校舞蹈队参加黄埔区中小学学校舞蹈大赛获得一等奖;参加黄埔区中小学学校美育节舞蹈比赛获得一等奖;参加广州市第三届"羊城学校美育节"中小学生才艺展示比赛获得一等奖。音乐组的每位教师都形成了各自的教学特色,课堂教学深受学生喜爱。现依据教育部《关于深化课程改革,落实立德树人根本任务的意见》《义务教育艺术课程标准(2022年版)》等文件精神,推进我校"魅力音乐"课程群建设。

第一节 音乐是浸润心灵的艺术语言

一、学科性质观

音乐是人类最古老、最具普遍性和感染力的艺术形式之一,是人类通过有组织的音响实现思想和感情的表现与交流必不可少的听觉艺术,是人类精神生活的有机组成部分。作为人类文化的一种重要形态和载体,音乐蕴含着丰富的文化和历史内涵,以其独特的艺术魅力伴随人类历史的发展,满足人们的精神文化需求。

音乐课程是九年义务教育阶段面向全体学生的一门必修课,而音乐的课程性质主要包含三个方面。

(一) 音乐的人文性

人文性是音乐所具有的性质之一。音乐是文化的重要组成部分,是人类宝贵的精神文化遗产和智慧结晶。音乐课程中的艺术作品和音乐活动,皆注入了不同文化身份的创作者、表演者、传播者和参与者的思想情感和文化主张,是不同国家、不同民族、不同时代文化发展脉络以及民族性格、民族情感和民族精神的展现,具有鲜明而深刻的人文性。作为人文学科的一个重要领域,音乐有着鲜明的特殊性,即音乐是表现—表情的艺术,声音—听觉的艺术,实践—动态的艺术。它最集中地凝结并感性地展现了人的精神观念的本质力量,特别是人的情感的本质力量。[①] 因此,学生在学习各民族、各国家音乐的同时也是在学习和了解各国、各民族文化。

(二) 音乐的审美性

音乐凸显审美性。"以美育人"的教育思想与我国的教育、文化传统一脉相承,是培养德智体美全面发展的社会主义建设者和接班人的教育方针的有机组成部分。对于中小学生而言,音乐课程的魅力不仅仅在于学习知识和技能,最重要的是以其为工具,达到启迪、激励、唤醒、感染和净化等以美育人效果。审美教育是面向全体学生的教育,它不仅是一种做人修养,同时更是一种情操,而音乐课就是实现美育的有效

---

① 李婷.论音乐艺术的特殊性[J].魅力中国,2014(11):92.

途径。

(三) 音乐的实践性

音乐强调实践性。音乐专业是一门实践性很强的学科,它需要学生通过聆听、演唱、探究、综合性艺术表演和音乐编创等多种实践形式的学习,在实践中总结,在实践中提高。需要学生反复地进行技能、技法的训练,而训练的结果又必须通过舞台及其表演形式来检验。学生在亲身参与这些实践活动过程中,获得对音乐的直接经验和丰富的情感体验,为掌握音乐相关知识和技能、领悟音乐内涵、提高音乐素养打下良好的基础。

二、学科课程理念

音乐既是声音的艺术又是情感的艺术。音乐的魅力是无穷的,让人沉浸其中而乐此不疲。我校音乐科组把"魅力音乐"作为学科课程哲学,结合本校的实际及教学实践,让孩子们主动参与,积极思考、创编,展示他们的能力,让儿童享受美妙的音乐。

(一) "魅力音乐"是儿童的音乐

魅力音乐让儿童真实地欣赏、感受音乐中的美,传递、创造真实的生活美,珍惜、享受美的人生。让教师感受真实的教育,让儿童体验真实的教育,让每一个孩子在学习中陶冶情操,感受音乐的魅力,使得人人都能获得良好的音乐教育,让每个孩子得到不同的发展。

(二) "魅力音乐"是享受的音乐

音乐可以使儿童体验快乐,培养兴趣。音乐是和人的生命关系最为密切的一种艺术形式。他们听到欢快的音乐,就会高兴,有时候还会翩翩起舞;可是一旦听到伤感的音乐,他们会悲伤,甚至会流眼泪。

(三) "魅力音乐"是和谐的音乐

和谐能产生美,和谐是一切美好事物的最大特征,就像一首歌曲的优美就在于它在音色、音调、旋律、节奏等方面的和谐。

(四) "魅力音乐"是过程的音乐

音乐作品体现了缜密的逻辑。如在完整的交响乐中,不同乐章的发展、递进、互动,乐器之间的相互辉映都表现出了音乐的理性。

总之,"魅力音乐"是儿童的音乐、享受的音乐、和谐的音乐、过程的音乐,儿童成长发展过程离不开音乐。

音乐教育离不开音乐课程。音乐课程给儿童开辟了一个多彩的王国,音乐王国中蕴藏着浩瀚绚丽的经典乐曲,珍藏着精美绝伦的音乐瑰宝,这是人类智慧的结晶,是人类精神的产物。这些音乐珍品,有时代的写照,也有历史的见证;有情感的流露,也有心灵的倾诉;有理性的探索,也有哲学的思考;有高山的诗情,也有流水的画意;有现实的模拟,也有事物的象征;有独特的风格,也有迥异的派别。在这个王国里,乐音被艺术地组合成优美悦耳的音响,不同音调的协调与对抗,追逐与遇合,飞跃与消逝——这些因素以自由的形式,构成最美的和谐,呈现在儿童的心灵面前,并以其独特的艺术魅力,使儿童感到美的愉悦,显示出音乐艺术美的价值。因此,我们提出"魅力音乐"之理念,我们期待音乐给儿童以智慧,给儿童以美感,给儿童以激励,给儿童以启示,以高尚的审美仪式对待生活,对待世界。

第二节　让情感体验涵养儿童的乐感

《义务教育艺术课程标准(2022年版)》指出:核心素养是课程育人价值的集中体现,是学生通过课程学习逐步形成的适应个人终身发展和社会发展需要的正确价值观、必备品格和关键能力。艺术课程要培养的核心素养主要包括审美感知、艺术表现、创意实践、文化理解等。

审美感知是对自然世界、社会生活和艺术作品中美的特征及其意义与作用的发现、感受、认识和反应能力。审美感知具体指向审美对象富有意味的表现特征,以及艺术活动与作品中的艺术语言、艺术形象、风格意蕴、情感表达等。审美感知的培育,有助于学生发现美、感知美,丰富审美体验,提升审美情趣。

艺术表现是在艺术活动中创造艺术形象、表达思想感情、展现艺术美感的实践能力。艺术表现包括艺术活动中联想和想象的发挥,表现手段与方法的选择,媒介、技术和艺术语言的运用,以及情感的沟通和思想的交流。艺术表现的培育,有助于学生掌握艺术表现的技能,认识艺术与生活的广泛联系,增强形象思维能力,涵养热爱生命和生活的态度。

创意实践是综合运用多学科知识,紧密联系现实生活,进行艺术创新和实践应用的能力。创意实践包括营造氛围,激发灵感,对创作过程和方法进行探究与实验,生成独特的想法并转化为艺术成果。创意实践的培育,有助于学生形成创新意识,提高艺术实践能力和创造能力,增强团队精神。

文化理解是对特定文化情境中艺术作品人文内涵的感悟、领会、阐释能力。文化理解包括感悟艺术活动、艺术作品所反映的文化内涵,领会艺术对文化发展的贡献和价值,阐释艺术与文化之间的关系。文化理解的培育,有助于学生在艺术活动中形成正确的历史观、民族观、国家观、文化观,尊重文化多样性,增强文化自信。

艺术课程的4个核心素养相辅相成,相得益彰,贯穿艺术学习的全过程。其中,审美感知是艺术学习的基础,艺术表现是学生参与艺术活动的必备能力,创意实践是学生创新意识和创造能力的集中体现,文化理解则以正确的价值观引领审美感知、艺术表现和创意实践。

一、学科课程总体目标

《义务教育艺术课程标准(2022年版)》总目标是:感知、发现、体验和欣赏艺术美、自然美、生活美、社会美,提升审美感知能力。丰富想象力,运用媒介、技术和独特的艺术语言进行表达与交流,运用形象思维创作情景生动、意蕴健康的艺术作品,提高艺术表现能力。发展创新思维,积极参与创作、表演、展示、制作等艺术实践活动,学会发现并解决问题,提升创意实践能力。感受和理解我国深厚的文化底蕴和党的百年奋斗重大成就,传承和弘扬中华优秀传统文化、革命文化、社会主义先进文化,坚定文化自信,筑牢中华民族共同体意识。了解不同地区、民族和国家的历史与文化传统,理解文化与构建人类命运共同体的关系,学会尊重、理解和包容。

二、学科课程年段目标

根据课程标准总目标,依据花城版的音乐教材和教参,结合广州的地域情况及学校的课程理念,我们厘定了一至六年级各个年段的课程目标(见表7-1)。

表7-1 "魅力音乐"课程目标总表

目标 年级	上学期	下学期
一年级	第一课 1. 初步建立音乐课堂学习常规。 2. 在感受、模仿的基础上,学会歌曲《我今天上学喽》。在演唱时能自然有表情地把歌曲愉悦、兴奋的情绪表现出来。在激发和培养学生对音乐的兴趣的同时,让孩子把"我是小学生"的自豪感用动作和歌声表现出来。 3. 通过听、读、拍等活动,体验并感知"X"和"XX"两种节奏时值的长短。	第一课 1. 在听唱或观赏歌舞表演的活动中,让学生模仿教师或录音、视频中的音响与动作,边表演边歌唱广东童谣《落雨大》。 2. 学唱歌曲《海娃变油娃》,同时在情感上让学生了解南海有着丰富的资源,是我国固有领土的一部分。

续 表

目标＼年级	上学期	下学期
	第二课 1. 在听《去同学家》的律动音乐中，能听出音的长短不同。当音乐中出现不同音长时能用自己的肢体做出不同的动作。 2. 能区分打击乐器中"三角铁"与"木鱼"音色的不同，学会三角铁和木鱼的敲击方法。 3. 初步建立音的时值长短不同的概念。在小小音乐剧学习中，感知敲门音乐和见面握手音乐的长短不同，并能在表演中用三角铁和木鱼在相应的地方为之伴奏。 4. 能随着歌曲录音或教师范唱一起演唱歌曲中有歌词的部分，并用合适的律动参与表演小小音乐剧。	第二课 1. 复习巩固 mi、sol、la 3 个音的手号，学会 do 的手号，并能自己打着手号或者看教师的手号唱出相应的音高。 2. 能根据书上的手号谱打着手号模唱歌曲《小铃铛》。 3. 学唱歌曲《瑶家儿童爱唱歌》。在课本中手号谱显示的地方，学生能自己打着手号唱出来。 4. 在《do、mi、sol 是好朋友》的活动中，教师以"do、mi、so"3 个音用打手号的方法让学生做二声部练习（也可以尝试加入 la 音一起做综合练习）。
	第三课 1. 教育学生从小懂得国旗的意义，培养学生爱国旗、爱祖国的感情。 2. 能随录音或在教师的伴奏下用自然亲切的歌声，充满感情地演唱歌曲《国旗国旗真美丽》。 3. 在聆听、参与歌唱活动中体验音乐中的语句。能通过不同的动作表现音乐的语句。	第三课 1. 复习和巩固"do、mi、sol"3 个音的手号与相对音高概念。 2. 能背唱歌曲《十个小印第安人》。 3. 能用第 17 页的伴奏型为歌曲做简易伴奏，并随音乐做唱游活动。
	第四课 1. 巩固和复习"X""XX"节奏，学习"X －"这个新节奏。 2. 能将"X""XX""X －"3 种节奏自由组合并用手拍或口读出来。 3. 初步感知音乐中的速度和力度的变化，并能通过律动的形式表现出来。 4. 能随录音或在教师的伴奏下用自豪的歌声表现歌曲。	第四课 1. 巩固和复习"X、XX、X －"节奏。 2. 唱会歌曲《向前走》。 3. 学习音乐知识——乐句，并能用律动的方法表现这首歌曲中的重复与对比，即音乐的结构。

续 表

目标\年级	上学期	下学期
	第五课 1. 能随录音或在教师的伴奏下唱会歌曲。 2. 在演唱歌曲时结合律动的方式表现歌曲旋律的美感与歌词中兄弟姐妹之亲情。 3. 通过与《小列兵》对比的方法,感知两首歌曲在速度、力度、情绪方面的不同。	第五课 1. 认识音乐中的"渐强""渐弱"记号,了解其在音乐中的意义。 2. 在听唱歌曲《火车跑得快》时,能跟随录音在音乐中出现渐强和渐弱音响的地方做出正确的演唱。
	第六课 1. 能随录音或在教师的伴奏下唱会歌曲。 2. 通过模仿小鸡、狗儿、猫儿这3种学生熟悉的叫声与学唱歌曲《在农场里》,让学生进一步体验、复习和巩固"X""XX"与"X-"3种节奏时值的长短关系。做这3种节奏构成的节奏多声游戏。 3. 能拍读出"X""XX"与"X-"。 4. 在教师的帮助下,尝试根据自己熟悉的动物叫声为歌曲编词演唱。	第六课 1. 能随录音或在教师的伴奏下表演歌曲《拍手谣》。 2. 学唱歌曲《唐老伯有个小农场》,并能为歌曲分句。 3. 用"X""XX""X-"3种节奏,创编节奏型。然后,用打击乐器为歌曲伴奏。 4. 在教师的帮助下,尝试根据自己熟悉的动物叫声,为歌曲《唐老伯有个小农场》编词演唱。
	第七课 1. 在参与歌唱的活动中体验音阶的上行与下行,为音高教学做好铺垫。 2. 聆听并模仿教师的范唱,能区别并表现出在上行音阶与下行音阶中用了渐强、渐弱力度记号与没用力度记号的不同。 3. 聆听并模仿教师的范唱,尝试用不同的音色表现老青蛙和小青蛙的歌声。 4. 复习三角铁、木鱼的音色;学习蛙筒和手板的演奏方法,区别出它们音色的不同,并用它们为歌曲伴奏。 5. 感知音的高低。能区别音 1(do) 和 i(do') 的高低,并在演唱歌曲《低音 1(do)和高音 i(do)》中正确地演唱出来。	第七课 1. 学习新的节奏型"2",并能正确地拍读出来。 2. 背唱歌曲《小毛驴》,并能为歌曲分句。 3. 在五段律动音乐活动中,能用律动正确地表现出力度和速度的变化。

续 表

目标\年级	上学期	下学期
	第八课 1. 能听辨出"3、5"两个音的高低。 2. 学习"3、5"两个音的手号,在听"3、5"两个音时能打出手号,并唱出正确的音高。 3. 学唱歌曲《布谷叫,春天到》与《3(mi)、5(sol)短曲》。 4. 复习前面学过的"X""XX"与"X-"3种节奏,并能用本节课学习的"3、5"两个音即兴编写两小节左右的旋律,并打着手号唱出来。	第八课 1. 能听辨出音乐中双簧管和圆号出现的地方。 2. 在完整地欣赏音乐时,能结合音乐的进行,为音乐配上旁白。
	第九课 1. 巩固复习"3、5"两个音。 2. 在听歌曲录音或教师范唱活动中能着手号,用准确的声音,在正确的节拍处唱出"5、3"(咕咕)两个音和歌词。 3. 能随歌曲录音演唱歌曲。	第九课 1. 体验与感知二拍子的拍律特点。 2. 能随录音或教师的伴奏演唱歌曲。 3. 能为歌曲写上合适的速度。
	第十课 1. 学唱歌曲《我们歌唱》《是谁在酸》。 2. 认识力度记号"f"和"p",能区别出它们所表现声音效果的不同。 3. 培养学生关注乐谱的习惯,在演唱中遇到"f"和"p"记号时能正确地用自己的歌声表现出来。 4. 在做"如何敲门更好"的活动中培养学生讲文明、懂礼貌的好习惯。	第十课 1. 学唱歌曲《小小的船》,并能为歌曲写上合适的速度。 2. 感知《小小的船》与《小圆舞曲》这两首中速的三拍子音乐的美感。 3. 在欣赏《快乐的罗嗦》与《星光圆舞曲》的片段音乐中,能听辨出哪个是二拍子,哪个是三拍子。
	第十一课 1. 复习巩固"3、5"两个音的手号,增加"6"的手号。 2. 学唱歌曲《左手和右手》。 3. 在听辨"3、5、6"3个音时能打着手号并唱出正确的音高。	第十一课 1. 复习巩固"3、5、6"3个音的手号,增加"2"的手号。 2. 能随音乐演唱歌曲《牧童谣》。 3. 能自己打手号唱出歌曲第1、2、4小节的旋律。

年级\目标	上学期	下学期
	4. 复习前面学过的"X""XX"与"X-"3个节奏,能用本节课学习的"3、5、6"3个音即兴编写两小节左右的旋律并打着手号唱出来。 5. 学唱歌曲《敲起音条3、5、6》,在愉悦的歌唱与敲击乐器的活动中巩固"mi、sol、la"3个音的相对音高,并用敲音条辅助的方法与歌曲《敲起音条3、5、6》形成合唱,体验3个音合唱时的人声效果。	
	第十二课 1. 学会演唱歌曲《小兔子乖乖》。 2. 在唱游活动中能用不同的声音表现大灰狼、小兔子和兔妈妈。 3. 结合唱游认识3种乐器——小提琴、大提琴、圆号,并能判断出它们音色的不同。	第十二课 1. 欣赏贺绿汀的《摇篮曲》片段,体会音乐所带来的美感。 2. 听唱舒伯特的《摇篮曲》,用声音随音乐表现歌曲宁静温柔的情绪。
	第十三课 1. 能背唱歌曲《咏鹅》,在演唱中感受音乐如何与诗歌相结合,体验音高与诗词韵律相结合的美感。 2. 通过唱游的形式表现歌曲,加深对歌曲的表现与理解。 3. 复习和巩固大提琴、小提琴的音色,能区分出用这两件乐器演奏的《咏鹅》。	第十三课 1. 能打着手号自己学唱歌曲《落水天》的1、2小节。 2. 尝试用客家方言跟随歌曲的录音演唱。
	第十四课 1. 歌曲《梅花鹿》。 (1) 能背唱歌曲《梅花鹿》。 (2) 复习和巩固小打击乐器三角铁、木鱼、蛙筒、响板的音色。 (3) 复习和巩固"X""XX"节奏。能用三角铁、木鱼、蛙筒、响板敲击用"X""XX"组成的节奏型为歌曲伴奏。 (4) 能找出与第1个乐句完全相同的乐句(乐曲结构的第2次出现)。	第十四课 1. 能随音乐演唱歌曲《娃哈哈》。 2. 能用双响筒、铃鼓为歌曲伴奏。 3. 尝试用课本上的舞蹈动作提示边跳边唱。

续 表

目标年级	上学期	下学期
	2. 歌曲《爷爷今天过生日》。 (1) 学会歌曲《爷爷今天过生日》。 (2) 通过歌曲的学习让学生懂得尊重长辈,培养学生爱家、爱亲人的感情。 3. 歌曲《我的头和我的肩》。 (1) 学唱歌曲《我的头和我的肩》,唱会之后随音乐做唱游活动。 (2) 在教师帮助下进行编创歌词的活动,并能唱出来。	
	第十五课 1. 管弦乐曲《春节序曲》片段。 聆听管弦乐曲《春节序曲》片段,了解中国北方部分地区新年跳秧歌、舞狮子、放爆竹的习俗,感受、想象中国喜庆、热闹的中国春节节日气氛。 2. 歌曲《过新年》。 (1) 学唱歌曲《过新年》。 (2) 能听辨出钹、鼓音色的不同。 (3) 在歌曲表演唱活动中,当唱到"咚""锵"的歌词时,能用奏钹、打鼓的形式为之合奏。 3. 歌曲《行花街》。 (1) 随录音或教师的示范学几个粤语字、词,并在歌曲《行花街》中唱出来。 (2) 介绍广东地区年三十晚行花街的风俗人情。 (3) 复习和巩固钹、鼓的音色,在教师的帮助下,尝试用这两件乐器为这首歌曲的部分乐句编配伴奏。	第十五课 1. 学唱歌曲《好孩子要诚实》,并在学唱的过程中初步感知和体验"4(fa)"的音高概念。 2. 能在歌曲第一段结束的"喵,喵,喵"与第二段结束的"妙,妙,妙"两个地方运用合适的方法去表现歌曲内涵,并让学生知道,诚实的孩子才是好孩子。 3. 学唱《小鼓响咚咚》,并能根据歌词的含义能用"f"和"p"两个力度记号处理歌曲。 4. 能用合适的力度和声音表现歌曲结束时"咚咚咚"和"懂懂懂"两个地方的内涵,并教育孩子们怎样做个懂礼貌的好孩子。
	第十六课 1. 欣赏《铃儿响叮当》,感受圣诞的节日气氛,随音乐一起唱歌曲的第二部分歌词。	第十六课 1. 能随着录音演唱歌曲《司马光砸缸》。 2. 尝试用打击乐器或身边的器材为歌曲配音响。

续 表

目标年级	上学期	下学期
	2. 学唱歌曲《新年好》，了解新年（元旦）的一些节日风俗。	3. 在教师的协助下，全班合作表演《司马光砸缸》，培养学生的合作能力。
二年级	第一课 1. 唱会歌曲《小朋友，爱祖国》，让学生通过演唱，激发学生心中的爱国情怀。 2. 唱会歌曲《温暖的家》，让学生在歌曲优美的旋律演唱中去感悟和表现家庭的温暖。并培养学生爱家，爱自己的情感。	第一课 1. 能随歌曲的演唱录音或教师的范唱一起演唱《没有祖国哪里会有我》，并通过歌曲的学习，激发学生的爱国情怀，树立民族自豪感。 2. 学唱歌曲《猜花》，能用对答的形式与他人合作演唱，并能用书本中提供的节奏型，选择合适的乐器为歌曲做伴奏。 3. 随《猜花》的音乐一起做海南《调声》表演时的歌舞律动。
	第二课 1. 唱会歌曲《五声歌》，在歌曲出现唱名的地方，学生能慢速地跟随教师一起打手号唱准由这5个音组成的旋律乐句。 2. 能随录音一起演唱歌曲《箫》，在学习歌曲中初步感受和建立高音"2"的音高概念。学生能自己打手号唱出歌曲中的部分乐句。 3. 欣赏箫独奏《箫》，初步熟悉和了解箫的音色。	第二课 1. 学唱歌曲《勇敢的鄂伦春》。在唱会歌曲后，能较好地使用"f、p、渐强、渐弱"等力度记号表现歌曲，并在教师的指导下了解这些音乐要素在这首歌曲中的作用。 2. 能随着音乐一边歌唱一边做骑马的律动。 3. 学完此课后，学生能打出"do、re、mi、sol、la、(do')"6个音的手号并唱出它们的相对音高。
	第三课 1. 唱会歌曲《闪烁的小星》，在歌曲学唱过程中感受"4"的音高观念。通过为歌曲加小乐器伴奏的方法进一步巩固学生对"X、XX、X -"3种节奏的掌握。音乐的结构要素 ABA。 2. 随录音演唱歌曲《海鸟的家园》，并能唱出歌曲中的跳音与 f、p 与歌曲结束时渐弱的力度记号。 3. 欣赏器乐曲《海鸟的家园》，感受夏威夷琴的音色。	第三课 1. 学习"7"(si)的唱名和手号，并通过反复模唱感受"7"(si)与"i"(do')的音高感觉。 2. 学唱歌曲《音阶歌》，在歌唱中巩固 C 大调7个音的唱名及音高。 3. 学唱歌曲《有个洋娃娃》，在演唱中进一步感受和巩固"7"(si)与"i"(do)的音高概念，同时通过歌曲的演唱，感受和体验印度尼西亚儿歌所带来的不同音乐风格。

续 表

目标\年级	上学期	下学期
		4. 在学会歌曲《有个洋娃娃》后,能用自己的歌声去表达歌曲的情绪。
	第四课 1. 小动物联欢会:让学生在读、拍的过程中初步感受、认知"八十六"节奏,并尝试对这个节奏进行拍读。 2. 通过学唱歌曲《恰利利、恰利》,感受"八十六"节奏在歌曲中的运用。同时巩固学生对音乐力度的掌握,并能通过两个声部合作演唱这首歌曲。 3. 欣赏歌曲《掀起你的盖头来》,通过演唱的方法进一步感受和巩固"4"(fa)在歌曲中的音高观念与"八十六"节奏。并尝试用新疆舞蹈律动为歌曲伴舞。	第四课 1. 在读童谣的活动中,通过踏步、口读、拍手等方法,感受四分音符及休止符的时值,掌握如何拍读四分休止符。 2. 在学唱《野兔饿了》这首歌曲的过程中,能正确地唱准四分休止符的时值,并通过歌曲的学习对学生进行思想品德的教育,让学生知道不能做不劳而获的事情。在歌曲的学习过程中复习巩固"aa' ba'"的曲式结构。 3. 学唱歌曲《多年以前》。唱会歌曲《多年以前》的一声部旋律,尤其要关注歌曲中的四分休止符,时值要准确;能较好地用"f、P"等力度记号表现歌曲;尝试用二部合唱来表现歌曲。
	第五课 1. 欣赏电影原声歌曲《两颗星星》,让学生感受歌曲的旋律。 2. 在教师的指挥下跟唱《两颗星星》(片段),并能在歌谱中有手号的地方打手号随音乐一起唱出相应的唱名。	第五课 1. 欣赏《小鸟》与《大象》,通过对比聆听,感受长笛与低音提琴的音色特点;能随着《大象》的音乐做踏步的动作。 2. 欣赏管弦乐曲《咆哮的老狗熊》片段,感知大管的音色,并随音乐律动。 3. 欣赏乐曲《袋鼠》,感受双钢琴交替演奏的跳跃性音型,以及音乐刻画的轻快而敏捷的袋鼠形象。 4. 欣赏乐曲《水族馆》,感受乐曲中钢琴琶音所表现出来的微波荡漾的水面,以及鱼儿在水中穿梭游动的感觉,并尝试用合适的律动来表现音乐。 5. 欣赏钢琴独奏《木马游戏》,感受钢琴的音色,体验和感受作品表现的孩子骑在木马上前后摇摆的动态。

续 表

目标\年级	上学期	下学期
	第六课 1.《狮王进行曲》：能哼唱主题旋律片段，能听出乐曲中模仿狮子吼叫的音乐片段共出现了几次，并通过感受与模唱体验这段音乐的旋律走向。 2.《在钟表店里》：在欣赏中感受音乐的速度、节拍、情绪，能哼唱与听辨一至两个主题。	第六课 1. 通过对比欣赏广东民歌《月光光》与小提琴独奏《新春乐》，让学生知道音乐中速度有快有慢。 2. 通过欣赏管弦乐曲《森吉德玛》片段，感受相同的音乐在速度不同时音乐形象发生的变化。并通过认识节拍机的活动，知道如何确定音乐的速度。 3. 再欣赏管弦乐曲《森吉德玛》片段时，能用快、慢两种不同的速度随音乐哼唱主题。
	第七课 1. 学唱《小花雀》，学习并掌握新的节奏型"十六八"，在合唱练习片段中进一步现固"1、3、5"这3个音的音高观念。 2. 能用活泼风趣的歌声演唱《老谷爷赶鹅》，感知音乐的结构，寻找这首歌曲相同的乐句，并现固"十六八"节奏的掌握。	第七课 1. 学唱歌曲《降落伞》，通过为这首歌曲寻找组成音，并排序演唱音阶的方法来复习和现固C大调的音阶；能师生合作演唱歌曲，并能随音乐唱歌谱，能唱准音阶不断下行时调式中的各音。 2. 在唱熟歌曲后，尝试用上一课中学过的"速度"的知识，为歌曲配上合适的速度，写出音乐的情绪。并能通过演唱表现出降落伞下落的音乐形象。 3. 唱会歌曲《我们的小乐队》，并能用钹、小军鼓、大低音鼓或者用声势等为歌曲配伴奏。在歌曲表现活动中，在有"渐弱"和"f"力度记号的地方能用自己的歌声或伴奏表现出来。
	第八课 学唱歌曲《十只小猪过河》，在理解歌词意思的基础上进行唱游活动。	第八课 1. 欣赏交响曲《暴风雨》的片段，通过听音乐、看画面产生音乐的联想，在感受音乐的基础上体会音乐要素对音乐形象塑造的作用。并能背记描述阿尔卑斯山牧歌风格的音乐主题。简单了解作曲家贝多芬。

193

续 表

目标\年级	上学期	下学期
		2. 知道歌曲《欢乐颂》的曲作者,唱会歌曲《欢乐颂》,并在歌曲学习的过程中进一步巩固"aa'ba'"的曲式结构。
	第九课 1. 学唱歌曲《画》,通过读、唱品味诗与古曲旋律相结合后所产生的韵律与意境美。 2. 学唱歌曲《悯农》,找出歌曲中重复的乐句。并在教学中渗透从小爱惜粮食、尊重劳动的思想教育。	第九课 1. 聆听小提琴独奏《大海》,能在音乐的意境中,有表情地朗通《大海》这首诗;同时通过聆听独奏音乐,进一步复习和巩固对小提琴的音色的听辨能力。 2. 学唱歌曲《大海》,并能有表情地自信地演唱歌曲《大海》。 3. 尝试运用朗诵、歌唱、声势、创编律动或音响、创编故事等综合艺术手段表现歌曲《大海》这首歌曲或乐曲。
	第十课 1. 学唱歌曲《螃蟹歌》,并能表现出歌曲风趣诙谐的情绪。 2. 学唱歌曲《稻草里的火鸡》,能用力度和歌唱语气的变化表现歌曲,并通过增加动作做到有表情地歌唱。	第十课 1. 唱会歌曲《哎呀!玛利亚丢了宝石花》,并能选择合适的方式,随着音乐以音乐游戏的形式表现歌曲。 2. 在学唱歌曲的同时,进一步复习和感受乐段的重复。
	第十一课 1. 学唱歌曲《酸枣刺》,能用自己的歌声表达出歌曲所表达的孩子们打败日寇汉奸的决心。 2. 学唱歌曲《共产儿童团歌》,能唱出音乐的情绪,了解进行曲速度,并能踏着节拍随音乐律动。能听出钢琴变奏曲《共产儿童团歌》中的2—3个变奏片段。 3. 听音乐故事,了解歌曲《卖报歌》的产生背景。学唱《卖报歌》,并能用双响筒、沙锤为歌曲伴奏。通过学唱歌曲对学生进行爱国主义的思想品德教育。	第十一课 1. 唱会歌曲《哈哩噜》,并能在歌曲中出现"XX"的地方正确地随音乐拍手;能用打击乐器或律动等方式参与演唱活动。 2. 唱会歌曲《学我做》,并创编合适的律动和教师一起做唱游活动。

续 表

目标 年级	上学期	下学期
		第十二课 1. 在"找乐器"的游戏活动中,初步感受音色,复习和巩固小提琴、大提琴、圆号、双簧管、大管、长笛乐器音色,并能在这些乐曲中判断出这些乐器的音色。 2. 在"雨的节奏"游戏中复习和巩固"X、XX、四个十六、十六八"这4种节奏和四分音符,并能用嗓音、打击乐器、拍打身体或创编情景等形式来表现游戏内容。
		第十三课 1. 能够与他人合作,用小打击乐器、角色扮演等方式表演小歌舞剧《龟兔赛跑》,并能在表演中关注音乐,当速度、力度、情绪等音乐要素发生变化时能做出不同的反应。 2. 聆听管弦乐曲《乌龟》和律动音乐《蹦蹦跳跳的小兔子》,能配合音乐,用合适的律动表现音乐的快慢及与之对应的动物神态。
三年级	第一课 1. 学唱《我们爱老师》和《我们的学校亚克西》,激发学生爱师、爱校的情感。 2. 能用优美、有感情的声音演唱《我们爱老师》,并根据乐句的不同即兴创动作配合演唱。 3. 能用自然的声音、活泼的情绪背唱《我们的学校亚克西》,学习新疆舞蹈的基本舞步,自由编创手部动作,并用打击乐为歌曲伴奏。	第一课 1. 感受"春"的音乐形象,学唱《春天来了》,能用甜美自然的声音轻松愉快地演唱,并用打击乐器为歌曲伴奏。 2. 在音乐活动中了解乐曲的"重复"与"对比",并能举例唱出学过的带重复和对比的歌曲。 3. 欣赏小提琴协奏曲《春》的第一乐章,哼唱并熟记音乐主题,感受乐曲所描绘的不同形象,并用动作表现出来。

续 表

目标 年级	上学期	下学期
	第二课 1. 欣赏民乐合奏《快乐的罗嗦》，感受彝族舞曲的风格，熟悉音乐主题。 2. 能击拍、口读四分音符和八分音符。 3. 在稳定拍子的辅助下，能独立击拍演唱乐曲《快乐的罗嗦》的乐谱。 4. 能随教师的琴声初步体验、尝试演唱《快乐的罗嗦》二声部的乐谱。	第二课 1. 学唱《风铃》，能用优美清脆的声音、恰当的力度表现不同的风铃形象。 2. 进行多声节奏的练习，能用学过的节奏创编并合作打击，体验创编及合作的乐趣。 3. 认识音名"F"和"G"，能在键盘上找出来。能听辨"C－G"的音高。 4. 能用5个手指模拟弹奏乐曲。
	第三课 1. 听唱《大海啊，故乡》，学唱《牧童之歌》，选择合适的动作感受、体验、表现三拍子和二拍子的强弱规律，培养音乐审美力和表现力。能用圆润、有情感的声音演唱《大海啊，故乡》。 2. 欣赏《小螺号》《我们美丽的祖国》，辨别 2/4 拍、3/4 拍，并用动作表现出来。	第三课 1. 欣赏《英雄凯旋歌》，体验歌曲坚定、雄壮的情绪。在聆听的过程中，用手击拍的方式感受全音符的拍律。 2. 认识音符的名称和与之相对应的时值，并能熟练地口读、手击拍出来。 3. 学会用打击乐器为《英雄凯旋歌》伴奏，在稳定的拍子中熟练掌握四分休止符。
	第四课 1. 欣赏《扬鞭催马运粮忙》，感知音乐速度的快慢所表现的不同音乐形象。 2. 欣赏《渔舟唱晚》，感受乐曲中的速度变化，并用律动表现出来。 3. 对比欣赏《乌龟》和《地狱中的奥菲欧》序曲，学唱《乌龟》的音乐主题，进一步了解速度对塑造音乐形象的重要性。	第四课 1. 在聆听和学唱中，体验民歌的美，培养学生喜欢听民歌、唱民歌。 2. 欣赏《梦中的额吉》，体验蒙古族民歌宽广、深情的美感。感受歌曲松紧结合的节奏所营造的音乐意境。 3. 掌握节奏多声游戏《端午节》，尝试编创不同的节奏谱并朗读出来。 4. 学唱《瑶山乐》，能用轻快优美的歌声表现歌曲的欢快情绪，并用简单的瑶族舞蹈动作边歌边舞。 5. 背唱《凤阳花鼓》第一声部，尝试边唱二声部边为歌曲伴奏，巩固四分休止符。同时能击拍视唱主旋律。（学唱歌曲《凤阳花鼓》，了解安徽民歌的风格）

续 表

目标\年级	上学期	下学期
		6. 用击拍唱谱的方法学会切分音演唱,并在稳定拍子的辅助下,独立击拍演唱《凤阳花鼓》的歌谱,同时尝试用锣鼓"咚锵"的声势演唱《凤阳花鼓》二声部。 7. 对比并体验锣鼓在不同地方民歌与民谣中的不同作用。
	第五课 1. 在拍读儿歌《春天》中,感知"XXX"的读法,并能击拍、口读节奏。 2. 能拍打"XXX"和"XXX"结合在一起的节奏。 3. 学唱《嘀哩嘀哩》,进一步掌握"XXX"的唱法,并能选择合适的速度演唱。 4. 学唱《小斑鸠对我说》,选择合适的演唱形式表现歌曲的情绪,准确掌握"XXX"的节奏。 5. 背唱两首表现春天的歌曲——《嘀哩嘀哩》和《小斑鸠对我说》。	第五课 1. 在模仿语言节奏中,感受语言中的强弱,了解四拍子音乐的强弱规律。 2. 能用身势律动体验四拍子音乐的强弱规律,并能创编合适的动作表现《渔光曲》的强弱。 3. 了解音乐记号"拍号",并能听辨出二拍子、三拍子、四拍子的音乐。 4. 学唱《送别》,能用优美深情的、富有四拍子强弱规律的声音表达歌曲情绪。 5. 复习旋律线的知识,感知乐句行进方向的异同。
	第六课 1. 聆听钢琴曲《捉迷藏》,记忆音乐主题,感知力度、速度在塑造音乐形象上所起的作用。 2. 聆听轻音乐《杜鹃圆舞曲》,感受三拍子的音乐特点,能听辨音乐主题。	第六课 1. 在音乐活动中感受二胡与小提琴的不同音色,并学会分辨。 2. 欣赏《空山鸟语》,了解二胡的音色是如何塑造出空山幽谷及群鸟欢呼的景象的。 3. 欣赏《云雀》,体会小提琴华丽优美的音色所描绘出来的云雀的形象,对比与二胡所塑造的群鸟形象的异同,了解音色对音乐风格形成的重要作用。
	第七课 1. 能边做踢毽子的动作边歌唱《踢毽子》。	第七课 1. 复习力度记号,明确其意义,并能表现出来。

续 表

目标＼年级	上学期	下学期
	2. 能用轻柔的声音,有控制地歌唱《虫儿飞》。 3. 了解弱起小节,能用合适的速度演唱《当我们同在一起》,并将歌曲分句,按照不同的乐句编创动作。 4. 能用歌声表现《翠鸟咕咕咕》的活泼情绪,并在教师的指挥下,学会二声部的轮唱。	2. 了解作曲家冼星海,聆听《游击军》,感知力度的变化,了解力度的强弱对比运用在描绘音乐形象中所起的作用。 3. 欣赏无伴奏合唱《回声》,能够感知力度的变化并根据自己的体验说出力度这一音乐要素在其中所发挥的作用。
	第八课 1. 了解旋律的上行、下行和同音反复的概念,并能在音乐片段中听辨出来。 2. 了解级进、跳进的概念,学唱《我们大家跳起来》,在歌曲和律动中感受歌曲中级进和跳进。	第八课 1. 欣赏《卡农歌》和《救国军歌》,了解卡农这一艺术形式,学习用卡农的形式做节奏练习。 2. 能用合适的速度、稳定的节拍和欢快的情绪演唱《欢乐歌》。 3. 欣赏《保卫黄河》,体验卡农的运用在表现作品磅礴的气势以及所蕴含的爱国情感上所起的作用。 4. 复习音名"C、D、E、F、G",学习新的音名"A"和"B",尝试听辨这些音。结合"玩乐器(三)",能在 G 调上模拟弹奏《我有一只小羊羔》。
	第九课 1. 学唱《数蛤蟆》,编创歌词,并根据音乐形象用打击乐为歌曲编配伴奏。 2. 欣赏《公鸡和母鸡》及《吹口哨的人与狗》,能用动作表现音乐所表达的形象。 3. 掌握音名"C""D""E"在键盘上的不同位置,并能用三根手指模仿弹奏《我有一只小羊羔》。	第九课 1. 能根据人物形象朗读《木桶有个洞》的台词。 2. 学唱歌曲《木桶有个洞》,即兴编创歌词进行歌唱。 3. 分角色表演音乐幽默小品《木桶有个洞》,愿意参与表演,培养创新意识和创新能力。
	第十课 1. 学唱中国台湾歌曲《捕鱼歌》,了解旋律进行中的"大跳",能借助手号或搭桥的方法唱准"1(i)"。	第十课 1. 通过对歌曲《美丽的朝霞》和《丰收之歌》划旋律线感受歌曲的级进和跳进。

续 表

目标\年级	上学期	下学期
	2. 能有感情地演唱《太阳出来喜洋洋》和《桔梗谣》,从音乐要素的角度出发,分析两首民歌的不同风格。 3. 学习波音记号,并能将其在《太阳出来喜洋洋》中演唱出来。 4. 通过学唱民歌,感受衬词在民歌中的作用。	2. 体会《丰收之歌》欢乐、热烈的情绪,唱好一音多字的歌词。理解、体会丰收的喜悦,懂得珍惜劳动成果,愿意与他人分享劳动的快乐。
	第十一课 1. 观赏《四小天鹅舞曲》和《那不勒斯舞曲》的舞蹈视频,感受音乐在舞蹈形象刻画中所起的作用;能在乐曲中听辨出小提琴、双簧管和大管出现的顺序;听辨《那不勒斯舞曲》中的乐器并能自创动作随音乐律动。 2. 聆听大提琴独奏曲《天鹅》,在观赏芭蕾舞《天鹅之死》的过程中,感受《天鹅》的音乐形象。在听辨主奏乐器和伴奏乐器的过程中,感知主调音乐的特色。 3. 观赏舞剧《红色娘子军》中《女战士和炊事班长的舞蹈》,能自由创编动作,获得音乐审美体验。 4. 欣赏《金孔雀轻轻跳》,能模仿孔雀舞的动作随音乐边唱边跳。	第十一课 1. 在音乐活动中熟悉和了解亚洲民间歌曲和音乐,增进对亚洲音乐的认识和喜爱,愿意进一步了解和学习它们。 2. 欣赏斯里兰卡民间歌舞《罐舞》,在模仿"罐舞"的动作中感受其音乐与舞蹈结合的美感。 3. 能用自然圆润的声音演唱朝鲜民歌《阿里郎》,了解朝鲜音乐的特点。 4. 用热情、欢快的声音演唱《木瓜恰恰恰》,感受歌曲的欢快情绪和喜悦心情,了解印尼相关文化以及"叫卖调"。 5. 通过欣赏和听唱《厄尔嘎兹》,了解土耳其的音乐风格,感受和模仿表现作品轻快活泼的特点。
	第十二课 1. 欣赏《好朋友来了》,分段记忆歌词。 2. 分角色按情节自由表演,培养学生的综合表演能力。	第十二课 1. 在参与实践活动中,激发学生了解和学习京剧的兴趣。 2. 初步了解京剧的四大行当,重点认识丑角。 3. 在听、看、读、演、议的活动中感受京剧念白的特点。
		第十三课 1. 在歌剧表演中增强学生的合作意识和团队精神。

续 表

目标\年级	上学期	下学期
		2. 学唱《孙悟空打妖精》的全部合唱部分，能够积极参与角色表演，自信地在他人面前表现，并与他人合作。 3. 能够对自己、他人的表演进行简单的评论。
四年级	第一课 1. 学习掌握三连音的节奏；能够准确演唱弱起节奏。 2. 了解国歌的创作背景及作者，能用自豪的心情唱准、唱好国歌，激发学生的爱国热情。 3. 欣赏《码头工人歌》，了解其创作背景以及节奏特点，进一步巩固三连音的节奏型。 第二课 1. 用音乐与姊妹艺术结合的方法，了解什么是音色。 2. 了解人声的分类，通过聆听与对比，听辨出人声的类别。 3. 激发学生学习竖笛的兴趣，初步掌握基本的持笛、吹笛方法；能用适中的力度、均衡的气息吹奏短音和连音。 第三课 1. 从语言入手，感受、把握切分节奏的节拍重音，掌握切分节奏的读法。	第一课 1. 学唱《我爱中华》，激发学生热爱中华的感情，能用歌声表达作为中国人的自豪之情。 2. 熟练掌握"X. X"节奏型，了解"主歌"与"副歌"，并能分辨带"主歌"与"副歌"结构的歌曲。 3. 听唱《中国人》，在聆听和模唱中体会歌曲的情绪，表达自豪的情感。 第二课 1. 聆听不同地域不同风格、不同表现形式的《茉莉花》，体验歌曲的不同特色和风格特征愿意欣赏和学唱我国优秀的民歌。 2. 学唱两首不同版本的江苏民歌《茉莉花》（第 14 页和第 17 页），能用优美自然的声音表达歌曲的情绪及音乐风格。 3. 欣赏东北、河北、河南民歌《茉莉花》，感受其风格特征，能分析它们的异同及形成的原因。 4. 欣赏歌剧《图兰朵》中的"茉莉花"片段，理解优秀的民歌也是世界各族人民的文化财富，要学会分享并欣赏它们。 第三课 1. 体会"速度""力度"在音乐表现中的作用，学会在欣赏和歌唱时关注和运用。

续　表

目标\年级	上学期	下学期
	2. 学唱两首不同风格的歌曲《秋色》和《土风舞》,了解音乐要素与音乐情绪的关系,能用歌声表达歌曲的不同情绪与美感。 3. 欣赏小提琴协奏曲《秋》的第三乐章,熟悉音乐主题。	2. 欣赏《春江花月夜》和《百鸟朝凤》片段,感受乐曲的"动"与"静",并能用语言和文字表达出来。 3. 欣赏《匈牙利舞曲》(第五号)片段,熟记音乐主题,感知速度、力度变化给音乐带来的活力。
	第四课 1. 认识附点二分音符的时值,能准确地拍读其节奏。 2. 学唱《山》,律动体验三拍子的韵律感,尝试用二声部合唱的形式表现歌曲。 3. 能用欢快的情绪演唱《牧羊女》,感受其"A+B"的结构,并能用动作或图示表现出来。 4. 游戏复习音名,能够排列并听辨不同的音名。	第四课 1. 欣赏《小小少年》,体会朝气少年的阳光心情。同时了解其曲式结构。 2. 学唱《小小少年》,能用愉快的歌声表达少年的心情。 3. 掌握"X. X"节奏并能熟练运用。
	第五课 1. 学会歌曲《大风车》,复习和巩固切分节奏。 2. 学会用欢乐的情绪演唱歌曲《快乐的铁匠》,了解这首歌曲与钢琴独奏曲《钢琴变奏曲》之间的联系。	第五课 1. 欣赏铜管四重奏《快乐的号子》,了解、对比大号、小号、长号、圆号的音色。 2. 聆听管弦乐曲《查尔达斯舞曲》,感受铜管乐器的音色,能够在音乐中辨别出乐器的音色并用动作模仿表现出来。
	第六课 1. 学唱《浏阳河》和《小小鲤鱼粉红鳃》,初步接触结束音,并能背唱《小小鲤鱼粉红鳃》。 2. 欣赏《新货郎》《回娘家》《黄河船夫曲》,感受并体验不同的音乐风格。 3. 激发对民歌的学习兴趣,并愿意在课下聆听、学唱不同地区的民歌。	第六课 1. 复习旋律进行的方式,能在聆听音乐片段中分辨出旋律进行的方式:级进、跳进或同音反复。 2. 了解旋律线,学唱《西风的话》,边唱边用手划旋律线,体验歌曲旋律的内在韵律。 3. 学吹竖笛"5(g)"音,能够做到气息均匀,音色优美,享受到合奏的乐趣并能喜爱吹奏竖笛。

续 表

目标\年级	上学期	下学期
	第七课 1. 对比欣赏中、美、日3首动漫音乐,能感受不同的音乐形象和故事情境,听辨相应的音乐主题。 2. 了解动漫音乐的一些常识,提高学生自主思考的能力,积极参与音乐课堂的学习兴趣,培养音乐故事的感受和表演能力。	第七课 1. 在音乐活动中熟悉和了解北美洲的民歌和音乐,增进对北美音乐的认识和喜爱,愿意进一步了解和学习它们。 2. 欣赏《扬基·嘟得儿》,了解歌曲背景并熟记音乐主题。 3. 学唱《牧场上的家》,感受其旋律进行的方向,并能用自己的方式表示歌曲的旋律线和结构。 4. 能用欢快诙谐的情绪演唱《噢!苏珊娜》,处理好歌唱气息与乐句的关系。同时对比分析《牧场上的家》和《噢!苏珊娜》两首歌的音乐要素所带来的不同音乐风格。 5. 能用优美的声音演唱《月亮河》,分析旋律进行的特点,了解歌曲的风格。 6. 欣赏电影《雨中曲》的主题歌部分,了解音乐特点。 7. 背唱《红河谷》,能用中等的速度、平缓的呼吸、整体统一的声音深情地演唱。
	第八课 1. 欣赏《引子与狮王进行曲》,能拍击引子的节奏并背唱音乐主题。 2. 欣赏《公鸡和母鸡》和《大象》,能分析乐曲使用的乐器、音色,以及描绘的动物形象,并伴随音乐做律动。 3. 欣赏《袋鼠》和《水族馆》,从音色、连音及顿音速度、力度等分析并听辨演奏的乐器。 4. 欣赏《终曲》,讨论音乐要素是如何体现音乐形象的。并用合作的方式模仿、扮演乐曲中出现的动物,对自己和他人的表演做出简单的评价。	第八课 1. 调动学生的创造热情,积极参与,在活动中培养学生的创新意识。 2. 学唱《邮递员叔叔来了》,能够在歌唱或聆听歌曲时即兴地创编表达不同心情的动作和表情。 3. 能够编创符合收信人心情的2—4小节的节奏短句或旋律短句。 4. 能够对自己、他人的表演和创作进行简单的评论。

续 表

目标\年级	上学期	下学期
	第九课 1. 通过学习澳大利亚和新西兰的民歌，了解大洋洲有代表性的音乐，能尊重和理解不同民族的音乐文化。 2. 能用诙谐、欢快的声音演唱《剪羊毛》，并用两个声部的固定节奏型为其伴奏；能分析4个乐句的异同。 3. 用优美的歌声学唱澳大利亚民歌《瓦尔森·马蒂尔德》。 4. 欣赏器乐合奏曲《剪羊毛》和澳大利亚民歌《瓦尔森·马蒂尔德》，进一步了解澳大利亚民歌的特点。 5. 欣赏毛利歌曲《毛利欢迎你》，了解新西兰的音乐文化。	第九课 1. 感知3/8拍子的音乐，能熟练掌握并分辨其与二拍子音乐的不同。 2. 吟诵唐诗《回乡偶书》，从语言节奏中感受3/8拍的节拍感和强弱规律，了解3/8拍的概念，学会拍打3/8拍的节奏。 3. 学唱《阿瓦日古丽》和《什么船儿》，能用优美的声音表现歌曲的韵律感。 4. 欣赏《可爱的玫瑰花》，感受2/4拍子歌曲的特点，在熟悉旋律的基础上，学会击拍视唱。 5. 认识唱名"4、7"，在视唱中掌握其音高。能击拍视唱《郊游》。
	第十课 1. 了解北京奥运会的相关知识，以及两首歌曲创作的背景。 2. 欣赏歌曲《北京欢迎你》，能随歌曲录音一起演唱部分歌词。 3. 通过识读乐谱的形式学唱歌曲《我和你》。 4. 认识音乐的社会功能，理解音乐与社会生活的联系，能关注重要节日或重大事件中的音乐作品。	第十课 1. 在模仿学唱京剧片段中，愿意聆听并积极参与演唱。 2. 根据录像（录音）学唱京剧片段《大吊车真厉害》。
		第十一课 1. 观赏动画片《猫和老鼠》中汤姆演奏《匈牙利狂想曲》的片段，提高学生的欣赏兴趣。 2. 欣赏郎朗演奏的《匈牙利狂想曲》片段，将其与动画片的片段做对比，加深对该曲的理解。 3. 增强对钢琴曲的欣赏兴趣，愿意进一步聆听和欣赏。

续 表

目标＼年级	上学期	下学期
		第十二课 1. 通过本课学习，能关注描写大自然的相关音乐，感受作曲家是如何用音乐来表现四季中的"夏"的。 2. 能用优美活泼的声音演唱《可喜的一天》，巩固"主歌"与"副歌"的概念。 3. 学唱《让我们荡起双桨》，体验旋律的美感，并能用歌声表现愉快的心情。 4. 欣赏小提琴协奏曲《四季》中的《夏》第三乐章，能用语言表达作曲家所描绘的景象。 5. 欣赏管弦乐曲《雷鸣电闪波尔卡》，能听辨定音鼓和铜钹，并在音乐声中用动作表现出来。
五年级	第一课 1. 能对合唱产生兴趣，乐于参与合唱的排练，享受合唱带来的愉悦。 2. 能用饱满的情绪和自然圆润的声音背唱二声部合唱曲《歌声与微笑》《在卡吉德洛森林里》，能倾听他人的歌声，基本做到声部平衡和谐；在演唱《在卡吉德洛森林里》时，能准确地表现歌曲中的顿音、渐慢、渐弱；欣赏童声合唱《飞来的花瓣》，初步了解童声合唱演唱形式。 3. 能对指挥手势做出正确反应，并对合唱演唱活动进行自评与他评。	第一课 1. 能够对我国的创作歌曲及器乐作品感兴趣，激发学生的民族自豪感，并乐于关注音乐中的旋律、伴奏与织体。 2. 能够用良好的合唱习惯熟唱二部歌曲《红星歌》《卡农歌》；了解音乐中的旋律、伴奏与织体。 3. 听辨出《红星歌》中单旋律和带有伴奏的旋律两者之间的不同；从女声独唱《映山红》、男声独唱《嘉陵江上》、小提琴协奏曲《楼台会》三首曲子中领悟两类主要的音乐织体形式——主调织体和复调织体；能够在钢琴曲《牧童短笛》中认知音乐织体变化与结构的密切关系。
	第二课 1. 能熟练地演唱歌曲《采莲谣》，并能准确地表现歌曲的情感。	第二课 1. 让学生体会在欣赏交响音画作品中带来的美感及精神上的愉悦。

续 表

目标\年级	上学期	下学期
	2. 初步理解单拍子和复拍子的概念,能对单拍子和复拍子做出准确判断。 3. 能用声势、律动、划拍等方式感知6/8拍的强弱规律。	2. 基本了解交响音画这种音乐体裁,体会音乐意境及特定的音画形象;认识俄罗斯作曲家鲍罗丁;熟唱《在中亚细亚草原上》两种不同风格的主题,感受这两个主题各自的风格和美感。 3. 两组同学跟随着乐曲同时哼唱两个不同的主题,从中体会复调织体的美感以及其在乐曲中发挥的作用。 4. 进一步学习竖笛的基本吹奏方法。复习"6(a)"的指法,学会"7(b)"和"i(c2)"的指法,并能用"7、i"两个音,按谱例要求为歌曲《唐老伯有个小农场》和《加花·变奏》音乐主题伴奏。
	第三课 1. 能在歌曲演唱和竖笛演奏中感知音乐旋律的优美,喜欢参与歌曲、乐曲的表现。 2. 欣赏歌曲《歌唱祖国》(片段),用欢乐和充满青春活力的歌声熟唱歌曲《青年友谊圆舞曲》,听辨出歌曲的乐句结构和乐句终止感,感受旋律中的主音。 3. 进一步学习竖笛的基本吹奏方法,复习"5"的指法,学会"6"的指法,并能用"5、6"两个音按谱例要求为歌曲《虹彩妹妹》和《自新大陆》第四乐章主题伴奏。	第三课 1. 认知新的节奏型"X X X",并能在节奏练习"读读、拍拍"和歌曲中正确地拍、读、唱出来。 2. 背唱歌曲《蜗牛与黄鹂鸟》《放牧归》,能用准确的声音和情感表达歌曲的情绪,注意节奏型"X X X"在歌曲演唱中的运用。 3. 在演唱、律动、歌舞剧表演等艺术实践活动中,提升学生对音乐的表现能力,培养学生热爱大自然,学习蜗牛不畏艰难,对奋斗目标执着追求的顽强精神和动物和谐相处的美好情感。
	第四课 1. 能根据歌曲中不同的音乐角色有感情地演唱歌曲《小熊过桥》,并会演唱歌曲中简单的二声部。	第四课 1. 知道"旋律的重复与模进"是音乐创作的基本手法,并能在今后的音乐作品中关注这一基本手法,在音乐创

续 表

目标\年级	上学期	下学期
	2. 能用图谱、律动等方法初步了解歌曲的结构(回旋曲式)。 3. 能与同学一起设计回旋曲式的游戏,并参与表演。 4. 能在琴键上认知半音、全音和基本音级的音程关系。	作中愿意尝试试用。 2. 熟唱歌曲《夏日泛舟海上》,能选择合适的演唱方法或与同学合作表演等方式,富有激情地演唱《夏日泛舟海上》这首歌曲。 3. 能听辨出两条旋律哪一首是重复,哪一首是模进;会分别写出《茉莉花》和《土风舞》前四小节的重复句和模进句;感知《夏日泛舟海上》中旋律的重复与模进,并能找出"课后练习"3 种旋律线的原型与模进,检测学生对新知识的理解和掌握情况。能独自完成编创活动"我的创作",并以小组交流学习的形式将自己编创的乐句相互学习分享。
	第五课 1. 欣赏器乐曲《小号与弦乐》,并能随乐曲录音哼唱旋律。 2. 能模仿小号与弦乐器的音色,边听、边看、边击拍、边唱乐谱,培养内心节拍感和初步的识谱能力。	第五课 1. 了解声乐演唱形式的特点,领略声乐演唱形式的艺术魅力。 2. 知道声乐的演唱形式有:独唱、齐唱、重唱、对唱、合唱。合唱的演唱形式有:童声合唱、同声合唱、混声合唱、无伴奏合唱、领唱合唱(一领众和的形式)、小合唱等。 3. 欣赏本课提供的独唱、二重唱、合唱有关歌曲,能够准确判断作品的演唱形式。
	第六课 1. 能热情饱满地演唱《我驾飞船上蓝天》,激发学生对"奇妙的太空"的向往之情。 2. 能准确把握三拍子歌曲的节拍韵律,能读、拍教材第 31 页的节奏。	第六课 1. 引领学生对京剧艺术产生兴趣、乐于主动探索有关京剧的基础知识,热爱我国传统文化瑰宝。 2. 初步分辨京剧脸谱(色彩、对比、夸张)的特点及各代表人物;能够熟悉戏曲节奏和韵味,了解京剧西皮流水唱腔基本的特点。

续 表

目标年级	上学期	下学期
		3. 通过听、画、赏、唱等形式更好地理解京剧内涵,并能在表演中乐于与他人合作,共同体验我国独有的戏曲艺术魅力。
	第七课 1. 了解歌曲的齐唱、合唱演唱形式,并能用自然和谐的声音演唱歌曲《我们多么幸福》的二声部合唱部分。 2. 能用两种不同的情感表达方式演唱和表现歌曲《我们多么幸福》和《兰花草》。 3. 能正确体验和把握《我们多么幸福》和《兰花草》两首歌曲在音乐色调上的不同。 4. 在教师指导下了解大、小调音阶的排列,初步听辨大调和小调的音乐色调,能正确听辨出管弦乐曲《法朗多尔舞曲》中主题的调性变化。	第七课 1. 通过本课学习,感知新疆民族歌曲的独特风格和欢快、热烈的情感,热爱我国民族音乐。 2. 能够熟练演唱歌曲《打起手鼓唱起歌》,准确表达歌曲的情感;掌握弱起、复拍子的节奏节拍特点。能用声势、律动等表现形式表现新疆舞节奏;学习基本的新疆舞步。 3. 欣赏《吐鲁番的葡萄熟了》《祝酒歌》《在希望的田野上》等歌曲,了解作曲家施光南及歌唱家关牧村的有关知识,拓宽学生的音乐视野。
	第八课 1. 简单了解维吾尔族、藏族、蒙古族的音乐舞蹈特点,能对我国的民族民间音乐产生兴趣,并有主动探索的愿望。 2. 能用自然圆润的声音、清晰的咬字吐字、明朗活泼的情绪学唱《青春舞曲》,掌握新疆音乐独特的"X. XX X"节奏。 3. 能熟练地听唱歌曲《再唱山歌给党听》和《鸿雁》,欣赏《弦子舞曲》并随音乐跳简单的藏族舞蹈。	第八课 1. 从学唱歌曲《哦,十分钟》和《小鸟、小鸟》中激发学生对童年校园生活的热爱之情,感受作品所表达的活泼、欢快的情绪。 2. 能够自然、有表情地背唱两首作品,在音乐听觉感知的基础上识读乐谱,分辨主歌及副歌部分,并能用不同的(力度、情绪、演唱形式等)方式处理主歌副歌的不同。 3. 复习音乐知识:弱起、十六分音符、切分音、八分休止符,能准确地演唱。通过本课学习能够与他人充分合作,增强集体意识。

续表

目标\年级	上学期	下学期
	第九课 1. 欣赏合唱曲《缆车》，了解素有"音乐之乡"美称的意大利音乐文化。 2. 欣赏《摇篮曲》，了解其背景并能哼唱乐曲的主题音乐。 3. 以饱满的热情学唱歌曲《喀秋莎》，了解其被广泛传唱的历史价值。 4. 欣赏英国管弦乐曲《〈绿袖子〉主题幻想曲》，唱会并记住 A 部分的主题，听辨出乐曲的三大部分，并自选方式参与聆听体验。 5. 能用优美和谐的歌声背唱奥地利民歌《雪绒花》，感受影视歌曲中主人公的情感，能听辨出歌曲的结构图式。	第九课 1. 通过本课的学习，了解音乐大师莫扎特的生平，并能通过欣赏、学习作品，加深对其音乐作品风格的理解。 2. 感受《摇篮曲》优美抒情的意境，用柔美的声音演唱《摇篮曲》。观看有关音像资料，掌握《土耳其进行曲》的风格特点、哼唱音乐主题，体验、区分两首作品的不同风格。 3. 能在教师指导下自主挥拍打准 4/4 节拍乐谱；并能在教师带领下用游戏、声势等方式学习二重唱的演唱方法，能用比较和谐的声音完整地表现歌曲。体验二重唱带来的乐趣；能够联系自身的生活，运用已学过的知识陶冶情操。
	第十课 1. 能听辨出已学过的 4 种乐器：长笛、双簧管、单簧管、大管的音色，通过不同乐器的不同音色所塑造的不同音乐形象，激发学生对木管音乐的喜爱之情。 2. 能用律动、打击乐器等参与《牧童短笛》《牧羊姑娘》《单簧管波尔卡》《加沃特舞曲》等音乐片段的听赏活动，并记住音乐主题。 3. 聆听木管四重奏《生日歌》和《梁山伯与祝英台》，了解木管四重奏的演奏形式，并能在教师的指挥下随录音哼唱主题音乐。	第十课 1. 通过欣赏、聆听，能听辨出二胡、板胡、管子、笛子、钹、锣的音色。理解民族乐器的不同音色所塑造的不同音乐形象，激发学生对民族乐器的喜爱之情。 2. 通过完整聆听《赛马》《鸭子拌嘴》等乐曲，引领学生了解我国民族乐曲的风格特点，能用肢体动作或打击乐随着乐曲力度、音色的变化做出反应，并哼唱《赛马》音乐主题。 3. 欣赏民族管弦乐曲《翻身的日子》，了解民族管弦乐队的构成，并能掌握各民族乐器组分类及代表乐器。
	第十一课 1. 欣赏歌曲《春晓》和《读唐诗》，了解音乐与诗歌结合的综艺艺术形式，体验古诗词的文学形象和音乐形象的完美结合。	第十一课 1. 能在学习和欣赏非洲音乐的过程中，激发对其民族风情和音乐文化的兴趣。

续 表

目标\年级	上学期	下学期
	2. 能准确地演唱二声部歌曲《春晓》,感受音乐与古诗相融形成的和谐魅力,并能用自己的方式表现歌曲的意境。 3. 能用优美的声音演唱歌曲《读唐诗》,理解我国古诗词文化的博大精深。	2. 能熟练自如地演唱歌曲《尼罗河畔的歌声》,充分感受北非歌曲的韵味,并能通过节奏及律动的参与,让歌曲的演唱更加出彩。 3. 能背唱歌曲《当太阳落山》,并能模仿拍击非洲鼓点节奏和基本舞步表达歌曲《划船》的意境,初步具备参与二声部合唱的能力。 4. 能用非洲典型的节奏型和基本舞步表达歌曲《划船》的意境,初步具备参与二声部合唱的能力。
	第十二课 1. 欣赏乐曲《惊愕交响曲》第二乐章主题与变奏,了解世界音乐大师海顿的生平和交响乐的音乐表现形式,并能从海顿的作品中感受作者的创作意图。 2. 能哼唱和记住《惊愕交响曲》第二乐章的主题,初步了解变奏曲式。	第十二课 1. 能熟练演唱歌曲《前进,快乐的少先队员》,并能准确表现歌曲的情感、把握进行曲的风格特点。 2. 感知新的切分节奏型"Ｘ Ｘ.",并能准确地拍击;能读、拍教科书第54页的节奏。 3. 能准确地吹奏小字二组的 d2 音,并通过卡农的方式,合作完成二声部的练习曲。 4. 学吹竖笛"2(d)"。
	第十三课 1. 能用轻快、富有弹性的声音演唱歌曲《银色的马车从天上来》,并在教师指导下演唱歌曲的合唱部分。 2. 能独立自信地演唱歌曲《踏雪寻梅》,并根据力度变化准确表现歌曲的意境。 3. 能用自己喜欢的方式参与小提琴协奏曲《四季》中《冬》第一乐章的欣赏活动;能用语言表达自己对乐曲音乐形象的感受。	第十三课 1. 能准确、熟练地演唱歌曲《可爱的蓝精灵》,并能用自创的律动(或歌唱表演)演绎歌曲所表达的欢快、愉悦的情绪。 2. 掌握"变音记号"的小知识,能听辨出变化音,并能对变化音作出反应。

续 表

目标 年级	上学期	下学期
	第十四课 1. 了解我国的民间传统文化——十二生肖,记住名称、排序及由来。 2. 学用"快板"的形式说十二生肖。 3. 能活泼风趣地演唱《十二生肖趣歌》,主动参与游戏活动,并进行即兴表演。	第十四课 1. 能了解音乐中的故事。 2. 能哼唱乐曲的主题。 3. 能对各段乐曲作简短的描述。 4. 能听辨《糖果仙子舞曲》的特殊乐器。
六年级	第一课 1. 能够饶有兴趣地运用音乐要素分析音乐作品,从不同风格的音乐作品中享受音乐所带来的愉悦。 2. 对比聆听,初步感受中国民间乐曲《秧歌舞曲》与小提琴独奏曲《D大调小步舞曲》两首舞曲的不同风格;随《中国少年先锋队队歌》与《草原就是我的家》的音乐做出不同的体态律动,并能从中感受到音乐要素的变化。 3. 在听唱河北民歌《小白菜》和欣赏钢琴曲《节日舞》之后,通过填写表格的形式来感受它们的音乐要素,获得影响音乐风格形成的根本原因——音乐要素的变化。	第一课 1. 学唱歌曲《拉起手》《来吧!来踢球》,形成团结友爱、互相尊重的意识。 2. 能用自然的声音,准确的节奏和音调熟唱歌曲《拉起手》《来吧!来踢球》;感受歌曲的节奏、旋律和力度变化;感知歌曲的主歌和副歌;尽量用合唱的形式演唱歌曲《拉起手》的副歌部分。
	第二课 1. 能体验两首歌曲不同的音乐情绪和意境,感受歌曲的美,激发学生对宝岛台湾的热爱之情。 2. 能用自然、柔和的声音背唱歌曲《月亮月光光》;能用欢快、弹性的声音演唱歌曲《放纸鹞》,对《月亮月光光》《放纸鹞》这两首歌曲的音乐要素(节奏旋律、速度、力度、音色、结束音等)进行对比,体验不同的音乐风格、情绪和意境。 3. 掌握八分休止符,通过对比的方式,体验八分休止符在歌曲《放纸鹞》中的作用。	第二课 1. 能在演唱和欣赏活动中感受歌曲的爱国情怀,增进民族自豪感、自信心,增强对国家的认同感。 2. 能用正确的演唱姿势和呼吸方法有感情地演唱歌曲《龙的传人》,能够欣赏歌曲《国家》并用手语动作表现歌曲。 3. 了解两首歌曲的历史背景,能在教师的指导下分析、探究歌曲中的音乐要素对音乐表现的作用。

续 表

目标＼年级	上学期	下学期
	第三课 1. 能用活泼的歌声演唱歌曲《我们在广场上相遇》；学会墨西哥舞的基本舞步并能随音乐表现。 2. 能自己学会歌曲《哈哩噜》，并能准确地敲击出长音处的节奏。 3. 了解拉丁美洲音乐风格特点，认识拉丁美洲音乐中几种常用的打击乐器，复习巩固拉丁美洲的典型节奏——切分节奏，并能随《桑巴舞曲》用打击乐器参与乐曲的表现。 4. 学习竖笛"4""3"音的吹奏，掌握正确的演奏姿势、气息控制、手形；通过师生合作吹奏二声部《荡漾的湖水》《雪绒花》(片段)，培养学生学习竖笛的兴趣，养成良好的吹奏习惯。	第三课 1. 欣赏《黄河大合唱》第一乐章《黄河船夫曲》、第四乐章《黄水谣》，听唱第七乐章《保卫黄河》，感受这部作品的磅礴气势，初步了解作品的时代背景，激发学生的民族自豪感与爱国主义情怀。 2. 熟记第一乐章《黄河船夫曲》的第一、二主题，分析、比较两个主题的音乐要素，感知音乐所呈现的音乐形象；熟练感知《黄水谣》的音乐主题，区分歌曲的基本段落；尝试用二部轮唱的形式有感情地演唱歌曲《保卫黄河》。 3. 了解《黄河大合唱》的创作背景和词曲作者；能清楚八个乐章的标题及独唱、齐唱、混声合唱等演唱形式。
	第四课 1. 通过学唱、欣赏歌(乐)曲，让学生在听觉上获得美的享受，提高他们欣赏音乐的能力，培养他们的艺术综合素养。 2. 了解德国作曲家门德尔松及其代表作品。用甜美的歌声演唱歌曲《乘着歌声的翅膀》，感受6/8拍在歌曲中的作用。 3. 了解挪威作曲家格里格及其代表作品。欣赏管弦乐曲《朝景》，视唱乐曲的主题旋律，感受乐曲的音乐情绪，并能听辨出乐曲的三个部分。 4. 学唱、欣赏歌曲《歌唱二小放牛郎》，让学生了解叙事歌曲；通过力度、速度及演唱形式的处理表现歌曲；启发学生珍惜现在的学习、生活，激发他们的爱国情怀。	第四课 1. 了解舞曲及其常见的拍子形式；了解圆舞曲的音乐特点。 2. 欣赏管弦乐曲《溜冰圆舞曲》，能唱会并熟记第一圆舞曲A、B主题；能划出第二圆舞曲主题A的旋律线；能听辨出第三圆舞曲主题A旋律的乐器家族；能自己听辨演奏第四圆舞曲的乐器音色。 3. 欣赏爱尔兰踢踏舞曲《王者之舞》，感受爱尔兰踢踏舞曲典型的音乐特点。 4. 欣赏管弦乐曲《马刀舞曲》，能分别听辨出弦乐组、木管组和铜管组演奏并跳出爱尔兰踢踏舞的基本舞步。并模仿相应乐器演奏的姿势。

续表

目标 年级	上学期	下学期
	第五课 1. 了解主旋律和副旋律的相关知识,感受副旋律的音乐特征及其作用。 2. 学习歌曲《海鸥》,能唱准歌曲中的主旋律和副旋律,并能进行二部合唱。 3. 学习《少先先锋岗》(片段)和《洪湖水,浪打浪》(片段),掌握判断副旋律的方法。	第五课 1. 通过学唱两首合唱歌曲,进一步增强合唱意识,能对合唱这一演唱形式产生兴趣。 2. 能用自然的声音、准确的节奏和音调,有表情地演唱歌曲《七色光之歌》和《八只小鹅》,并参与二声部合唱。 3. 巩固复习歌曲中的休止符、附点、切分节奏,感受这些节奏赋予歌曲的动感;比较两首歌曲的音乐要素,感受歌曲不同的音乐风格。
	第六课 1. 初步了解、感受动漫音乐,享受动漫音乐带来的愉悦。 2. 能够用轻快活泼、跳跃的声音听唱《斑鸠调》,能准确演唱歌曲的第一乐段。 3. 欣赏《碰鼻歌》,了解毛利人见面以碰鼻的方式问候对方的风俗习惯。引导学生边欣赏边表现音乐。能随吉他演奏的旋律击拍视唱《碰鼻歌》曲谱。	第六课 1. 初步了解《卖布谣》《长城谣》《卢沟谣》这3首歌曲的历史背景,体会歌曲所表达的内容,激发学生对祖国的热爱之情。 2. 能用不同的情绪及正确的演唱方法学唱歌曲《卖布谣》,听唱歌曲《卢沟谣》;能感知歌曲《卖布谣》的音乐主题,区分歌曲的基本段落;能随音乐轻声哼唱或默唱歌曲《卢沟谣》;能听辨歌曲《长城谣》中不同的乐句,体验音乐情绪的变化。
	第七课 1. 通过对3种民族弹拨乐器的了解及其代表曲目的欣赏,学生感受民族弹拨乐的美妙音色,激发学生对民族音乐的喜爱。 2. 了解我国古老的弹拨乐器——古琴,感受其古朴、深远的音色;欣赏古曲《梅花三弄》,熟悉音乐主题,感受主题在乐曲中的变化。 3. 了解弹拨乐器——古筝,感受其丰富的音乐表现力;欣赏乐曲《渔舟唱晚》,	第七课 1. 能认识常见的西洋乐器并听辨其音色;初步了解西洋管弦乐队的组成以及乐队中四大乐器组。 2. 欣赏管弦乐曲《卡门序曲》: ① 了解各主题的主奏乐器。 ② 能拍会主题A的节奏。 ③ 能用指定节奏型为主题B伴奏。 ④ 能哼唱C部分的主题旋律。 3. 能随音乐哼唱或小提琴默唱《斗牛士之歌》。

续 表

目标 年级	上学期	下学期
	熟悉各部分音乐主题,想象乐曲各部分所表现的内容。 4. 了解古老的弹拨乐器——筝篌,感受其柔美清澈的音色;欣赏古曲《春江花月夜》,熟悉音乐主题,帮助学生了解"鱼咬尾"的音乐创作手法,并在乐曲中找出"鱼咬尾"的音乐句式。	4. 能主动参与音乐实践活动,并与他人进行音乐交流。
	第八课 1. 通过校园歌曲《童年》《乡间的小路》的学习,抒发学生对学习生活、校园、同学、老师和美好生活的无限热爱及眷恋之情。 2. 学唱歌曲《童年》,指导学生用轻快活泼的声音表现歌曲,并背唱歌曲。学唱歌曲《乡间的小路》,指导学生用不同的声音、情绪演唱歌曲,表现出走在乡间小路悠闲自得的情绪及赞美乡间田园风光的美好。 3. 复习音乐知识:弱起、切分节奏、八分休止符、三连音,能在歌曲中正确演唱。	第八课 1. 能对歌曲《我的肯塔基故乡》和管弦乐曲《图画展览会》产生兴趣,养成良好的欣赏音乐的习惯。 2. 能有感情地演唱歌曲《我的肯塔基故乡》,感知歌曲的乐句并能听辨出旋律中的变化与重复。 3. 能哼唱《图画展览会》中的 3 首乐曲的主题旋律;能够体验并简单描述 3 首乐曲中音乐要素的变化。 4. 能够初步了解美国作曲家福斯特和俄罗斯作曲家穆索尔斯基。
	第九课 1. 通过学唱歌曲,能对我国的民族民间音乐产生兴趣,并乐于了解其音乐文化。 2. 能用优美、圆润的歌声演唱四川民歌《盼红军》;用欢快的情绪演唱藏族民歌《金瓶似的小山》;用婉转、流畅的歌声演唱江苏民歌《孟姜女哭长城》。 3. 感受 3 首民歌不同的风格特点,掌握歌曲中多次出现的切分节奏、装饰音记号;初步了解民族调式中的五声调式,能找出 3 首民歌的主音,并能排列出音阶。	第九课 1. 能理解歌曲中的前奏、间奏、尾奏的概念。 2. 能听辨歌曲《黄河颂》《黄水谣》《唱支山歌给党听》中的前奏、间奏、尾奏,并能用体态和色彩做出相应反应。 3. 尝试描述前奏、间奏、尾奏在歌曲中所起到的作用。

续 表

目标＼年级	上学期	下学期
	第十课 1. 了解我国民族弹拨乐器琵琶，感受琵琶的音色特点及其丰富的表现力，激发学生对民族音乐的喜爱。 2. 欣赏琵琶曲《十面埋伏》，了解楚汉垓下战争的故事，了解琵琶的各种演奏技法，熟悉乐曲各主题，感受乐曲描绘的各种战争场面。	第十课 1. 了解奥地利作曲家舒伯特的生平。 2. 能够用正确的演唱姿势、呼吸方法有表情地演唱歌曲《野玫瑰》；能够唱准变化音，了解变化音以及速度的变化在歌曲中所起的作用；能够认识歌曲中渐强、渐弱等力度记号，以及顿音、延音等音乐记号。 3. 能够听辨出歌曲《野玫瑰》与《老艺人》的前奏、间奏、尾奏，并分析出它们音乐材料的来源，感受它们在歌曲中所起的作用。
	第十一课 1. 了解德国作曲家贝多芬的生平及其音乐作品的风格特点，培养学生对古典音乐的热爱。 2. 背唱《欢乐颂》的主题，根据学生实际情况，运用多种形式（如轮唱）感受合唱的魅力；聆听《第九交响曲》第四乐章片段，感受其宏大气势及震撼力。	第十一课 1. 能接受并喜欢京剧小戏这一艺术形式，能够主动参与京剧小戏《小放牛》的演唱和表演，并在表演中体验合作的成功与快乐。 2. 欣赏京剧小戏《小放牛》，认识音乐前奏、间奏在戏曲中的作用；学唱村姑与牧童的对唱唱段，能够用自然的声音、准确的节奏和音调，有表情地演唱，尽量模仿出小戏唱腔中的演唱韵味。 3. 了解剧目《小放牛》的剧情，能够在儿童剧目《小放牛》中担当一个角色、创编动作进行表演唱；能对自己和他人的表演唱做简单的评价。
	第十二课 1. 通过欣赏、分角色演唱、即兴创编等活动，培养学生乐于参与音乐表演的兴趣，享受音乐带来的愉悦。 2. 听唱塞内加尔民歌《发图姑娘》，感受歌曲情绪，了解角色及其演唱形式；用体态律动感受非洲音乐强烈的节奏感，指导学生分角色表演。	

每一个学生都是天真无邪的花朵。作为教育者,我们面对的是一个个洋溢着灿烂微笑、朝气蓬勃、充满活力的学生,是具有生命意识、具有发展潜能、具有独立个性以及社会意识的活生生的人。学生是祖国的未来,是民族的希望,他们如灿烂娇柔的花朵,作为教育工作者,我们会充分尊重并理解学生的天性,以学生本身年龄特性的发展规律来发展培养学生的音乐素养。让学生畅游于魅力音乐,培养学生魅力人格,提高学生音乐审美能力。

第三节　设计真实而多样的"魅力音乐"课程

我校"魅力音乐"课程框架分为基础性课程和拓展性课程。基础性课程主要培养学生终生发展和适应未来社会所需的共同基础；拓展性课程主要满足学生的个性化学习需求，开发和培育学生的潜能和特长，培养学生的自我认知和自我选择能力。

一、学科课程结构

依据《义务教育艺术课程标准（2022年版）》理论指导，艺术课程要培养的核心素养主要包括审美感知，艺术表现，创意实践，文化理解。我校"魅力音乐"课程分为"魅力欣赏""魅力体验""魅力创造""魅力文化"这四大板块（见图7-1）。

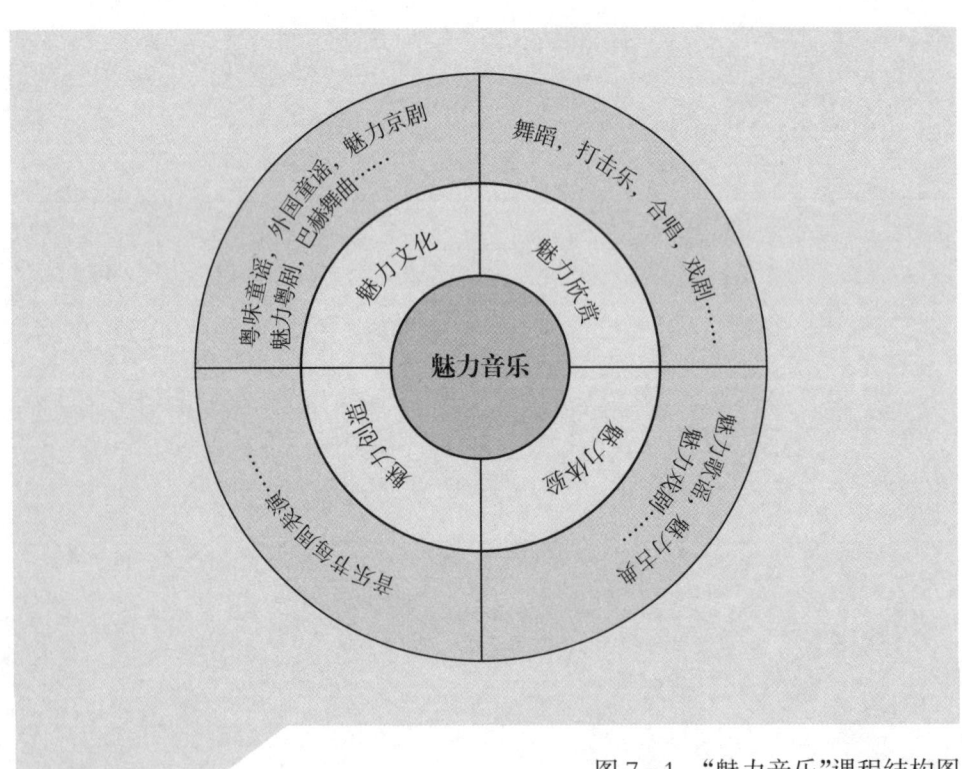

图7-1　"魅力音乐"课程结构图

上图中展现了"魅力音乐"四大板块的大致内容,具体内容将从以下四个板块分析。

(1) 魅力文化。音乐与相关文化是音乐课人文学科属性的集中体现,是直接增进儿童文化素养的学习领域,有助于扩大儿童的音乐文化视野,促进儿童对音乐的体验与感受,提高儿童音乐欣赏、表现、创造以及艺术审美的能力。

(2) 魅力欣赏。欣赏是音乐学习的重要领域,是整个音乐学习活动的基础,是培养学生音乐审美能力的有效途径。良好的音乐欣赏能力的形成对于学生丰富情感、提高文化素养、增进身心健康具有重要意义。

(3) 魅力体验。音乐体验,是指通过实践性的音乐活动,使音乐与人的心理、生理相互作用产生内在的音乐感受。这种感受能激发人们精神的火花,拨动人的心弦。在音乐教学中,只有让儿童拥有丰富的音乐体验,才能使他们对音乐作品有深层次的理解和产生情感上的共鸣,并从中获得审美满足,促进和谐发展。

(4) 魅力创造。创造是发挥学生想象力和思维潜能的音乐学习领域,是儿童进行音乐创作实践和发掘创造性思维能力的过程和手段,对于培养创新人才具有十分重要的意义。

二、学科课程设置

根据上述几个板块的设置,我校以"魅力音乐"课程目标的达成和核心素养的落实为出发点,围绕"魅力音乐"的学科理念,设置了"魅力音乐"的课程(见表 7-2)。

表 7-2 "魅力音乐"课程设置表

年级 \ 领域	学期	魅力体验	魅力文化	魅力创造
一年级	上学期	魅力歌谣	粤味童谣	5月第一周表演
	下学期	经典童谣	吟唱古诗	
二年级	上学期	影视之声	外国童谣	5月第一周表演
	下学期	说唱脸谱	诗词吟唱	

续 表

领域 年级	学期	魅力体验	魅力文化	魅力创造
三年级	上学期	艺术歌曲	巴赫舞曲	5月第二周表演
	下学期	弦乐之声	柏林之声	
四年级	上学期	魅力古典	贝多芬作品	5月第二周表演
	下学期	格拉姆之声	罗兰之声	
五年级	上学期	魅力戏剧	魅力粤剧	5月第三周表演
	下学期	魅力歌剧	中国之声	
六年级	上学期	魅力民乐	魅力京剧	5月第三周表演
	下学期	经典之声	国粹传承	

三、学科课程内容

我校"魅力音乐"的课程基础以《义务教育艺术课程标准(2022年版)》为主要指导思想，以花城版义务教育教科书为教育媒介，抓住各年段学生的身心特点，结合一系列的教学手段，开设课程如下：

（一）一年级音乐课程内容（见表7-3）

表7-3 "魅力音乐"一年级课程内容

课程领域	课程名称	课程目标	课程主要内容	课程资源
魅力课堂	学唱中外童谣	通过学唱中外童谣，感受不同地域歌曲的风格特色，激发和培养儿童对音乐的兴趣。	通过中外童谣的学习，体验中外童谣风格之不同。	校本教材
魅力课程	吟唱古诗词	感受唱诗的乐趣，养成唱诗的习惯；基本建立音准、节奏节拍和音乐速度概念；养成良好的唱歌习惯。	以五言、七言诗歌为主，能有表情有韵味地朗诵古诗、歌唱古诗，感受古诗的意境。	校本教材

续　表

课程领域	课程名称	课程目标	课程主要内容	课程资源
魅力社团	舞蹈合唱	通过舞蹈训练学生肢体协调能力；通过合唱训练巩固音准、音色。	通过模仿、训练不同的练习，增强学生身体的协调能力。	校本课程
魅力音乐节	5月艺术节	丰富学生课余活动，培养学生积极性，提高学生综合素质，展示学生的个性特长。	学生自主选项目参加活动，大大提高学生的积极性。	校园活动

(二) 二年级音乐课程内容(见表 7‐4)

表 7‐4　"魅力音乐"二年级课程内容

课程领域	课程名称	课程目标	课程主要内容	课程资源
魅力课堂	学唱中外童谣	通过学唱中外童谣，感受不同地域歌曲的风格特色，激发和培养儿童对音乐的兴趣。	通过中外童谣的学习，体验中外童谣风格之不同。	校本教材
魅力课程	吟唱古诗词	感受唱诗的乐趣，养成唱诗的习惯；基本建立音准、节奏节拍和音乐速度概念；养成良好的唱歌习惯。	以五言、七言诗歌为主，能有表情有韵味地朗诵古诗、歌唱古诗，感受古诗的意境。	校本课程
魅力社团	舞蹈合唱	通过舞蹈训练学生肢体协调能力；通过合唱训练巩固音准、音色。	通过模仿、训练不同的练习，积累一些固定知识，帮助学生有针对性地训练。	校本课程
魅力音乐节	5月艺术节	丰富学生课余活动，培养学生积极性，提高学生综合素质，展示学生的个性特长。	学生自主选项目参加活动，大大提高学生的积极性。	校园活动

(三) 三年级音乐课程内容(见表7-5)

表7-5 "魅力音乐"三年级课程内容

课程领域	课程名称	课程目标	课程主要内容	课程资源
魅力课堂	学唱中外童谣	通过学唱中外童谣,感受不同地域歌曲的风格特色,激发和培养儿童对音乐的兴趣。	通过中外童谣的学习,体验中外童谣风格之不同。	校本教材
魅力课程	古典音乐欣赏	通过学习欣赏,让学生更好地了解古典作品。	以巴赫的音乐作品为例,帮助学生了解不同时期音乐特点。	校本课程
魅力社团	舞蹈合唱打击乐	通过舞蹈训练学生肢体协调能力;通过合唱训练巩固音准、音色;通过打击乐训练节奏,巩固不同的节奏形式。	通过模仿、训练不同的练习,积累一些固定知识。帮助学生有针对性地训练。	校本课程
魅力音乐节	5月艺术节	丰富学生课余活动,培养学生积极性,提高学生综合素质,展示学生的个性特长。	学生自主选项目参加活动,大大提高学生的积极性。	校园活动

(四) 四年级音乐课程内容(见表7-6)

表7-6 "魅力音乐"四年级课程内容

课程领域	课程名称	课程目标	课程主要内容	课程资源
魅力课堂	五彩缤纷音乐世界	能通过不同的体验感受音乐,掌握技巧性的知识。	通过音乐故事来体验不一样的感受。	校本教材
魅力课程	贝多芬作品	通过学习欣赏,让学生更好地了解古典作品。	古典作品学习,帮助学生了解不同时期音乐特点。	校本课程

续 表

课程领域	课程名称	课程目标	课程主要内容	课程资源
魅力社团	舞蹈合唱打击乐	通过舞蹈训练学生肢体协调能力;通过合唱训练巩固音准、音色;通过打击乐训练节奏,巩固不同的节奏形式。	通过模仿、训练不同的练习,积累一些固定知识。帮助学生有针对性地训练。	校本课程
魅力音乐节	5月艺术节	丰富学生课余活动,培养学生积极性,提高学生综合素质,展示学生的个性特长。	学生自主选项目参加活动,大大提高学生的积极性。	校园活动

(五) 五年级音乐课程内容(见表7-7)

表7-7 "魅力音乐"五年级课程内容

课程领域	课程名称	课程目标	课程主要内容	课程资源
魅力课堂	不同风格的音乐	能通过不同的体验感受音乐,以欣赏为主。	通过欣赏不同风格的曲子来体验不一样的感受。	校本教材
魅力课程	魅力粤剧	通过学习欣赏粤剧表演不同的演唱、演出方式,开拓学生的听觉、视觉。	表演工艺分为唱、做、念、打的基本类别。	校本课程
魅力社团	舞蹈合唱打击乐戏剧	通过舞蹈训练学生肢体协调能力;通过合唱训练巩固音准、音色;通过打击乐训练节奏,巩固不同的节奏形式;通过不同的表演形式丰富内容。	通过模仿、训练不同的练习,积累一些固定知识。增加不同表演形式。帮助学生有针对性地训练。	校本课程
魅力音乐节	5月艺术节	丰富学生课余活动,培养学生积极性,提高学生综合素质,展示学生的个性特长。	学生自主选项目参加活动,大大提高学生的积极性。	校园活动

(六) 六年级音乐课程内容(见表7-8)

表7-8 "魅力音乐"六年级课程内容

课程领域	课程名称	课程目标	课程主要内容	课程资源
魅力课堂	环球音乐探宝	通过介绍世界其他国家和民族的音乐文化,学生逐步建立多元的文化价值观。	了解世界其他国家音乐风格特点,认识其他国家的乐器,学习典型的节奏。	校本教材
魅力课程	魅力京剧	通过学习欣赏京剧表演不同的演唱、演出方式,开拓学生的听觉、视觉。	表演艺术手法分为唱、做、念、打的基本类别。	校本课程
魅力社团	舞蹈合唱打击乐戏剧	通过舞蹈训练学生肢体协调能力;通过合唱训练巩固音准、音色;通过打击乐训练节奏,巩固不同的节奏形式;通过不同的表演形式丰富内容。	通过模仿、训练不同的练习,积累一些固定知识。增加不同表演形式。帮助学生有针对性地训练。	校本课程
魅力音乐节	5月艺术节	丰富学生课余活动,培养学生积极性,提高学生综合素质,展示学生的个性特长。	学生自主选项目参加活动,大大提高学生的积极性。	校园活动

第四节　激活儿童享受音乐的生命力

《义务教育艺术课程标准(2022年版)》指出：在各艺术学科的学习中,学生观察自然、了解社会、感悟人生,探究、体验、领会艺术的魅力、积极、主动参与艺术活动,用有组织、有意义的音乐语言表达思想,用视觉媒介和技术创造形象,用舞蹈语言抒发情感,通过扮演戏剧角色品味丰富的人生,运用现代媒介和数字媒体技术再现与表现世界,在艺术的世界中求真、崇善、尚美。以下为我校"魅力音乐"课程实施与评价的四种方式：建设"魅力课堂",激发学习兴趣;建设"魅力课程",丰富课程内容;开展"魅力社团",提升音乐素养;开展"魅力音乐节",提供展示舞台;搭建"魅力电视台",提供实践平台。

一、建设"魅力课堂",激发学习兴趣

"魅力课堂"是吸引学生、激发学生学习兴趣、让学生愿学乐学的课堂,是高效而有活力的课堂。十年树木,百年树人。"创新是一个民族进步的灵魂,也是国家兴旺发达的不竭动力"。作为一名教师,只靠用自己的爱心、细心、耐心去培育祖国明天的幼苗,是远远不够的。信息时代让多媒体这个宠儿破茧而出,利用多媒体声、光、色、影俱全的功能,将静止的图片设计成色彩明快、形象活泼、动作有趣、声音优美的动画,有利于激发学生学习兴趣,让课堂高效而充满活力。

(一) "魅力课堂"的内容与实施

音乐课堂是师生共同体验、发现、创造、表现和享受音乐美的过程,是一种情感体验的过程。"魅力课堂"的魅力体现在以下几个方面。

音乐课堂"魅力"之一：多媒体教学。多媒体的运用营造了情境,不仅突破了传统音乐的教学还突破了音乐在地域、时间和空间上的限制,能为学生提供生动的画面,优美的配音,能瞬时地吸引住学生的注意力,激发学生的学习兴趣,调动学生的积极性,创造一个良好的教学氛围。

音乐课堂"魅力"之二：角色的扮演。角色的扮演加深了情感的体验,富有戏剧性的角色扮演让学生既可以听到、看到、体验到,又可以在情、境、音乐交融中体会作品所

描绘的情境、表达的情绪,发挥学生的想象力、创造力、思维能力。

音乐课堂"魅力"之三:欣赏美、鉴赏美。好的音乐作用于人的情感,引起共鸣、激动、联想、想象,以"随风潜入夜,润物细无声"的方式,浸润着人的心灵,使人受到某种道德情操、精神品质、意识观念的熏陶渗透,从而达到崇高的思想境界。音乐课堂就是让学生走进美的世界,感受美的魅力,从而形成魅力人格。

音乐可以启迪人的智慧,愉悦人的心灵,儿童正处于人格和智慧发育的关键时期,音乐作为艺术教育的重要内容在小学课程中显得尤为重要。但是如果教学形式过于单一,就激发不起学生学习的兴趣,因此,"魅力课堂"的实施为提高孩子学习兴趣跨出了新的一步。

"魅力课堂"的内容包括体验性音乐课堂、实践性音乐课堂、故事性音乐课堂和探究性音乐课堂四大类。

(1) 体验性音乐课堂:以音乐感受、情感体验为主,通过激发学生音乐学习的兴趣,感受鉴赏音乐美,情感体验外化等培养学生的音乐审美情趣和审美能力。①音乐欣赏:如借助诗歌、舞蹈、戏剧绘画等;②演示讲解:教师在课堂上通过实际音响示范,让学生获得感性知识;③参观体验:如组织学生听音乐会,参观乐器博物馆,事先向学生讲明目的、要求,事后进行讨论。

(2) 实践性音乐课堂:以音乐实践活动为主,在教师指导下学生亲身参与的各项音乐实践活动,形成与完善音乐技能技巧和发展音乐表现能力。①练习活动:如教师提出要点进行必要的示范,或由学生进行集体或个别练习,教师加以指导,师生共同对练习进行分析,小结;②律动活动:从身心两方面同时入手训练,学习用听觉感受音乐,用肌体和心灵感受节奏的疏密,旋律的起伏;③创作活动;④游戏活动:随音乐的情绪、节奏,有表情地进行律动。

(3) 故事性音乐课堂:将语言传递、多媒体相结合,通过教师和学生生动的口头语言进行活动以及多媒体演示等加深学生的体验及对作品的理解。

(4) 探究性音乐课堂:以探究、发现为主,通过创设情境激发学习动机,引导学生多角度分析得出结论。

"魅力课堂"实施要素:(1)能根据课程内容和本校学生的实际设置可实施三维目标;(2)能结合实际适当调整整合教材内容,灵活运用教材,能根据课程内容选择符合学生年龄的魅力课堂,如一年级"小兔乖乖"故事性课堂;(3)课堂教学体现音乐的魅力、课堂的魅力，学生的积极参与，教师丰厚的知识底蕴及人格的魅力；(4)教师能综合运用教具、多媒体等方式方法驾驭课堂，形成自己的教学风格；(5)体现学生为主体，教师为主导的高效课堂。

(二)"魅力课堂"的评价标准（见表7-9）

表7-9 "魅力课堂"教学评价表

姓名		性别		年龄		上课时间				年 月 日	
课题						年级				学科	
评价项目	分值	评价内容				评价等级				小计	
						A	B	C	D		
教学目标	15	准确把握学生需要掌握的基础知识、技能和学习方法				5	4	3	2		
		准确把握学生需要发展的能力要求				5	4	3	2		
		准确把握情意目标、体现魅力音乐的学科哲学				5	4	3	2		
教学内容	20	准确理解和把握教材内容要求				5	4	3	2		
		准确进行教材内容的取舍和轻重处理				5	4	3	2		
		能对教材内容进行有效的整合和调整				5	4	3	2		
		注重生活经验与其他教学资源的整合和引入				5	4	3	2		
教学过程与方法	35	创设开放而有效的教学情景，有效激发学生的学习兴趣				5	4	3	2		
		学生主动参与，积极思考、阅读、观察、操作、讨论、质疑、探究，体现学生对知识的自主建构				5	4	3	2		
		教学民主，师生有效互动；能设计有效的结构化合作学习内容和方法				5	4	3	2		
		能设计有效活动，有意识地发展学生创造性思维和探究能力				5	4	3	2		
		注重获得有效学习反馈，能根据反馈进行评价纠正教学				5	4	3	2		

续表

评价项目	分值	评价内容	评价等级 A B C D	小计
教学技能	20	学生能在教师指导下,独立与合作开展主体性活动时间不得少于25分钟	5　4　3　2	
		面向全体学生,同时能适当关注个别学生,关注个性发展	5　4　3　2	
		教学语言和板书	5　4　3　2	
		应用现代教育技术	5　4　3　2	
		学科教学基本技能	5　4　3　2	
		组织教学、驾驭课堂	5　4　3　2	
教学效果	5	学生知识目标的有效达成度	5　4　3　2	
		学生能力目标的有效达成度		
		学生情感、态度、价值观的形成,情意目标与知识、能力目标的统一		
教学特色	5	教学有不同于他人的明显特色与风格	5　4　3　2	
评价意见			总分	

二、建设"魅力课程",丰富音乐课程体系

"魅力课程"为激发学生学习的兴趣,在原有的教材上进一步筛选、拓展补充适合本校学生的课程。"魅力课程"有:魅力童谣、魅力古典、魅力戏剧。了解中外音乐发展的简要历史和有代表性的音乐家,初步识别不同时代、不同民族的音乐。认识音乐与姊妹艺术的联系,感知不同艺术门类的主要表现手段和艺术形式特征,提高学生音乐审美能力、提升学生创造能力。

(一)"魅力课程"的内容与开展

根据学校的实际情况,音乐课程除了选用教材统编的课程以外还增设了其他相关

的课程,加深学生对音乐各方面的认识,有助于帮助学生更深入地了解各个时代的相关知识,认识音乐与姊妹艺术的联系(如:舞蹈、戏剧、诗歌、绘画等),感知不同艺术门类的主要表现手段和艺术形式特征,感受音乐课程的魅力。

"魅力课程"实施要素:(1)学期初上交课程计划、课程安排,课前写好课程活动设计;(2)魅力童谣、魅力古典、魅力戏剧每周上1次课,每学期16次课;(3)每学期末安排1次表演观摩课,请科组教师、教导主任共同参加。

(二)"魅力课程"的评价标准

"魅力童谣"在评价思想上,注重评价以学生为主体,注重过程性评价,坚持激励性评价,关注个性特色评价。具体评价方式与内容如下(见表7-10)。

表7-10 "魅力童谣"评价表

学生自评	了解4—7首童谣(5分)	了解3—5首童谣(4分)	对童谣并不了解(3分)
家长评价	每天练习一次以上(5分)	一周练习2—3次(3分)	偶尔练习一次(1分)
教师评价	节目特色(5分)	参与程度(5分)	整体效果(5分)

魅力古典评价内容:一方面是学生对古典音乐的理解及认识,另一方面是学生对古典音乐的知识、发展史及乐曲结构的掌握程度(详见表7-11)。

表7-11 "魅力古典"评价表

学生自评	了解5名以上著名古典音乐作曲家及其代表作品(优秀)	了解2—4名著名古典音乐作曲家及其代表作品(良好)	了解2名以下著名古典音乐作曲家及其代表作品(及格)

续 表

	每天在家欣赏30分钟以上古典音乐(优秀)	每天在家欣赏10—30分钟古典音乐(良好)	每天在家欣赏10分钟以下古典音乐(及格)
家长评价			
	听后感的表述(5分)	训练实践的态度和投入程度(5分)	学习中的表现(5分)
教师评价			

三、开展"魅力社团",提升音乐素养

"魅力社团"是培养学生实践能力、审美能力和创新能力的重要途径。开展多种多样的音乐社团活动,让学生能全方位多角度地领悟音乐的真谛,多彩的文艺表演活动更会使学生从中感受美、鉴赏美,从而直接影响孩子们的气质、性格、情操和意志,提高素质修养,对学生的健康成长起着举足轻重的作用。

(一)"魅力社团"的设置与指向

托尔斯泰也说过:"成功的教学所需要的不是强制而是激发学习兴趣。"学生一旦对学习发生强烈的兴趣,就会聚精会神,并感到乐在其中。[①] 培养学生的兴趣是音乐学习的根本动力和喜爱音乐的必要前提。音乐教学领域都应强调学生的艺术实践,学生走进音乐、获得音乐审美体验的基本途径是参与演唱、演奏、聆听、综合性艺术表演和即兴编创等各项音乐活动,通过音乐艺术实践,有效提高音乐素养,增强学生音乐表现的自信心,培养学生良好的合作意识、团队精神和创作能力。根据学生身心发展规律,举办丰富多彩的音乐社团活动,如魅力合唱团、魅力戏剧社、魅力舞蹈团等,让学生从多姿多彩的社团活动中感受音乐的魅力。

音乐社团活动是培养学生实践能力、审美能力和创新能力的重要途径。开展多种多样的音乐社团活动,让学生能全方位多角度地领悟音乐的真谛,多彩的文艺表演活动更会使学生从中感受美、鉴赏美,从而直接影响孩子们的气质、性格、情操和意志,提高素质修养,对学生的健康成长起着举足轻重的作用。

[①] 李冬梅.兴趣,成功教学的基础[J].陕西教育(教学),2008(7):108—109.

"魅力社团"设置：合唱社团、舞蹈社团、打击乐社团、戏剧社团等。让学生能更好与队员合作，培养学生的集体意识和团队精神。

"魅力社团"实施。(1)上好社团活动课，做到"四定"。即定内容、定人员、定时间、定地点，发展学生的个性特色，以此推动学生音乐素质的全面发展。(2)不断扩大学生的音乐视野，丰富学生的精神生活，进一步培养、发展学生的音乐兴趣，使他们学有所成，培养学生的集体主义精神。(3)经常督促学生完成一些学习音乐的好习惯，并使之不断巩固、加强。尽量减少对教师的依赖心理等，平时定期不定期地向学生推荐一些好的音乐、好的舞蹈。(4)对小组的课程做出规范，以提高学生学习兴趣，培养音乐能力为主要内容，不让学生放任自流。(5)培养学生的特长，并在一定的时间让他们发挥自己的特长，锻炼和发展学生的能力。(6)活动时间：每周四下午4:15。

(二)"魅力社团"的评价标准

在评价思想上，注重评价以学生为主体，注重过程性评价，坚持激励性评价，关注个性特色评价。本课程在评价方式上，要求做到形成性评价与终结性评价相结合，自评、家长评、师评相结合。具体形式如下(见表7-12)。

表7-12 "魅力社团"活动评价表

	认真学习,学会基本动作(5分)	大概学会基本动作(4分)	只学会一部分基本动作(3分)
学生自评			
	每天练习一次以上(5分)	一周练习2—3次(3分)	偶尔练习一次(1分)
家长评价			
	节目特色(5分)	参与程度(5分)	整体效果(5分)
教师评价			

四、开展"魅力音乐节"，提供展示舞台

"魅力音乐节"定在每年的五月份，通过历时一个月的音乐节，可以丰富校园音乐

文化,让音乐传遍校园,使学生感受到音乐的无穷魅力,享受到音乐节带给他们的无限乐趣,体会到社团文化特色。同时也为全校"六一"表演挑选节目。

在学习的过程中要形成你追我赶的热烈氛围,有对比、有成长才能有进步,这是音乐节的初衷。让孩子参加比赛是一种好的锻炼机会。比赛有输赢,就知道了努力的结果;比赛有团队,就懂得了友谊和付出;比赛有困难,就收获了解决问题的勇气;比赛有情绪,就释放了最真实的自己。

"魅力音乐节"的开展:魅力音乐节分舞蹈、器乐、声乐、语言艺术四个项目,可以个人参赛也可以团体参演,形式多样。每年五月第一周,各年级上报节目到音乐科组相关负责的教师;一周内公布节目单、评委名单;第二周低年段(一、二年级)表演;第三周中年段(三、四年级)表演;第四周高年段(五、六年级)表演;每年的"六一"儿童节便是"魅力音乐节"闭幕式活动,而闭幕式活动中所展示的节目均来自"魅力音乐节"的优秀节目。关于"魅力音乐节"的评价标准具体如下(见表7-13)。

表7-13 "魅力音乐节"评价表

项目	评比标准	得分
形象(10分)	上、下舞台整齐有序、服装整齐,精神面貌佳	
内容(30分)	节目主题鲜明、表演形式恰当,有创意,能体现出小学生天真活泼的特点	
形式(40分)	声乐类:气息统一、吐字清晰、声音表现力强 舞蹈类:动作协调、技巧娴熟、肢体表象力强 器乐类:姿势正确,音准、音色、节奏、技巧较完美,乐感好,能强烈感染人	
效果(20分)	能以艺术的形式,准确、鲜明、生动地表现出主题思想 表演流畅、现场发挥好,感染力强 舞台综合表现	
总分		

五、搭建"魅力电视台",提供实践平台

魅力电视台是学校的一个新兴舞台,电视台里可以进行现场直播、个人才艺展示、小主播等主题活动,是更好更直接快捷地进行展现的平台。

除了培养学生在舞台上的表现力,还培养学生在镜头前的自信与魅力。在学习的范围中力争上游,更好地培养学生的临场发挥。"魅力电视台"每周的活动方案由大队部同学进行统一计划安排,收集优秀节目作品,进行录制或直播。

魅力电视台的开展:魅力电视台包括《我是小主播》《每周一歌》《听我讲故事》《个人才艺展》等几个节目。节目会定期录制、直播,每个班级会在班级平台及时收听、收看。电视台的节目收集通过大队部的同学每周一收齐,根据节目内容分布在不同的时间,期末评选出优秀展示节目。

表7-14 "魅力电视台"节目评价表

姓名		年级		性别	
你最喜欢的电视台节目:			(在你喜欢的节目后打√)		
《我是小主播》					
《每周一歌》					
《听我讲故事》					
《个人才艺展》					
改进意见:					

总之,音乐知识无须终生铭记,但音乐陶冶会影响终身。展现音乐课的魅力、提升审美,是我们共同的教学价值追求。在"魅力音乐"的理念引领下,以美为基础、为出发点、为归宿,上出审美和乐趣并存的音乐课,让孩子们感受到有情感、有魅力的音乐,拓宽孩子们的视野,给孩子们一个充满音乐魅力的童年。

(执笔人:李琳玉 杨晓玲 方榕 田婧 周可欣 王丛丛 徐建萍)

后　记

广州市黄埔区东荟花园小学第二本课程建设专著《平衡性变革：学校课程建设新取向》一书即将与读者见面了。捧着样书，我迫不及待地从头到尾看了一遍，喜悦之情溢于言表。

这本书是脉络清晰的，它把学生核心素养的培养融入了学科课程设计，以扎扎实实的实践探索着课程开发的逻辑；这本书是自带情怀的，它既有厚度亦有温度，它融入了我校的办学理念和特色，注重培养学生个性需求与发展，并把这份对学生充满爱意的情怀化为教育的动力；这本书更是弥足珍贵的，它凝结了我校诸多教师的汗水与智慧，包含了一线教育工作者对当下课程建设的思考和行动，更承载了课程建设团队在日复一日的办学实践中砥砺前行的印迹。

2014年《教育部关于全面深化课程改革落实立德树人根本任务的意见》出台，强调全面深化课程改革，整体构建符合教育规律、体现时代特征、具有中国特色的人才培养体系，是落实立德树人根本任务的重要举措。我校充分认识到全面深化课程改革、落实立德树人根本任务的重要性和紧迫性，所以自建校起，就围绕学校的办学宗旨和特色进行校本课程的系列研究和开发。

我校于2013年9月创建，开办7年来，坚持"幸福像花儿一样"的办学理念，秉承"一切为了师生幸福成长"的办学宗旨，朝着"创办幸福教育，培育幸福少年，奠基幸福人生"的奋斗目标，在"缤纷童年，幸福绽放"课程理念的引领下，不断推进"花园式课程"的建设，尤其是近几年，课程建设成效显著。2017年，我校制定了"幸福之花"课程规划；2018年，完成了98个课程纲要；2019年，出版了课程建设专著《核心素养导向的课程设计：花园式课程的文化与聚焦》；2020年，我们在实践研究中不断完善课程群建设方案。如今，《平衡性变革：学校课程建设新取向》这本专著就要与读者见面了。

《平衡性变革：学校课程建设新取向》包括"有氧语文""灵动数学""缤纷英语""阳光体育""磁性科学""七彩美术""魅力音乐"七个课程群建设方案。每个课程群建设方案，既关注各学科特点，又考虑到了学生各年段的学情特点，我们希望以课程建设为主要抓手，培育全面发展的幸福学子，全力打造"幸福教育"品牌。

感谢上海市教育科学研究院杨四耕教授不辞辛劳的指导！每次遇到瓶颈，杨教授总是耐心细致、鼎力相助，给予我们最大的支持！感谢课程建设团队的辛勤付出，是他们孜孜以求、积极探索、勇于实践的精神成就了这本书。对大家的努力,我表示衷心的感谢!

《平衡性变革:学校课程建设新取向》一书,是东荟花园小学多年来开展课程建设教育实践探索的经验总结,对学生核心素养培育、教师课程领导力发展、学校内涵提升都具有较强的指导作用。

拿到这本充满幸福味儿的样书,我满怀感恩,我愿把这份感激化为行动,继续带领团队投入到课程实践中去。期待我校的"幸福之花"课程绽放新的精彩,愿每一位师生都能够"幸福像花儿一样"!

广州市黄埔区东荟花园小学
郭云海

"品质课程"阅读书目

学校整体课程规划	978-7-5760-0423-6	48.00	2022年1月
学校整体课程规划的七个关键	978-7-5760-0424-3	62.00	2021年3月
教学诠释学	978-7-5760-0394-9	42.00	2020年9月

特色学校聚焦丛书

让个性自然发荣滋长:"引发教育"的理论寻源与实践探索	978-7-5760-2600-9	38.00	2022年3月
面向每一个生命的教育	978-7-5760-2623-8	44.00	2022年8月
让每一个生命澄澈明亮:"小水滴"课程的旨趣与创意	978-7-5760-2601-6	54.00	2022年8月
新劳动教育:时代意蕴与实践创新	978-7-5760-3702-9	58.00	2023年3月

跨学科课程丛书

像博士一样探究:PHD课程的创意与探索	978-7-5760-3213-0	52.00	2023年2月

核心素养导向的课堂教学丛书

深度教学的内在维度:数学反思性学习的六个策略	978-7-5760-2590-3	36.00	2022年3月
具身学习的18种实践范式	978-7-5760-2591-0	38.00	2022年6月
课堂是照亮彼此的地方	978-7-5760-2621-4	46.00	2022年7月
以学习为中心的课堂范型	978-7-5760-2622-1	42.00	2022年8月
简练语文:教学主张与实践智慧	978-7-5760-2681-8	56.00	2022年9月
课堂核心素养	978-7-5760-3700-5	48.00	2023年3月

特色课程建设丛书

幼儿园特色课程的框架与实施	978-7-5760-2598-9	48.00	2022年3月
课程是鲜活的:"大视野课程"的旨趣与活性	978-7-5760-2599-6	42.00	2022年7月

指向核心素养培育的学校课程图谱	978-7-5760-2624-5	42.00	2022年7月
让儿童生活在美的世界里:幼儿园全景美育的课程探索			
	978-7-5760-3552-0	44.00	2023年2月

课堂教学新样态丛书

课堂,与美最近的距离:基于学科核心素养的课堂教学变革			
	978-7-5675-7486-1	38.00	2022年4月
协同教学:意蕴与智慧	978-7-5675-8163-0	48.00	2022年4月
决胜课堂28招	978-7-5760-2625-2	52.00	2022年4月
一百个孩子,一百个世界:基于差异的教学变革			
	978-7-5675-6754-2	42.00	2022年11月
课堂如诗:"雅美课堂"的姿态	978-7-5675-7219-5	42.00	2022年11月
在教室里眺望世界:基于BYOD的教学方式变革			
	978-7-5675-8247-7	52.00	2022年11月
课堂教学的资源设计与方式变革	978-7-5760-3620-6	52.00	2023年2月

学校课程变革新取向丛书

平衡性变革:学校课程建设新取向	978-7-5760-3746-3	52.00	2023年5月